“21世纪高职高专教学改革创新教材·市场营销类”
编写委员会

总 序

自2014年全国职业教育工作会议召开以来，国务院颁布了《关于加快发展现代职业教育的决定》，对推进职业教育改革发展做出了具体部署和安排。各院校积极落实相关任务，不断深化改革、推进内涵建设，把坚持以质量为核心的内涵式发展贯穿在办学过程中；坚持立德树人，注意提高理想信念教育、中华优秀传统文化教育和职业道德教育的实效性；重视培养学生诚实守信、积极进取、精益求精、爱岗敬业的职业素养和人文素养；坚持知行合一，注意在实践中培养既善动脑，又能动手的职业人才；不断创新培养模式，深化学习方式和教学模式改革，加大实习实训的比重，强化实习实训环节评价制度建设，培养学生的职业适应能力、综合职业能力和持续发展能力。广大院校在职业教育改革发展中做出了积极的贡献，特别是国家级示范校、骨干校及省级示范校在专业和课程建设方面积累了宝贵的资源。

东北财经大学出版社组织出版的“21世纪高职高专教学改革创新教材·市场营销类”系列教材，是依照《国家中长期教育改革和发展规划纲要》(2010—2020)、《教育部关于推进中等和高等职业教育协调发展的指导意见》(教职成〔2011〕9号)、《教育部关于“十二五”职业教育教材建设的若干意见》(教职成〔2012〕9号)等文件精神，邀请十余所国家级和省级示范校的具有多年市场营销教学工作经验的老师共同编写而成。本系列教材有针对性地吸收了高职示范校、骨干校专业和课程建设的优秀成果，主要有以下几个特点：

1.教材体系构建完备

本系列教材体系遵循职业教育课程构建基本原则和模式进行设计。公共基础课程按照国家统一要求安排，专业课程按照市场营销专业毕业生就业岗位和职业生涯发展规划确立学习领域。其学习领域主要包括市场调研、市场分析、营销决策、营销政策制定、市场营销计划与控制、产品管理、价格管理、渠道管理、促销管理、谈判、谈判管理、

销售管理、推销员管理、经销商管理、客户管理、协调公司内外关系等。依据学习领域形成包括“市场营销基础”“市场调查与分析”“消费心理与行为分析”“营销策划”“现代推销技术”“商务谈判”“客户关系管理”“公共关系实务”等为专业核心课的市场营销专业教材体系。该教材体系主要是培养营销人员依据营销环境及时把握顾客需求的心理预期，提供恰当的营销服务，充分体现现代营销服务观念，使顾客获得满意甚至惊喜的消费体验的意识与素质。

2.突出“教学做”一体化

本系列教材按照高等职业教育“教学做”一体化的教学要求，把“教什么，怎么教”“学什么，怎么学”“做什么，怎么做”等问题有机融入教材内容中，实践了“做中学”“做中教”“教学做一体化”，提高了教学的针对性和有效性。如采用任务驱动型编写模式，每个项目下含有若干个任务，每个任务按照“教学做”一体化的思路设计，且每个任务都是一个独立的学习单元，按照任务目标、任务学习、典型业务实例、拓展空间、营销实训等形式加以呈现，并在其中设计了教学互动、案例解析等情景体验交流互动的内容，在任务实训中重点培养与人合作的团队精神、面对市场的分析和解决问题的能力。在每个项目后，考虑到学生考取职业资格证的需要，还设计了相应的思考与训练内容。

3.情景设计和案例分析典型化

市场营销技能型人才的职业活动都是紧紧围绕着顾客需要展开的，而顾客的需要是与自身需要和政治环境、社会环境、经济环境和竞争环境紧密结合的。根据这一理论，市场营销人员采取什么样的营销活动，取决于客户的不同属性和环境或情景的变化，即市场营销技能人才职业活动具有典型的环境或情景导向特点。同时，市场营销是包含大量缄默知识和隐性能力的职业，对市场营销人才职业能力的培养，就要大量融入情景教学、体验式教学和案例教学。因此，本系列教材选取的情景设计和案例都是市场营销活动中最典型的实例，一方面可以增加学生的感受性，另一方面可以强化学生的体验认知。

4.营销训练注重实用性，评价模式多元化

本系列教材中的营销实训项目尽可能结合市场营销工作岗位的典型工作任务进行训练。每个营销训练项目力争给出一定的背景与情景资料，提出明确的训练目标，给出基本工作流程，设计训练成果考核评价方案，实用性较强。

从评价指标体系来看，本系列教材从知识运用、流程执行、任务完成和成果展示四个方面来设计评价内容；从评价主体来看，有小组自评、小组互评、教师评价等，把知识和技能、过程和结果、素质和能力有机地融为一体进行评价，可操作性强，符合职业

教育特点。

本系列教材特色鲜明，内容覆盖面广，文字通俗易懂，侧重理论联系实际，在深入介绍市场营销领域专业知识的同时，延伸到与之相关的其他领域。通过互动交流、案例解析的训练，提高学生的人际交流和公众交流能力；通过拓展空间和营销训练，培养学生的发展能力、信息收集处理能力、识别和分析问题能力、独立解决问题能力及应变能力。

东北财经大学出版社是国家一级出版社、全国百佳图书出版单位，在全国高职财经类专业教材出版方面做了很多创新和改革，受到了广大职业院校的好评。本次同全国商业职业教育教学指导委员会合作出版的“21世纪高职高专教学改革创新教材·市场营销类”系列教材，是根据市场营销专业标准，依据市场营销岗位职业要求构建课程体系，针对高等职业教育教学改革的思路，精心设计了教材编写和呈现形式，适应了“教学做”一体化教学改革的要求。本系列教材整合了全国财经类市场营销专业的大量优秀教学资源，凝结着几十位优秀教师的心血，希冀成为高等职业教育市场营销专业一套真正的理实一体的立体化创新型教材，从而为全国市场营销专业的教学发展和改革带来新的生机和活力。

“21世纪高职高专教学改革创新教材·市场营销类”编写委员会

前　言

商务谈判是联系现代经济生活的纽带，有交易的地方就有商务谈判，小到农贸市场上的讨价还价，大到成套自动化生产设备的引进，都离不开商务谈判。由此可见，掌握商务谈判技能，具备掌控谈判局面的能力，是一个现代商务人士最为重要的业务素质之一。“商务谈判”课程正是为这一目的而设立的，它是一门实践性较强的专业课程，因此在实际教学中，理论知识的传授是第二位的目标，第一目标应该是通过本课程的学习，使学生的语言表达能力有所提高，能够有效地进行人际沟通，掌握商务谈判的基本策略和技巧，最终达到全面提升学生综合商务素质的目的。为此，《商务谈判》一书更多体现的是商务谈判理念的传达和实际操作的训练。

一、本教材的编写意图

高等职业教育应该以劳动力市场的需要为依据，以就业为导向，通过学校教育与社会实践的紧密结合，按照实践的需要，针对不同的岗位培养不同的专门人才。从教学内容的设计看，高等职业教育注重的是学生的专业能力培养。这就要求高职教育必须按不同的就业岗位所需要的职业能力进行教学内容的设计，打破传统的课程体系模式组织教学内容，以能力为本位进行教学。这样培养出来的学生才具有较强的职业能力，才能实现人才培养与岗位职业要求的“零距离”。

本教材是为适应日新月异的现代商务活动对从业人员的知识结构、实践能力和基本素质的要求而编写的，它立足于提高学生的整体商务素质和综合职业能力，在认真总结传统的商务谈判理论与实务教材优缺点的基础上，突出实战训练，力求准确简单地介绍商务谈判的过程和主要方法，同时形象化、流程化地将商务谈判操作技能以具体的操作任务形式展现出来，有利于学生对所学的知识技能的理解和吸收，避免了传统教材只解释知识，不传授技能，更不进行大量实训的缺点。

二、本教材的特色

1.树立理念，体现实务

商务活动内容广泛，涉及面广，商务谈判纷繁复杂，情况瞬息万变。通过多年的教学实践和实务操作总结，在教材中更多体现商务谈判理念的树立，以及这些商务谈判理念在实际商务谈判中的应用，这样便于读者举一反三，在实际工作中，有效应对各种商

务谈判的不同情况。

2.情景模拟，任务驱动

本教材在体例上的创新主要体现在任务的实训部分，每个任务都精心设置了一个仿真性极强的谈判实训任务环境，并针对谈判任务进行分步骤模拟操作，以完成任务为目标，将相关的商务谈判技能与知识贯穿其中，使学生明白其所学的知识在每一个操作步骤中所发挥的作用，初步掌握各个环节操作的技巧和方法，能够学以致用，为实现“零距离”就业目标打下坚实的基础。

3.实战案例，内容真实，资料丰富

本教材作者均是资深的双师型教师，王方教授多年在大型家具连锁企业担任高级营销顾问，韩军副教授具有14年的商务实战从业经验。本教材中的大部分案例来自近几年的真实商务项目（为保护企业商业秘密起见，案例略去了真实的企业名称），取材于商务实践第一线，时效性强，有很强的针对性。

4.教材内容和形式的创新

本教材顺应高职教育改革的大方向，打破了传统的教学模式，以商务谈判常规工作步骤为主线和核心，将市场营销、国际贸易实务、国际商务谈判等多门商务核心课程的知识点和技能点相融合，体现了高职院校市场营销专业模块化教学的学科群优势，为培养学生的综合商务技能和职业素质起到了良好的推动作用。

三、本教材编写情况

本教材由王方教授总体规划，并编写了项目一至项目六，韩军编写了项目七和项目九，马宇佳编写了项目八。

本教材在编写过程中，参考查阅了大量的教材、著作和文献资料，吸收了国内许多资深商务人士的宝贵经验和建议，教材中将近半数的操作案例出自编写者多年的商务实践和友情企业的无私提供。另外，本教材在编写过程中得到了主管单位和企业界的大力支持和帮助，感谢天津中能国际贸易有限公司关向阳董事长和闫鹏程先生，感谢山西尚源工贸有限公司周贺董事长，感谢为本教材的编写和出版提供过无私帮助的其他有关部门、领导和同行们!

编　者

2017年1月

目 录

项目一

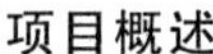

商务谈判认知

项目概述

谈判是社会生活中经常发生的事情，谈判观念和谈判方式不一样，其结果必然不一样。谈判在商务活动中变得越来越重要，寻找“双方都是赢家”的解决方案就是寻找共同点和消除分歧，这也成为谈判的目标。本项目将系统地阐述商务谈判的发生、商务谈判的类型与步骤以及商务谈判模式。

项目结构

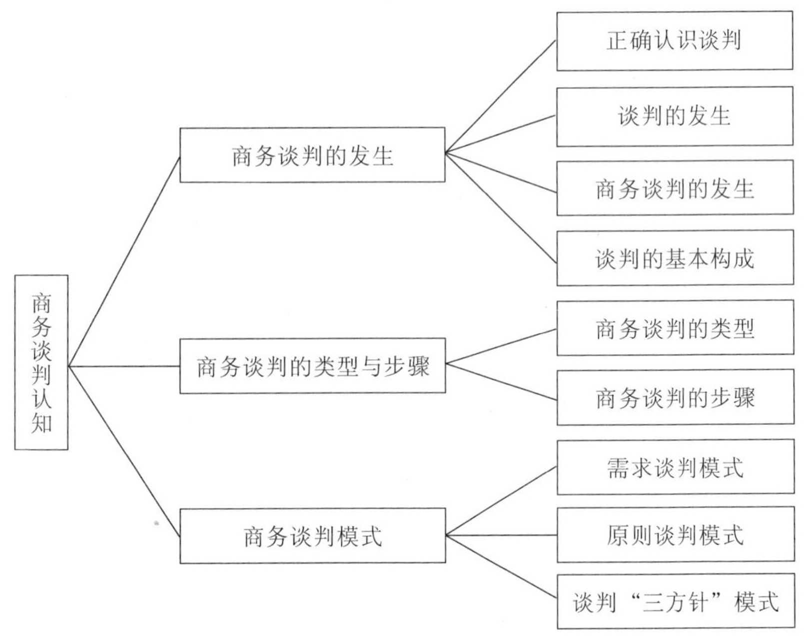

任务一　商务谈判的发生

【任务目标】

● 知识目标：认知什么是谈判及商务谈判；掌握谈判的基本构成。

● 能力目标：通过学习训练，掌握运用正确的谈判方式解决问题的思路；认识到谈判在日常生活和工作中的重要性；提高通过谈判解决问题的能力。

【任务导入】

谈判的中国特色

背景与情境：

时下，“谈判”一词国人耳熟能详，书店里介绍谈判技巧、秘诀的小册子林林总总，蔚为大观，但在以下两个方面，我们还需要发挥“具有中国特色”的谈判的作用：

一是国内需要谈判的对象不限于企业之间，任何一个普通员工都有与主管公平对话的要求。

二是谈判的本意是两个平等个体就某项共同事宜进行磋商协调，其结果也只有两种：皆大欢喜或者不欢而散。在目前国内的企业管理领域，来自上级的指令和来自下级的请示依然司空见惯，上下级之间互不满意、互不信任的情况不少于十之一二。当然，一个员工向主管深切陈词、表达己见之举不能叫作谈判。

思考：

（1）谈判通常在什么情况下发生？

（2）人们为什么需要谈判？

学一学

人的本质在于社会性，社会是人们相互作用的产物。实际上，没有社会交往，就不可能形成人类社会。自从有了人类及其社会交往活动，也就有了谈判。21世纪的学生需要掌握谈判技巧，尽管在大多数情况下谈判技巧往往被视为劳资谈判人员和外交官的专业才能，但是它对每个人都将变得越来越重要。寻找“双方都是赢家”的解决方案是寻找共同点和消除分歧的有效手段。

一、正确认识谈判

（一）谈判就在我们身边

官方较为正式的会谈是交涉（Negotiation），较为随便的会谈是谈话（Talks），但都被称作谈判，二者并非不可替代，不过以往人们对谈判的认识往往仅限于交涉。

谈判是社会生活中经常发生的事情。几乎每个人在某一特定条件下都会成为一个谈判者。推销商品是谈判，生意往来是谈判，上街购物是谈判，夫妻沟通是谈判。想使自

己的看法被别人接受，就需要谈判。谈判几乎无所不在，已成为人们日常生活中不可或缺的组成部分，男女老少随时随地都会谈判，只是每个人选择的谈判观念和谈判方式不一样，其结果必然不一样。

尽管谈判在我们的实际生活中扮演了重要角色，但人们对谈判活动的认识与重视程度还是远远不够的，更没有把谈判看成涉猎广泛、需要许多知识和技巧的、复杂的、高级的脑力劳动。一些人仅仅把谈判看作讨价还价的手段、解决纠纷的途径，甚至认为谈判是互相欺骗、玩弄权术的代名词，更多的人只是凭经验、凭直觉从事谈判活动。所以，在国内与涉外交易谈判中，时常出现盲目、草率开展谈判以致失败或受骗上当的情况，难以取得理想的谈判效果。显然，这种谈判意识远远不能适应市场经济充分发展的现代社会。

今天，谈判已成为我们生活中的重要内容，它随时出现在我们身边。我们之所以要掌握它，是因为如何更好地进行谈判已引起人们的思考，引起社会各界的广泛关注，特别是工商企业，诸多的合作、开发、生产、经营都是通过谈判实现的。社会实践的需要，进一步加深了人们对谈判活动的认识。

（二）谈判的综合性

首先，谈判是一门综合性的科学，它被公认为是社会学、行为学、心理学和众多技术科学的交叉产物。以一宗出口交易谈判为例，谈判者不仅要熟悉交易产品的技术性能、生产工艺，还要了解进出口国有关贸易的各项规定、法令、关税政策，甚至包括民族习俗、消费特点、购买心理；否则，他们就不能进行有效的协商，也就不能完成交易活动。

其次，谈判的艺术性。谈判的艺术性首先表现在要求谈判人员具有较高的素质，包括掌握各种知识，有一定的修养，善于与人相处，能灵活地处理各种问题。实践表明，没有两项谈判活动是用同一种方式进行的，人们也不可能事先准确预料到谈判的结果。适用于上次谈判的方法，这次就可能失效。谈判的成功与否在很大程度上取决于谈判双方人员对能力和水平的发挥，取决于谈判人员对策略技巧的应用。这不同于人们练习某一种劳动技能，操作的次数越多，动作越固定、越熟练，劳动技巧越高，灵活性、变通性、创造性是谈判的核心。因此，没有较高素质的人是很难胜任谈判工作的。

最后，谈判是沟通的艺术。谈判双方的信任与合作是建立在良好的沟通基础上的。沟通的内容十分广泛，包括交流双方的情况、反馈市场信息、维护对方面子、运用幽默语言活跃谈判气氛、倾听对方的讲话、控制自己的情绪、建立双方的友谊与信任等等。谈判是一种交际活动，语言则是交际的工具。清晰、准确地表达自己的立场观点，了解对方的需要、利益，巧妙地说服对方，以及体现各种社交场合的礼仪、礼貌，都需要良好的语言表达技巧。温州人会做生意是全国出了名的。温州人的生意经说不完，有一句话在温州很流行：“学做生意要先会讲话。”对于上海人的精明，打过交道的人多有所体会，而上海人却都说：“做生意只靠嘴巴”。

此外，谈判地点、时间和时机的选择，谈判场合的布置、安排都要有一定的策略性。

综上所述，谈判既是科学，又是艺术。这是因为它广泛地运用和借鉴了当今世界最

新的学科理论与研究成果，总结了适合于谈判活动的原则与方法，从而形成了较为完整的学科体系。它的艺术性则充分表现在谈判策略、谈判者的语言及各种能力的综合运用与技巧的发挥上，只有这样，才能收到良好的谈判效果。

【教学互动1-1】

互动内容：

谈判在日常生活、工作中是不可避免的，这种说法对吗？

互动要求：

（1）结合日常生活、工作，发表自己的见解，也可以和你的同伴简单沟通后回答。

（2）教师对学生的回答进行点评。

二、谈判的发生

谈判是有关各方就共同关心的问题互相磋商、交换意见、寻求解决的途径和达成协议的过程。谈判有广义与狭义之分。广义的谈判是指包括正式场合下的谈判在内的一切协商、交涉、商量、磋商等；狭义的谈判仅是指正式场合下的谈判。要给谈判下一个准确的定义并不容易，因为谈判的内容极其广泛，很难用一两句话准确、充分地表达谈判的全部内涵。这里从谈判的形式、内容和特征等方面入手，对谈判的内涵进行分析，比较清晰地描绘出谈判轮廓，以便把握谈判的基本概念。

（一）谈判建立在需要的基础上

谈判总是以某种利益的满足为目标，是建立在人们需要的基础上的，这是人们进行谈判的动机，也是谈判产生的原因。尼伦伯格指出，当人们想交换意见、改变关系或寻求同意时，人们开始谈判。这里，交换意见、改变关系、寻求同意都是人们的需要。这些需要来自于人们想满足自己的某种利益，这些利益包含的内容非常广泛：有物质的、精神的，有组织的、个人的等。当需要无法通过自身而必须要与他人合作才能满足时，就要通过谈判来实现这种合作，而且，需要越强烈，谈判的要求越迫切。

（二）谈判是两方以上的交际活动

谈判是两方以上的交际活动，只有一方则无法进行谈判活动，而且只有参与谈判的各方的需要有可能通过对方的行为而得到满足时，才会产生谈判。比如，商品交换中买方卖方的谈判，只有买方或者只有卖方时，不可能进行谈判；当卖方不能提供买方需要的产品时，或者买方无法购买卖方想出售的产品时，也不会有双方的谈判。至少有两方参与是进行谈判的先决条件。

（三）谈判是寻求建立或改善人们的社会关系的行为

人们的一切活动都是以一定的社会关系为条件的。就拿商品交换活动来说，从形式上看它是买方与卖方的商品交换行为，但实质上是人与人之间的关系，是商品所有者和货币持有者之间的关系。买卖行为的发生，有赖于买方或卖方新的关系的建立。谈判的目的是满足某种利益，要实现所追求的利益，就需要建立新的社会关系，或巩固已有的社会关系，而这种关系的建立和巩固是通过谈判实现的。但是，并非所有的谈判都能起到积极的社会效果，失败的谈判可能会破坏良好的社会关系，这可能会激起人们改善社会关系的愿望，产生又一轮新的谈判。

（四）谈判是一个协调行为的过程

谈判的开始意味着某种需求希望得到满足、某个问题需要解决或某方面的社会关系出了问题。由于参与谈判各方的利益、思维及行为方式不尽相同，存在一定程度的冲突和差异，因而谈判的过程实际上就是寻找共同点的过程，也是一个协调行为的过程。解决问题、协调矛盾，不可能一蹴而就，总需要一个过程。这个过程也不是一劳永逸，而是随着新问题、新矛盾的出现而不断重复，这也意味着社会关系需要不断协调。

综上所述，谈判是参与各方出于某种需要，在一定条件下采取协调行为的过程。

【教学互动1-2】

互动内容：

现在只有一个苹果，两个孩子都想吃，这个苹果如何分对两个孩子才公平？

互动要求：

提出解决的办法，并结合所学的知识说明这是一个什么行为过程。

三、商务谈判的发生

（一）商务谈判的概念

商务谈判作为谈判的一种主要类型，既具有一般谈判的特征，又具有自身的特点，其核心是围绕着商品买卖活动而开展。因此，商务谈判是以购销为中心并对相关的商务关系进行协调磋商的活动过程。英国谈判专家马什这样定义商务谈判：所谓商务谈判是指有关贸易双方为了各自的目的，就一项涉及双方利益的标的物在一起进行协商，通过调整各自提出的条件，最终达成双方满意的意向，这样一个不断协调的过程。

标的是指协议双方当事人权利、义务所指的对象，也就是谈判的客体和谈判的议题。在商务谈判中，可谈判的议题几乎没有界限，任何可以买卖、转让的有形或无形的产品或权利都可以成为谈判的议题。某一产品或权利一旦成为谈判的标的，那么，它一定是谈判双方权利和义务所指的对象。交易中谈判的标的和议题最终都要通过合同或协议的形式表现出来。

（二）商务谈判的特征

1.商务谈判的主体是相互独立的利益主体

谈判活动必须在两个或两个以上的谈判主体之间进行，任何个人或组织都无法独自进行。任何参与谈判的当事人都是谈判的平等主体，谈判是谈判主体之间的主体性行为，反映谈判主体的主观意识。谈判双方作为相互独立的利益主体，不能无偿占有对方的利益，只能通过谈判，在双方都能接受的条件下进行交易。

2.商务谈判的目的是经济利益

商务谈判的双方是合作的利己主义，即在互相合作中实现自身利益的最大化。在谈判中，了解和把握商务谈判的利益关系界限十分重要。如果一方的期望过高，超越了对方利益的临界点，势必导致谈判失败。所以，谈判当事人不仅要考虑己方的利益，同时还要站在对方的立场上考虑对方的利益，分析己方提出的要求是否能被对方接受。只有在对方所能接受的临界利益之上考虑己方的利益，谈判才有可能成功，己方的利益追求也才有可能实现。

3.商务谈判的核心议题是价格

以商品交易为内容和以经济利益为目的的商务谈判，其谈判议题必然以价格为核心。价格是商品价值的货币表现。一方面，价格的高低直接表明谈判各方通过交易可以实际获得的经济利益的大小；另一方面，虽然商务谈判的议题还会涉及价格以外的其他因素，但这些因素都与价格有密切的关系，并往往可以折算为一定的价格。因此，在商务谈判中，无论谈判议题如何，其实质要么直接决定价格，要么间接体现着价格，价格总是商务谈判议题的核心。谈判的这一特征要求商务谈判的当事人必须坚持以价格为核心实现自己的利益，同时，又要善于拓宽思路，从其他同价格有关的因素上争取更多的利益。例如，某谈判经讨价还价后对方在价格上不肯再做让步，双方形成僵局，那么，己方就可以转而要求对方在付款方式等其他方面提供若干优惠条件，并使对方易于接受。这样做，正是灵活运用了谈判议题的价格性特征，从而赢得谈判的成功。

【教学互动1-3】

互动内容：

李嘉诚曾经说过："如果一单生意只有自己赚，而对方一点不赚，这样的生意绝对不能干。有钱大家赚，利润大家分享，这样才有人愿意合作。"请谈谈你对这句话的看法。

互动要求：

结合所学的知识回答，注意符合商务谈判的特征。

四、谈判的基本构成

商务谈判的基本构成是指构成商务谈判活动的必要因素。就一项具体的商务谈判而言，商务谈判由谈判当事人、谈判议题和谈判背景构成。

（一）谈判当事人

谈判是在当事人的参与下进行的。谈判当事人是指谈判活动中有关各方的所有参与者。从谈判组织的角度来看，谈判当事人一般有两类人员：台上的谈判人员和台下的谈判人员。台上的谈判人员，指参加谈判一线的当事人，即出席谈判、上谈判桌的人员。一线的当事人除单独谈判外，通常包括谈判负责人、主谈人和陪谈人。其中，谈判负责人是谈判当事一方现场的行政领导，也是上级派到谈判一线的直接责任者，他虽然不一定是谈判桌上的主要发言人，但有发言权，可以对主谈人的阐述进行某些补充甚至必要的更正，是谈判桌上的组织者、指挥者，起到控制、引导和充当场上核心的作用；主谈人是谈判桌上的主要发言人，他不仅是场上的主攻手，也是谈判桌上的组织者之一，其主要职责是按照既定的谈判目标及策略，同谈判负责人默契配合，与对方进行有理、有利、有节、有根、有据的论辩和坦率、诚恳的磋商，以说服对方接受自己的方案或寻求双方都能接受的方案；陪谈人包括谈判中的专业技术人员、记录人员、翻译人员等，其主要职责是在谈判中提供某些咨询、记录谈判的过程与内容以及做好翻译工作等。

台下的谈判人员是指谈判活动的幕后人员，他们在谈判中虽然不出席、不上桌，但是对谈判发挥重要的影响或起重要的作用。他们包括该项谈判主管单位的领导和谈判工作的辅助人员，其中主管单位的领导的主要责任是组班布阵、审定方案、掌握进程、适

当干预；辅助人员的主要作用则是为谈判做好资料准备和进行背景分析等。

（二）谈判议题

谈判议题是指谈判需商议的具体问题。谈判议题是谈判的起因、内容和目的，并且决定着当事各方参与谈判的人员组成及其策略，所以是谈判活动的中心。没有议题，谈判就无从开始也无法进行。

谈判议题不是凭空拟定的，也不是单方面的意愿。它必须与各方利益需要相关，为各方所共同关心，才能成为谈判内容的提案。谈判议题的最大特点在于当事各方认识的一致性。如果没有这种一致性，就不可能作为谈判议题，谈判也就无从谈起。

谈判中的议题几乎没有限制，任何涉及当事方利益并且各方共同关心的内容都可以成为谈判议题。谈判议题的类别，按其涉及内容可分为政治议题、经济议题、文化议题等；按其重要程度可分为重大议题、一般议题等；按其纵向和横向结构可分为主要议题及其项下的子议题（议题中的议题）、以主要议题为中心的多项并列议题、互相包容或互相影响的复合议题等。由于谈判议题的多样性，其谈判的复杂程度也就不同。

（三）谈判背景

谈判背景，是指谈判所处的客观条件。任何谈判都不可能孤立地进行，必然在一定的客观条件之下并受其制约。因此，谈判背景对谈判的发生、发展、结局均有重要的影响，是谈判不可忽视的要件。谈判背景主要包括环境背景、经济背景、文化背景、组织背景和人员背景几个方面。

在环境背景方面，一般包括政治背景以及地理、自然等客观环境因素。其中，政治背景在国际谈判中是一个很重要的背景因素，它包括所在国家或地区的社会制度、政治信仰、体制政策、政局动态、国家关系等。例如，国家关系友好，谈判一般较为轻松，能彼此坦诚相待，充满互帮互助情谊，出现问题也比较容易解决；反之，国家关系处在或面临对抗与冷战状态，谈判会受到较多的限制，谈判过程的难度也较大，甚至会出现某些制裁、禁运或其他歧视性政策。有时由于政治因素的干扰，即使谈判的当事人有诚意达成了某些协议，它们也可能成为一纸空文。此外，政局动荡使该方谈判者自然处于弱势；政府人事更迭有可能导致现行政策的某些变化等。

经济背景也是很重要的背景因素，尤其对商务谈判有直接的影响，它包括所在国家或地区的经济水平、发展速度、市场状况、财政政策、股市行情等。例如，经济水平反映了谈判者背后的经济实力；某方占有市场的垄断地位，他在谈判中就具有绝对的优势；市场供求状况不同，谈判态度及策略也会不同；财政政策与汇率，既反映了谈判方的宏观经济健康状况，又反映了支持谈判结果的基础的坚挺程度；股市行情，则往往是谈判者可供参照和借鉴的“晴雨表”。

文化背景同样不可忽视，它包括所在国家或地区的历史渊源、民族宗教、价值观念、风俗习惯等。在这方面，东西方国家之间、不同种族和不同民族之间，甚至一个国家内的不同区域之间，往往会有很大差异。

组织背景包括组织的历史发展、行为理念、规模实力、经营管理、财务状况、资信状况、市场地位、谈判目标、主要利益、谈判时限等。组织背景直接影响谈判议题的确立，也影响谈判策略的选择和谈判的结果。

人员背景包括谈判当事人的职级地位、教育程度、个人阅历、工作作风、行为追求、心理素质、谈判风格、人际关系等。由于谈判是在谈判当事人的参与下进行的，因此人员背景直接影响着谈判的策略运用和谈判的进程。

上述是构成谈判活动的几个基本要素。对于任何谈判来说，这几个要素都是不能缺少的。

【教学互动1-4】

互动内容：

同一套单元房的租赁谈判，在不同谈判背景下，房东与租客之间会有哪些不同的谈判结果？

互动要求：

结合所学的知识回答，注意符合商务谈判的构成要素。

案例解析1-1

跳槽之前，找老板聊聊

背景与情境：

阿超是一家旅行社的新人，毕业于计算机应用专业，负责打字、复印、组团等办公室内部业务。入职半年后，阿超的心情越来越差，觉得自己就像一台整日累死累活的机器，在别人眼里地位形同“猫爪”。如何让大家认识到自己的重要性，并借机争取应得的待遇条件？阿超开始有意懈怠拖沓，早上能干完的事拖延到下午，应该准确、精细点儿的活儿干得漏洞百出，同事们面对从前那个勤奋的小伙子感到暗暗吃惊。很快，阿超希望的老板主动约见终于来了，不料他刚张口诉苦，老板已经开出了辞退单，因为在老板看来，阿超嘴上的困难只是行为的借口，而不是事情的根源。

阿超走了，小雯又来了，她面临同样琐碎而繁重的事务，还增加了接待来访的工作，可以想象，这个女孩的职业压力将比她的前任大很多。小雯一边全心全意地忙碌着，一边认真琢磨找个时机与老板谈谈。一次中午加班，小雯无意瞥见总经理室里老板正在沏茶喝药，于是赶紧走进去劝其用白开水送服，老板显得很高兴。随即小雯从老板关心的健康问题开始拉家常，顺便提及了自己经常失眠的事。老板询问原因，小雯自然而然地表明了日常工作的负荷，而且就以当天为例，一一列举从早至晚已履行的和将要面临的艰巨任务。老板一句话没说，一直皱着眉头聆听，最后小雯以一串开朗、活泼的笑声结束了本次谈话。

一个星期以后，该部门增加了一个人手，小雯提升为主任，工资晋升一级……

思考：

（1）一样的问题两样的结局，为什么？

（2）根据这个案例，谈谈谈判的重要性。

做一做

【谈判训练1-1】

体验谈判

背景与情境：

回想一下自己曾在电视、电影、网络、日常生活、学习、实习与工作中看到过、听到过或经历过的种种谈判实例。

【训练目标】

分析什么情况下会进行谈判，每次谈判的构成要素有哪些。

【操作流程】

体验谈判的操作流程如图1-1所示。

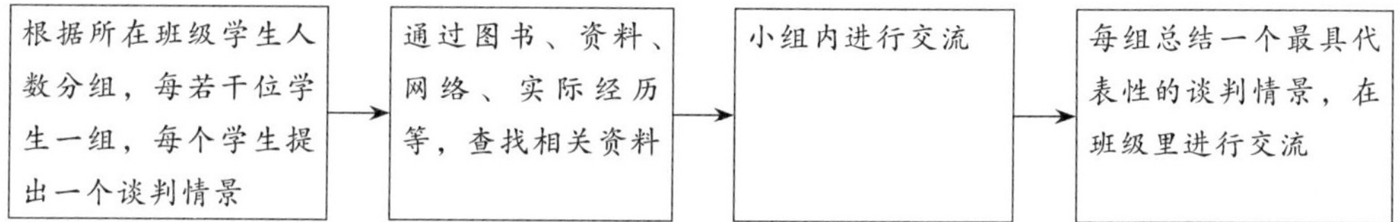
根据所在班级学生人数分组，每若干位学生一组，每个学生提出一个谈判情景
通过图书、资料、网络、实际经历等，查找相关资料
小组内进行交流
每组总结一个最具代表性的谈判情景，在班级里进行交流

图1-1　体验谈判的操作流程

【成果形式】

关于一次谈判实例的课业报告。

【效果评价】

体验谈判评分表见表1-1。

表1-1　**体验谈判评分表**

评价指标（分值）	标　准	小组自评（30%）	小组互评（30%）	教师评分（40%）	最后得分（分）
每个学生对谈判实例的表述（30分，每项10分）	谈判实例的合理性；谈判实例中构成要素描述的完整性；实例表述清晰				
小组典型谈判实例的课业报告（50分，每项10分）	谈判实例的合理性；谈判实例中构成要素描述的完整性；实例表述清晰；成果展示有特色；实例撰写内容全面				
每个学生在整体活动中的表现（20分，每项4分）	活动准备；与人交流；与人合作；活动积极性；信息处理				
$\sum 100$					
老师评语	签名：　　日期：				
学生意见	签名：　　日期：				

任务二　商务谈判的类型与步骤

【任务目标】

● 知识目标：认知各种谈判类型的特征；掌握谈判的基本步骤。

● 能力目标：通过学习训练，初步具备谈判过程的整体思路，拥有在不同类型谈判中有针对性应对的能力。

【任务导入】

"雕花门"销售

背景与情境：

许东入职公司三个月，表现出色，深受公司经理及同事好评。他近日了解到，广州环市东路在建项目——粮苑大厦——有可能需要本公司生产的"雕花门"。面对这个潜在客户，公司要求小许进一步了解，必要时由部门经理组队上门与对方初步磋商、洽谈。

思考：

（1）这是什么类型的商务谈判？

（2）这项谈判需要经过哪些步骤？

学一学

一、商务谈判的类型

商务谈判依据谈判的内容、方式、地点、人员等，可分为不同类型。

（一）按照商务谈判的内容分类

商务谈判的内容广泛，因此按照商务谈判内容划分的谈判类型有多种。谈判内容不同，所涉及的问题以及合同条款也不相同，谈判的重点与策略也要做相应的调整。这里介绍几种有代表性的谈判类型。

1.商品交易谈判

商品交易谈判即一般商品的买卖谈判，主要是指买卖双方就与买卖货物本身有关的内容，如质量、数量、货物的转移方式和时间、买卖的价格条件与支付方式，以及交易过程中双方的权利、责任和义务等问题所进行的谈判。商品贸易谈判是商务谈判中最常见也是数量最多的一种谈判。

2.技术贸易谈判

技术贸易谈判是指技术贸易中关于技术的内容、性能、使用权益等方面的谈判，它同时包括技术服务、技术培养、专有技术的保密、商标以及标准和考核验收等内容。

技术贸易与商品贸易有一定的区别。技术是一种特殊产品，它不是物品，而是以知识的形态存在着，如一项发明创造、一种新的制造工艺与技术资料等。技术必须"凝

结”在劳动力和生产资料中才能变为实物，才能充分体现其使用价值。在技术贸易中，当一方转让某项技术时，通常要介绍使用该项技术可以实现何种新的工艺、生产出什么新产品，或者达到何种改进生产状况等预期目标。这种预期目标是否能达到，对技术引进方来说，只有在签订技术转让协议并使用过该项技术之后，才能体验和评估出来。

同时，技术交易是一个复杂的过程，从谈判签约转让技术到投产受益，往往要延续较长的一段时间。因此，在技术贸易中，每笔交易都要签订合同，对技术转让过程中可能出现的争议都要明确规定。

技术保密是技术交易的又一特点。在技术交易市场上，技术提供方为了保护自身的利益，在技术交易签约前，对技术是保密的，或者不愿透露技术的关键细节，这在某种程度上也加大了技术交易谈判的难度。

3.投资项目谈判

投资是指把一定的资本（包括货币形态资本、物质形态资本、所有权形态资本和智能形态资本等）投入和运用于某一项目之中，以获取一定的利益。投资项目谈判是指谈判的双方就共同参与或涉及双方关系的某项投资活动所涉及的有关投资目的、投资方向、投资形式、投资内容与条件、投资项目的经营与管理，以及投资者在投资活动中的权利、义务、责任及相互之间的关系所进行的谈判。近年来，资本市场的运作逐渐增多，企业资产重组、兼并，产权交易日益活跃，因而这类商务谈判也日益增多。

4.工程项目谈判

工程项目谈判是最复杂的谈判之一，不仅谈判的内容涉及广泛，而且谈判常常是两方以上的人员参加，包括使用方、设计方、承包方等。承包方有可能还有分包商、施工单位，而使用方还可能有投资方、管理方等。

（二）按商务谈判的方向分类

1.纵向谈判

纵向谈判是指双方在确定谈判的主要问题的先后顺序之后，就每个问题和条款按顺序逐一讨论、解决，一直到谈判结束。例如：在某一项产品交易谈判中，双方确定价格、质量、运输、保险、索赔等几项主要谈判内容后，开始就价格进行磋商。如果价格确定不下来，就不谈其他条款；只有价格谈妥之后，才依次讨论其他问题。纵向谈判方式主要适用于原则性谈判，其优点如下：程序明确，把复杂问题简单化；每次只谈一个问题，讨论详尽，问题解决得较彻底；避免了多头牵制、议而不决的弊病。

当然，这种谈判方式也存在不足，主要有：议程确定过于死板，不利于双方沟通和交流；讨论问题时不能相互通融，当某一问题陷入僵局后，不利于其他问题的解决；不能充分发挥谈判人员的想象力、创造力，不能灵活地、变通地处理谈判中的问题。

2.横向谈判

横向谈判是指在确定谈判所涉及的主要问题后，开始逐一讨论预先确定的各个问题，如在某一问题上出现矛盾或分歧时，就把这一问题放在一边，先讨论其他问题，当其他相关问题解决后，再来讨论这个问题，如此周而复始地讨论下去，直到所有内容都谈妥为止。例如：在资金借贷谈判中，谈判内容包括货币、金额、利息率、贷款期限、

担保以及宽限期等问题，如果双方在贷款期限上不能达成一致意见，就可以把这一问题放在后面，继续讨论担保、还款等问题。当其他问题解决之后，再回过头来讨论贷款期限问题。

这种谈判类型的特点就是灵活、变通，只要有利于问题解决，经过双方协商同意，讨论的条款可以随时调整。采用这种方法，可以把与此有关的问题一起提出来，一起讨论研究，使所谈问题之间有协商让步的余地，这非常有利于某些问题的解决。例如，贷款期限不能确定，可与利率、还款及宽限期一起讨论磋商，促进问题的解决。有时双方对所要讨论的主要问题要磋商两到三遍，第一遍只是对列出的问题提出大致的意见与要求，相互摸摸底，交换一下初步的看法，第二遍、第三遍才逐步确定所要讨论的问题。横向谈判的优点如下：议程灵活，方法多样，不拘泥于谈判流程，只要有利于双方的沟通与交流，可以采取任何形式；多项议题同时讨论，有利于寻找变通的解决办法；有利于更好地发挥谈判人员的创造力、想象力，更好地运用谈判策略和谈判技巧。

横向谈判的不利之处在于：加剧双方的讨价还价，容易促使谈判双方做出过多让步；容易使谈判人员纠缠在枝节问题上，而忽略了主要问题。

在商务谈判中具体采用哪一种类型，主要根据谈判的内容、复杂程度以及谈判的规模来确定。一般来讲，大型谈判或涉及两方以上人员参加的谈判大都采用横向谈判；规模较小、业务简单，特别是双方已有过合作历史的谈判，则可采用纵向谈判。另外，采取哪种谈判类型并不是绝对不变的，当双方发现原来的谈判类型不能有效地解决和处理谈判中的问题与分歧时，也可改变谈判类型，采取双方认可的类型。

（三）按商务谈判的地点分类

1.主场谈判

主场谈判是指在己方所在地的谈判，包括在自己所居住的国家、城市或办公所在地的谈判。总之，主场谈判是在自己做主人的情况下组织的谈判。这类谈判的特点是：

（1）谈判底气足。由于是在自己企业的所在地谈判，准备谈判资料、请示新问题等都比较方便，因此主场谈者占优势，底气足。

（2）以礼压客。东道主一般总是以“礼节”来表现自己，使对方感到受尊重与重视，这是主场谈判者手中一张有利的牌。

（3）内外线谈判。谈判场所在自己家门口，一方面有利于客场谈判者多了解一些自己的情况，如可以开展参观工厂等有利于主场谈判的辅助行动；另一方面可能出现客场谈判者越过主场谈判者与企业领导直接沟通的情况。这就要求主场谈判者要兼顾企业内外人员的反应，有效发挥主场谈判的优势。

2.客场谈判

客场谈判是指在谈判对手所在地的谈判。从广义上讲，在同一个国家的不同城市，甚至在同一城市的不同办公地点，只要不是在自己企业所在地或办公楼内的谈判，都可以看作是客场谈判。作为商务谈判，海外或国外的客场谈判更具有代表性。这类谈判的特点如下：

（1）语言过关。在海外谈判首先会遇到语言问题，双方应指定一种统一的工作语言，谈判人员要能说会写，否则谈判就会遇到麻烦，甚至无法进行。

（2）客随主便。身处异国会有拘束感，许多陌生的东西可能造成阻碍，所以刚开始谈判时，往往是“客随主便”，客方在谈判上显得较“被动”一些，应随时、随机变“被动”为“主动”，争取“主应客求”的谈判局面。

（3）易坐冷板凳。客居他乡的谈判者，会受到各种局限与束缚，如时间限制、上级授权的限制等，可施展的谈判手段有限，往往会落进主场谈判者的“圈套”里，这就要求客场谈判人员在不利的处境中审时度势、灵活调整谈判策略。

（四）按商务谈判参与人数分类

1.一对一谈判

一对一谈判是指由谈判双方各派出一位代表出面谈判的方式。它有多种具体形式，如采购员与推销员的谈判、推销员与顾客的谈判、采购员与客户的谈判等。从某种角度看，一对一谈判有着其他谈判方式不可比拟的优点。

（1）由于谈判规模小（这并不意味着谈判内容不重要），因此在谈判工作的准备以及时间、地点安排上都可以灵活、变通。

（2）由于谈判双方都是自己所属公司或企业的全权代表，有权处理谈判中的一切问题，从而避免了令出多头、无法决策的不利局面。

（3）谈判的方式可以灵活选择，气氛也比较和谐，特别是当双方代表互相之间熟悉、了解时，谈判气氛就会更为融洽。这就可以避免小组谈判中紧张的会谈气氛，有利于双方代表的沟通与合作。

（4）一对一谈判克服了小组谈判中人员之间配合不力的状况。谈判一方人员的相互配合与信任是战胜对手、争取谈判主动的必要条件。但是，如果相互间不能很好配合，反而会暴露己方的弱点，给对方以可乘之机。许多重要的谈判采取小组谈判与一对一谈判交叉进行的方式，正是基于这一原因。

（5）一对一谈判有利于双方沟通信息，也有利于双方封锁消息。当某些谈判内容高度保密，或由于时机不成熟而不宜让外界了解时，一对一谈判是最好的谈判类型。

许多谈判专家认为，一对一谈判看似最简单，其实是最困难的谈判，因为谈判人员在谈判中没有别的依靠，只能靠个人的智慧和技能。当然，谈判前的充分准备以及企业的强有力的支持也是取得谈判成功的保证。

2.小组谈判

小组谈判是指每一方都是由两个及以上的人员参加协商的谈判类型。小组谈判可用于大多数正式谈判。特别是一些重要的、复杂的谈判，必须采用小组谈判的形式。这是由小组谈判的特点所决定的。

（1）集体的智慧与力量是取得谈判成功的保证。每个人由于经验、能力、精力多种客观条件的限制，不可能具备谈判中所需要的一切知识与技能，因此需要小组其他成员的补充与配合。

（2）采用小组谈判，可以更好地运用谈判谋略和技巧，更好地发挥谈判人员的创造性和灵活性。

（3）小组谈判有利于谈判人员采用灵活的形式打破谈判的僵局，消除谈判中的障碍。譬如，小组某一成员可以担当谈判中间人或调解人的角色，提出一些建议，缓和谈

判气氛，也可以采用小组人员相互磋商的办法，寻找其他的解决途径，从而避免一对一谈判中要么“不”、要么“是”的尴尬局面。

（4）经小组谈判达成的协议或合同具有更高的履行率。双方认为这是集体协商的结果，而不是某个人的产物，因此更容易遵守协议。集体的决定对其成员具有更大的约束力，经由集体讨论产生的协议具有更强的合理性，没有理由不执行。

小组谈判最大的优点是能发挥集体的智慧，所以正确选配谈判小组成员（如小组主谈人、主要成员与专业人员等）是十分重要的。

【教学互动1-5】

互动内容：

分析不同谈判类型的特点。

互动要求：

（1）结合教学内容及亲身经历，发表自己的见解，也可以和你的同伴简单沟通后回答。

（2）教师对学生的回答进行点评。

二、商务谈判的步骤

商务谈判步骤示意图如图1-2所示。

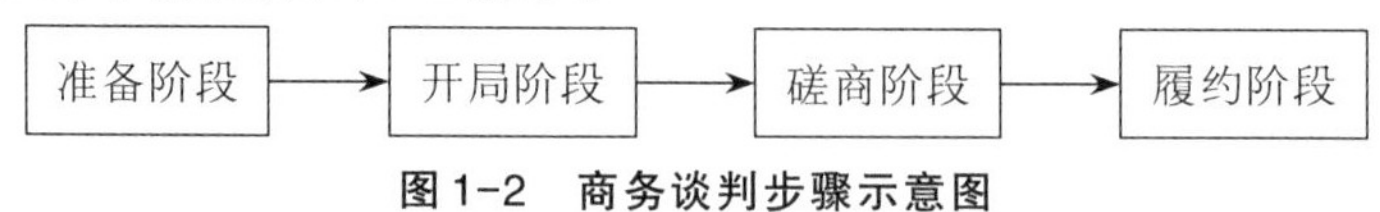

图1-2　商务谈判步骤示意图

（一）准备阶段

商务谈判前的准备工作至关重要，准备工作是否充分直接影响谈判的结果。准备阶段主要包括以下各项工作：

1.选择对象

选择对象，即选择谈判的对手。当己方决定争取实现某项交易目标而需进行商务谈判时，首先要做的准备工作就是选择合适的谈判对象。选择谈判对象，应根据交易目标的必要性和相互间商务依赖关系的可能性，通过直接的或间接的先期探询，在若干候选对象中进行分析、比较和谈判的可行性研究，找到己方目标与对象条件的最佳结合点，以实现优化选择。谈判对象选择错误，会浪费机会成本，甚至错失良机。

2.背景调查

在确定谈判对象的基础上，应“知己知彼”，对谈判背景进行认真的调查研究。背景调查，既包括对谈判对象的背景调查，也包括对己方的背景调查。调查的内容应包括环境背景、组织背景和人员背景等方面。背景调查实际上是谈判准备阶段的信息准备，要注重从多种渠道获取信息，建立谈判对象档案，并以动态的观点分析问题。

3.组建班子

商务谈判是一项有目标、有计划、有组织的活动，必须依靠具体的谈判人员去实现。所以，组建好谈判班子也是谈判前最重要的准备工作。在很多情况下，某些组织在即将进行的谈判中其实具有相当的优势，但由于缺乏优秀的谈判人员和协调有序的谈判班子，结果导致了谈判的失败。因此，组建好谈判班子，是谈判取得成功的组织保证。

一般来说，优秀的谈判班子的组建及运作，要抓好三个环节：一是人员个体素质优化，即按照一定的职业道德、知识能力、心理、体力等要求，做好对谈判人员的遴选。二是班子规模结构适当，即一方面应根据谈判的客观需要和组织的资源条件，使谈判班子规模适当；另一方面应从组织、业务、性格、年龄构成等方面，使谈判班子结构合理、优势互补。三是实现队伍有效管理，即通过谈判班子负责人的挑选和职责履行，以及确定谈判方针和高层领导适当干预，实现对谈判队伍间接或直接的有效管理。

4.制订计划

谈判计划，是谈判前预先对谈判目标、谈判方略和相关事项所做的设想及其书面安排。它既是谈判前各项主要准备的纲领，又是正式谈判阶段的行动指南。谈判计划是谈判的重要文件，应注意保密性，只限主管领导和谈判班子成员参阅。谈判计划的制订，应当遵守简要、明确、灵活的原则。在明确谈判目标以及所要采取的谈判策略的基础上制定谈判程序，经谈判班子成员集思广益，报主管领导审批确定。其主要内容一般包括：谈判的基本目标、主要交易条件、各方地位分析、人员分工职责、时间和地点安排、谈判成本预算、谈判策略谋划、必要说明及附件等。

5.模拟谈判

模拟谈判，是正式谈判前的“彩排”。它是将谈判班子的全体成员分为两部分，一部分人员扮演对方角色，模拟对方的立场、观点和风格，与另一部分己方人员对阵，预演谈判过程。模拟谈判可以帮助己方谈判人员从中发现问题，对既定的谈判计划进行修改并加以完善，使谈判计划更为实用和有效，同时，能使谈判人员获得谈判经验，锻炼谈判能力，从而提高谈判的成功率。模拟谈判的原则是：一要善于假设，提出各种可能出现的问题；二要尽量提高仿真程度，假戏真做；三要把促使对方作出己方希望的决定作为模拟谈判目标；四要认真总结经验，进行必要的反思。模拟谈判的形式，除现场彩排演练以外，还可根据谈判的实际需要，采用列表回答、提问论辩等。

（二）开局阶段

谈判开局，是指谈判当事人各方从见面开始到进入交易条件的正式磋商之前的这段过程。开局的主要工作有三项：

1.营造气氛

营造气氛即通过相互致意、寒暄、交谈等，营造一种和谐、融洽、合作的谈判气氛，使谈判有一个良好的开端。

2.协商通则

协商通则即根据谈判议题先对谈判目的、计划、进度等非实质性的安排进行协商，并相互介绍谈判人员。

3.开场陈述

开场陈述即分别简要介绍各自对谈判议题的原则性态度、看法和各方的共同利益。各方陈述后，有时需要做把各方引向寻求共同利益的进一步陈述，这就是倡议。同时，通过对对方陈述进行分析，也可大体了解对方对谈判的需要、诚意和意向，这就是探测。开场陈述之后，谈判进入实质性的磋商。

（三）磋商阶段

磋商，即按照已达成一致的谈判通则，开始就实现交易目标的各项交易条件进行具体协商、讨价还价。它是谈判阶段的核心和最具有实质意义的步骤。磋商过程具体包括以下内容：

1.明示和报价

明示，即谈判各方通过各种信息传递方式，明确地表明各自的立场和意见，暴露出分歧点，以便展开讨论。报价，不仅指在价格方面的要价，而且泛指谈判一方向对方提出的所有要求。

2.交锋

交锋，即谈判各方在已掌握的各种谈判信息的基础上，为了实现各自的谈判目标和利益，针锋相对、据理力争、反驳论辩、说服对方。交锋常常是一个充满挑战性的艰辛过程。交锋中，作为谈判人员，一方面要坚定信念、勇往直前；另一方面又要以科学的态度、客观的事实、严密的逻辑，倾听、分析对方的意见并回答对方的质询。

3.妥协

妥协，就是经过激烈的交锋，为了突破谈判僵局，防止谈判破裂和实现谈判目标作出的让步。实际上，商务谈判不能“一口价”，在磋商中各方也不可能一直无休止地争论和坚持己见。为了寻求双方都可以接受的条件和共同利益，适时、适当的妥协是完全必要的。妥协的原则应是：有所施有所受，或者说，有所失有所得。在商务谈判中，成功的谈判应当各方都是赢家。而要取得这种“双赢”的结果，就必须从各方共同利益的大局着眼，求同存异、互谅互让。从这个意义上可以说，善于做出妥协让步，恰恰是谈判人员成熟的表现。

4.协议

协议，即协商议定，就是谈判各方经过磋商，特别是经过交锋和妥协，获得了共同利益，实现了预期目标，拟订协议书并签字生效。协议标志着谈判的成功。之前谈判席上唇枪舌剑的对手，顿时亲密无间，互致祝贺。

（四）履约阶段

经过谈判阶段，除中途破裂、分道扬镳者外，多数达成协议。而在谈判破裂者中，有一部分还会重新谈判，达成协议。而且，谈判达成一致的条件均具有不可更改性，即只要谈判各方达成协议、签字生效就不能再随意更改，这叫作谈判结果的“不二性”。所以，达成协议，应当说是谈判成功的结果和标志。但是，达成协议又只是交易合作的开始，许多合同内容如交货、支付等都是后续工作，因此从实现交易目标的角度来看，达成协议绝不是大功告成。完整的商务谈判程序必须包括履约阶段。

履约阶段的主要工作是检查协议的履行情况，做好沟通并认真总结。其中，如对方违约，应按照协议索赔；出现争议，需按照协议仲裁。只有在整个合同期协议的全部条款得到了落实，谈判各方的交易目标及其交易合作才真正实现，谈判才画上了圆满的句号。

【教学互动1-6】

互动内容：

签订商务协议是商务谈判的最终目的吗？为什么？

互动要求：

（1）结合教学内容及亲身经历，发表自己的见解，也可以和你的同伴简单沟通后回答。

（2）教师对学生的回答进行点评。

案例解析1-2

25分钟的谈判换来25万美元保险金

背景与情境：

10时45分，贝德佳按照预约，准时到达客户布斯先生的办公室。

二人相互打过招呼后，布斯摆出一副等贝德佳说话的样子，后见他没有说话，便说："贝德佳先生，麻烦你特意到这儿来，真不好意思，恐怕你会浪费时间而毫无收获。"布斯指着保险企划书说："你看，纽约主要的保险公司都把我这儿当成战场了。我已打算在纽约三大保险公司中选一家投保。当然，贝德佳先生，如果你仍想介绍贵公司的服务，请留下你的保险企划书，也许两三个星期后，我才会决定投保哪一家公司。不过，坦白地说，我认为我们这样见面是彼此浪费时间而已……"

"布斯先生，如果您是我的兄弟，我实在等不及想告诉您一些坦白的话。"贝德佳表情坦诚地说。

"哦——是什么话？"布斯疑惑地问道。

"据我所知，贵公司正打算贷款25万美元开拓业务，但贷方希望您投保同额的保险，是吗？"

"没错。"

"换句话说，只要您健在，债权人便对您的公司信心十足，但万一您发生了意外，他们就无法信任您的公司可以继续维持下去，是这样吗？"

"嗯，可以这么说。"

"所以，您要立刻投保，把债权人所担心的风险转给保险公司承担。这是眼前刻不容缓的事情。如果您的生命未附上保险，而人有旦夕祸福，我想债权人很可能会因此而减少贷款金额，或者干脆拒绝贷款，您说呢？"

"我不知道，但很有可能。"

"所以您要尽快取得保证自己健康的契约，这个契约对您而言就相当于25万美元的资金。"

"那你有何建议？"

"布斯先生，现在我为了您，正要安排一项别人做不到的事。"

"哦？"

“今早，我已替您约好11时30分去看卡拉伊尔医生。他是纽约声誉极高的医疗检验师，他的检验报告获得全国保险公司的信任。所以，如果您只做一次健康检查，就能签订25万美元的保险契约，他是最佳的人选。”

“其他的保险经纪人难道不能替我安排这件事吗？”

“当然，谁都可以办到，但他们没有办法安排您今早立刻做检查。这些经纪人肯定是先打电话跟一向合作的医疗检验师联络，这些人可能只是一般的检验师。因为事关25万美元的风险，保险公司必定会要求您到其他有完善设备的诊所做更精确的检查。如此一来，25万美元贷款便要拖延数日，您愿意浪费这些时间吗？”

“我一向身体硬朗。”

“可是我们难保自己不会在某天早晨醒来时，忽然喉咙疼或者患上流行性感冒等疾病。即使您在保险公司所能接受的时间内很快恢复了，也难保他们不会说：‘布斯先生，您似乎已康复，但您已留下头疼的记录，在未确定您的病因是暂时性的还是长期性的之前，我们想请您暂停投保3~4个月。’这样，您就可能失去这笔贷款。”

“是有可能。”布斯不得不承认。

贝德佳故意看了看表，说：“已经11时10分了，如果我们立即出发，就可以依约定的时间抵达卡拉伊尔医生的诊所。如果您检查结果正常，您就可在48小时内签订保险合同。布斯先生，您今天早上看起来精神非常好。”

“是呀，我感觉非常好。”

“既然如此，您是否现在就去做检查呢？”

布斯陷入沉思，但没过几秒钟，他便取下衣架上的帽子，说：“好，我们走吧！”

思考：

（1）这次谈判属于什么类型？

（2）贝德佳为什么能成功？

（3）贝德佳在拜访布斯之前做了哪些工作？

（4）在谈判过程中，贝德佳采取了何种策略？

做一做

【谈判训练1-2】

初步体验谈判过程

背景与情境：

工作以后，同学们需要租房解决住宿问题。在和房东进行房屋租赁谈判时，要经历哪些谈判步骤？

【训练目标】

分析房屋租赁谈判的步骤，并对每一步进行设计。

【操作流程】

初步体验谈判过程的操作流程如图1-3所示。

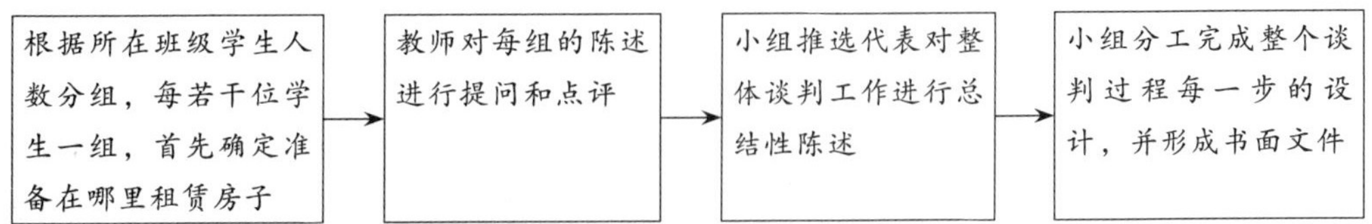

图1-3 初步体验谈判过程的操作流程

【成果形式】

关于一次房屋租赁谈判实例的课业报告。

【效果评价】

房屋租赁谈判评分表见表1-2。

表1-2 房屋租赁谈判评分表

评价指标（分值）	标准	小组自评（30%）	小组互评（30%）	教师评分（40%）	最后得分（分）
每组代表对整体租赁谈判进行总结性陈述（30分，每小项10分）	谈判内容的合理性；谈判过程的完整性；总结性陈述表述清晰				
小组房屋租赁谈判的课业报告（50分，每小项10分）	谈判内容的合理性；谈判四个环节内容的完整性、全面性				
每个学生在整体活动中的表现（20分，每小点4分）	从活动准备、与人交流、与人合作、活动积极性、信息处理等方面评价				
∑100					
老师评语	签名： 日期：				
学生意见	签名： 日期：				

任务三 商务谈判模式

【任务目标】

● 知识目标：认知各种谈判模式，以及各种模式的特征。

● 能力目标：通过学习训练，能够初步掌握需求谈判模式、原则谈判模式、谈判“三方针”模式的具体运用。

【任务导入】

埃以谈判

背景与情境：

1976年中东“六五战争”后的“埃以谈判”中，埃及坚持要收回被以色列占领的西奈半岛的土地，维护主权和领土完整；以色列坚持认为，只有占领它才能确保安全，才能消除来自西奈半岛的攻击。双方坚持各自的立场，结果谈判断断续续经历了11年的漫长岁月，一直没有成功。

1978年，美国总统卡特将埃以双方领导人请到美国戴维营去谈判，从两国需要出发寻找解决途径，结果统一了认识。埃及的需要在于领土和主权的完整，而不是对以色列的威胁；以色列的需要在于确保安全，而不是领土扩张。最后达成如下协议：以色列把西奈半岛归还给埃及，埃及把西奈半岛大部分作为“非军事区”，两国的需要都得到了满足，11年没有解决的问题，12天谈判成功。

思考：

（1）“埃以谈判”前期没有成功的原因是什么？

（2）美国前总统卡特为什么能用12天解决了11年没有解决的问题？

学一学

模式是指从生产经验和生活经验中经过抽象和升华提炼出来的核心知识体系。模式其实就是解决某一类问题的方法论。把解决某类问题的方法总结归纳到理论高度，那就是模式。模式是一种指导，在良好的指导下完成任务，有助于做出一个优良的设计方案，达到事半功倍的效果。谈判模式也是人们从长期的谈判实践活动中，总结、归纳、抽象、升华出来的，带有一般规律性的认识。这些认识对现实的谈判活动具有重要的指导作用。

一、需求谈判模式

美国谈判专家杰勒德·I.尼尔伦伯格于20世纪60年代首先提出需求谈判模式。任何谈判都是在人与人之间发生的，他们之所以要进行谈判，都是为了满足人的某一种或几种“需要”，这些“需要”决定了谈判的发生、进展和结局。

尼尔伦伯格把人的需要、人的动机和人的主观作用作为谈判理论的核心，把需要和对需要的满足作为谈判的基础。他认为谈判的前提是：“谈判双方都要求得到某些东西，否则，他们就会彼此对另一方的要求充耳不闻，双方也就不会有什么讨价还价发生了。即使是一个只求维持现状的需要，亦当如此。双方都是为各自的‘需要’所驱动，才会进行一场谈判。”他的这种需求谈判理论，反作用于谈判实践，引导人们在谈判中重视驱动双方的各种需求，寻求联系双方的“需要”，然后对症下药，选择最佳谈判

模式。国外谈判专家对这种模式有个形象的比喻：父亲为两个孩子分食一个苹果，无论父亲分得如何准确，孩子们都会认为自己吃了亏。如果改为让一个孩子来分苹果，另一个孩子先选，则都成了胜利者，一个人认为是我先选的，不会吃亏，另一个认为是我分的，也不会吃亏，结果双方都很满足。

谈判不是满足某一单方面的需求，而是参与方都要获得某些需求的满足。要想使谈判成功，只有不断使冲突向合作转化，寻求参与方的最佳需求结合点，才能形成牢固的合作关系。需求谈判模式首先要求谈判者认清自身的需求，然后寻求和探索对方的需求，谈判的根本目的是共同努力去找出达到需求结合点的途径。这样就可使谈判过程的合作性大大增强，成为“双赢式”谈判。其流程如图1-4所示。

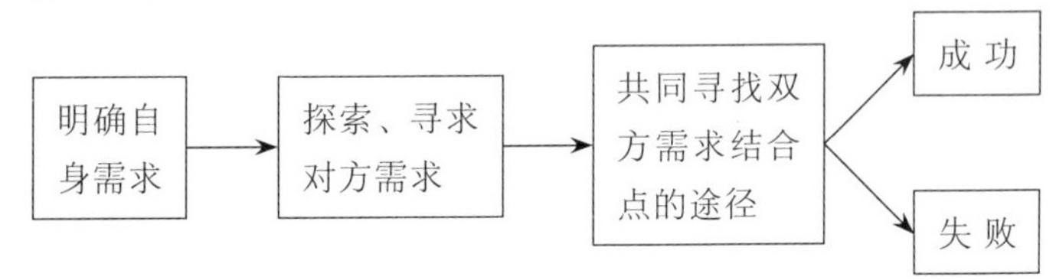

图1-4　需求谈判模式流程图

这种现代谈判模式的最大特点是可以回避人为的冲突，增强合作性。它强调谈判是从各自的需求出发，去寻求达到需求结合点的途径，强调任何谈判都应追求符合某种客观的价值，从这样一个基点出发，谈判策略和技巧就只是一种应用技能，而非主导手段。本节开篇实例“埃以谈判”就是运用需求谈判模式的典型成功案例。

【教学互动1-7】

互动内容：

分析在运用需求谈判模式成功谈判的实例中，双方的需求是如何得到满足的。

互动要求：

（1）结合教学内容及亲身经历，发表自己的见解，也可以和你的同伴简单沟通后回答。

（2）教师对学生的回答进行点评。

二、原则谈判模式

哈佛大学通过“哈佛谈判研究方案”，并与一些知名学者和谈判专家一起研讨，提出了这一谈判模式。原则谈判模式是根据客观价值来达成协议，寻求双方各有所获的方案，当发生利益冲突时，坚持根据公平的准则来做决定。

原则谈判模式强调的是价值，故也可称为价值谈判模式。原则谈判模式的特点是：使你一方面能得到想要的，另一方面又不失风度。在一般谈判中，如果策略被对方识破，就很难继续下去，而原则谈判模式却恰恰相反，如果对方了解这种方法，则更容易进行谈判。因此，原则谈判模式适用范围很广，适用于政治、军事、外交、经济等各种内容的谈判。在商务谈判中，日本较普遍采用的“成本谈判法”是对最终卖价涉及的各种成本要素进行一一磋商，寻求合理的卖价。这与原则谈判模式提出的准则，极为相似，是原则谈判模式的进一步发展。

原则谈判模式可归纳为四个基本要点：把人与问题分开；在决定如何做之前，先列

举各种可能的选择；重点放在利益上，而不是立场上；最后结果要依据某些客观标准。这四个要点几乎可以在任何谈判中加以运用，并且贯穿于谈判过程的始终。

【教学互动1-8】

互动内容：

列举一个运用原则谈判模式进行谈判的成功案例。

互动要求：

（1）结合教学内容及亲身经历，发表自己的见解，也可以和你的同伴简单沟通后回答。

（2）教师对学生的回答进行点评。

三、谈判“三方针”模式

英国谈判专家比尔·斯科特总结了不同国家、不同企业的400多名贸易谈判人员的亲身经历和经验，以及他自己在国际商务谈判中的经验，提出了谈判“三方针”模式，即谋求一致方针、皆大欢喜方针和以战取胜方针。

（一）谋求一致方针

谋求一致方针是一种谋求双方共同利益，争取最有可能获得一致性的谈判方针。采用这种谈判方针对谈判者的基本要求是：双方对合作感兴趣，在谈判过程中能协调一致，能够共同寻找解决问题的途径。谈判者对谈判策略与技巧的运用要围绕这些要求展开。谋求一致方针要求谈判方式是横向的，不在一两个问题上纠缠不休。因而，运用这种谈判方针便于协调谈判各方的利益关系，使各方的利益均能得到一定程度的满足。

（二）皆大欢喜方针

皆大欢喜方针是一种双方保持积极关系、各得其所的谈判方针。运用这种谈判方针要求谈判者认识到差异的价值，即谈判者不仅要认识到双方谈判立场和利益要求的差异，而且要认识到对方立场背后的实质利益。认识到对方所持立场与其实际利益要求之间可能存在一定差异，在表面立场上存在激烈冲突的双方在实质利益要求上可能并不存在根本矛盾，这样就可能找到真正满足双方利益要求的理想方案，使双方利益都得到满足。运用皆大欢喜方针要求在谈判策略上放慢自己让步的速度，设法改变对方的利益平衡点。

（三）以战取胜方针

以战取胜方针是一种把谈判看成一场尖锐冲突的陈旧的谈判方针，应当避免。采用这种谈判方针，谈判者的首要目标是实现自身的利益要求，扩大自身可能得到的利益。谈判者对谈判策略的运用是围绕着实现这一目标展开的，因此，以战取胜方针要求谈判方式是纵向谈判，就一个问题争论到底。这种谈判方针在使谈判者获得自身利益的同时也破坏了与对方之间的良好关系，并且，运用这种谈判方针容易招致对方的反击。

上述三种谈判方针各有不同的内容和要求。谈判者在决定谈判战略时从中进行选择。在上述三种谈判方针中，倍受斯科特推崇的是在友好、和谐气氛下“谋求一致”的谈判方针。他也积极主张在谋得己方最大利益的条件下给对方以适当满足的“皆大欢

喜”的谈判方针，力主避免冲突型的“以战取胜”的方针。理想的谈判结果是双方达到互利、共利。为此，必须努力发现和实现谈判双方的共同利益，协调谈判双方的不同利益，避免谈判双方激烈的争论和冲突。把谈判看成一场冲突、一场“零和游戏”，进而奉行以战取胜的谈判方针已被现代交易谈判所摒弃。

【教学互动1-9】

互动内容：

分析谈判“三方针”各自的特点和适用的谈判场合。

互动要求：

（1）结合实例予以分析。

（2）教师对学生的回答进行点评。

案例解析1-3

一份承包建造合同谈判

背景与情境：

约翰为建造房屋而与承包商签订了一份承包建造合同，价格确定，而且明确要求必须以钢筋水泥做基础，但是合同却没有明确规定地基以多深为标准，承包商认为2尺就足够了，而约翰则认为此类房屋一般需要5尺左右。可承包商有他的理由：“当初是你自己同意采用较浅的地基的，而且我还记得，你还同意在屋顶采用钢梁。”在此情况下，约翰如果明智的话不会和对方发生正面冲突，他想了想，说：“可能当时我错了，2尺也许够，但我所要的是稳固的地基，它足以承受整个房子的重量。政府在这方面定有标准规范吗？在这个地区的其他房子是采用多深的地基？这里的地震风险如何？你认为我们应该到何处去寻找解决问题的标准？”

就这样，约翰将谈判双方主观立场上的讨价还价，演变成寻求客观标准的努力，最终也取得了积极的结果。

思考：

（1）这次谈判双方能否达成共识？

（2）双方采取了什么谈判模式？

（3）这种谈判模式的优势在哪里？

做一做

【谈判训练1-3】

双方赢得利益的谈判

背景与情境：

甲公司想建立一个大型购物中心，需要购买一块地皮，而这块土地的使用权属于近郊的杨柳村。甲公司出价1 000万元，而杨柳村坚持要2 000万元。谈判从这里开始，双

方开价相差甚远。

杨柳村人认为，土地是农民的生活之本，失去了这片耕地的使用权后，他们没有任何出路，生活无法保证，只得多要一些钱来维持生活或用这笔钱来另谋生路。

甲公司的想法是，购买地皮时少用一些资金，可以省下钱来扩大经营规模。

【训练目标】

设计谈判基本思路以及谈判涉及的具体内容。

【操作流程】

双方赢得利益的谈判的操作流程如图1-5所示。

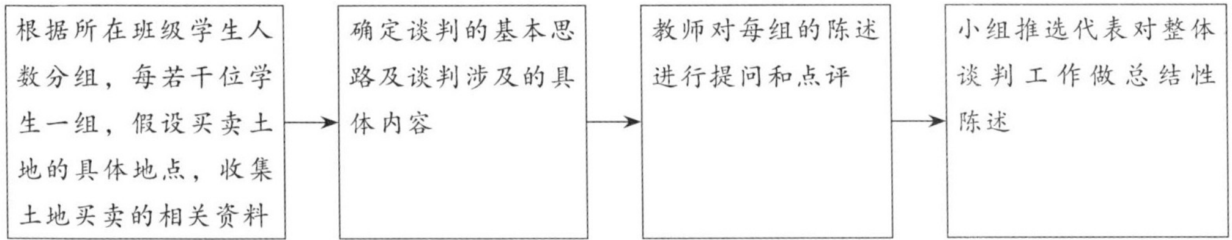
根据所在班级学生人数分组，每若干位学生一组，假设买卖土地的具体地点，收集土地买卖的相关资料
确定谈判的基本思路及谈判涉及的具体内容
教师对每组的陈述进行提问和点评
小组推选代表对整体谈判工作做总结性陈述

图1-5　双方赢得利益的谈判的操作流程

【成果形式】

关于杨柳村与甲公司关于土地买卖谈判的课业报告。

【效果评价】

土地买卖谈判评分表见表1-3。

表1-3　土地买卖谈判评分表

评价指标（分值）	标　准	小组自评（30%）	小组互评（30%）	教师评分（40%）	最后得分（分）
每组代表对整体谈判进行总结性陈述（30分，每小项10分）	谈判内容的合理性；谈判过程的完整性；总结性陈述表述清晰				
小组土地买卖谈判的课业报告（50分，每小项10分）	谈判内容的合理性；谈判四个环节内容的完整性、全面性				
每个学生在整体活动中的表现（20分，每小点4分）	从活动准备、与人交流、与人合作、活动积极性、信息处理等方面评价				
∑100					
老师评语	签名：　　日期：				
学生意见	签名：　　日期：				

思考与练习

1.关键术语

谈判：广义的谈判是指一切协商、交涉、商量、磋商等；狭义的谈判仅仅是指正式场合下的谈判。

目标市场：在市场细分的基础上，企业决定要服务的最佳细分市场，即企业的产品和劳务所要满足的特定消费者群。

商务谈判：有关贸易双方为了各自的目的，就一项涉及双方利益的标的物在一起进行协商，通过调整各自提出的条件，最终达成双方满意的协议，这样一个不断协调的过程。

需求谈判模式：首先要认清自身的需求，然后寻求和探索对方的需求，谈判的根本目的是共同努力去找出达到需求结合点的途径。

原则谈判模式：根据客观价值来达成协议，寻求双方各有所获的方案，当发生利益冲突时，坚持根据公平的准则来做决定。

谈判“三方针”模式：谋求一致方针、皆大欢喜方针和以战取胜方针。

2.选择题

○ 单项选择题

(1) 商务谈判的核心议题是（　　）。

A.输赢　　B.价格　　C.利益　　D.需求

(2) 原则需求谈判模式的核心是（　　）。

A.价值　　B.双方讨价还价　　C.立场　　D.输赢

(3) 谋求一致方针的谈判是追求（　　）。

A.自身利益的最大化　　B.根据各自需要去分割一块既定的蛋糕

C.以战取胜　　D.共同把蛋糕做得越大，双方分享得就越多

(4)（　　）谈判是指谈判的双方就共同参与或涉及双方关系的某项投资活动所涉及的有关投资目的、投资方向、投资形式、投资内容与条件、投资项目的经营与管理，以及投资者在投资活动中的权利、义务、责任及相互之间的关系所进行的谈判。

A.技术贸易谈判　　B.投资项目谈判　　C.商品交易谈判　　D.工程项目谈判

(5) 谈判是建立在（　　）的基础上。

A.双方交际活动　　B.改善人们的社会关系的行为

C.需要　　D.输赢

○ 多项选择题

(1) 商务谈判由（　　）构成。

A.谈判当事人　　B.谈判背景　　C.谈判议题　　D.利益

(2) 按照商务谈判内容可以将商务谈判分为以下（　　）类型。

A.技术贸易谈判　　B.投资项目谈判　　C.商品交易谈判　　D.工程项目谈判

(3) 主场谈判的特点有（　　）。

A.谈判时可以自由使用各种场所

B.以逸待劳，无须分心去熟悉或适应环境

C.可以充分利用资料

D.易坐冷板凳

(4) 原则谈判模式的基本要点包括（　　）。

A.把人与问题分开　　B.列举各种可能有的选择

C.重点放在利益上　　D.结果要依据某些客观标准

(5) 需求谈判模式的基本要求是（　　）。

A.坚持自己的立场　　B.寻求和探索对方需要

C.认清自身的需要　　D.找出达到需求结合点

3.案例分析题

德国人“送”一座轿车工厂给中国

背景与情境：

2 000万美元能否买下价值4亿元的轿车厂

1988年12月，哈恩（德国大众汽车公司董事长）与耿昭杰（第一汽车集团公司总经理、董事长）就双方下一步的15万辆轿车合作项目进行谈判。轿车的主力车型是A级车高尔夫。

哈恩希望扩大在中国的生产规模，他向耿昭杰提出，如果一汽在3万辆车先导工程后，双方继续合作建设15万辆车的生产规模，大众公司将以更优惠的条件，提供自己畅销的高尔夫车型。耿昭杰曾多次参观大众的各种车型，他也认可大众提供的高尔夫车型，但他要求大众在价格上做出更多的让步。谈来谈去，两人为价格问题卡壳。据参与谈判的人说，在沃尔夫斯堡德国大众的会议室里，两人相向而坐，双方谁也不说话，有时候一坐就是一个通宵，为了各自的利益，双方谁也不愿让步。到了第二天，熬不住的哈恩提出，如果接受他的价格提议，他可以将大众位于美国威斯莫兰的一个全新的捷达生产厂以最优惠的价格卖给一汽。这个提议具有相当的诱惑力。

威斯莫兰是美国宾夕法尼亚州的一个小镇。为了争夺美国市场，1978年，大众公司在这里投资建设了一座汽车组装厂，1979年生产汽车17.51万辆，1980年生产汽车22.59万辆。1984年又对工厂进行全面技术改造，工艺技术达到20世纪80年代中期最高水平。1981年以后，石油危机影响进一步扩展，因马克汇率变化，由德国大众运来的轿车散件价格大幅度上升，成本上升导致销路下滑，工厂经营情况日渐恶化。无奈之下，大众公司只得关闭了这家工厂。一个年产30万辆的轿车生产厂就这样无疾而终，4亿美元打了水漂。

要不要这个厂？耿昭杰提出先去考察一番。 打开封闭的车间大门，一汽考察人员眼前一亮，如同阿里巴巴发现了宝藏。26万平方米的车间里，长长的生产线如同巨龙静静地躺着，生产线两边布满各种先进的设备。虽然没有生产，但设备都保养完好，陪同的德方人员介绍。只要稍加维修保养，这条生产线立即就能恢复生产。经过仔细清点，整座工厂里共有焊装、油漆、总装3条生产线。焊装车间有11条先进的自动线，611台生产设备，其中5条自动线上共有62台机器人。油漆涂装线是最先进的柔性生产

线，可以根据计算机的指令，在一条生产线上给不同的车辆喷涂不同颜色的油漆。所有的设备基本完好。一汽考察人员得出结论，这是一个完好的现代化轿车工厂，如果买下这座工厂，将大大缩短15万辆项目投产的时间，可以节省大量投资，并使一汽的轿车生产水平一下子提高到20世纪80年代中期的国际水平，也使一汽储备了继续扩大产能的潜力。

一汽领导班子在会议室里召开了一天的会议，最后确定，将威斯莫兰整个工厂设备买下来，搬回来生产普及型捷达轿车。但一汽手里没有钱更没有外汇，东拼西凑，凑足了2 000万美元的外汇额度。一座价值4亿美元的工厂，德国人会出什么价？

与德国人谈判的任务交给一汽总经济师吕福源与副总工程师李光荣。谈判进行得异常艰难，德国大众开价3 900万美元，双方整整磨了21天。最后，刻板的德国人将价格降到了2 500万美元就再也不让了。但吕福源没法让。因为手上只有那么多钱。谈判最终没有达成协议。

哈恩并不傻，大众没吃亏

生意不成仁义在，德国人送客前要请吕福源和李光荣吃饭。告别宴上，没有了谈判的压力，大家都很放松，中德双方几个人东扯西拉随意聊天。几个德国人端着酒杯用英语聊天，说奥迪新车型开发没跟上，销售量达不到保本点就要亏损，亏了公司就可能裁员，这次还不知道轮到谁。吕福源的英语极棒，脑子也极为灵活，立即将这几个德国人发愁的事与自己发愁的事联系起来。吕福源清楚，国家每年都要进口大量轿车，为了减少进口轿车所花费的外汇。国家计委提出进口一部分轿车散件自行组装。如果能将这部分德国奥迪作为进口组装的散件接过来，国家用于进口轿车散件的外汇就有可能解决一汽外汇不足的问题。他立即对这几个德国人说："先生们，我们可不可以互相帮助解决一点儿困难呢？我们资金紧张不能给你2 500万美元，但我可以争取我们国家买你们一部分奥迪车的散件，采用CKD方式组装，使你们在未来的两年中能够达到保本点。但条件是，你们要把威斯莫兰的那个工厂完全送给我们，而且，你们卖给我们奥迪散件的价格要与我们以前买的价格一样，不能再加价。"

德国人立即兴奋起来，他们立即要求吕福源和李光荣先别走，退掉机票，他们要向大众董事会报告。当天吕福源也立即将这一变化用电话报告耿昭杰。耿昭杰立即连夜召集会议商议对策，并与吕福源保持电话联系。第二天，谈判进行得很顺利，德方提出，如果一汽在未来三年能购买20 000套大众奥迪100散件，大众公司免费将威斯莫兰工厂送给一汽。经过反复讨价还价，最终以一汽购买14 000套奥迪100散件，大众将威斯莫兰工厂送给一汽成交。

这样做大众公司吃亏了吗？没有。哈恩并不傻，虽然威斯莫兰工厂是一座现代化的工厂，但这座工厂已经闲置，在某种意义上讲，实际上已经废弃。如果要将这样一座工厂卖掉，在欧洲、在美国或者日本将无人问津。如果搬回德国，以美国劳工的价格，仅拆装、运输这样一个现代化的工厂就将需要一大笔美金，再说，这样一座工厂运回去又有什么用呢？豆腐盘成肉价钱。与其废弃掉，不如以优惠的价格卖给中国人，这样做还能捞回点本钱。现在中国人同意购买14 000套奥迪散件，德国人该赚的钱已经赚到。一个废弃的威斯莫兰工厂送人又算什么呢？再说，哈恩的目的不是只图眼前，而是真心

真意要与中国建立长久合作关系。大众与一汽15万辆合资项目正在谈判，有了威斯莫兰厂作为钓钩，和一汽的谈判还会有问题吗？只要能长期地合作，眼前付出点蝇头小利又算得了什么呢？

事实说明，哈恩的做法具有长远战略眼光，看一看今天中国的城乡，除了上汽桑塔纳外，销量最高的就是一汽的捷达和头顶四环的奥迪，德国大众公司今天能够财源滚滚皆源于当年哈恩的"慷慨"与"舍得"。

价值百万的一张餐巾纸

耿昭杰与哈恩击掌成交。签约后，大众公司兴高采烈地举行宴会庆祝双方的进一步合作。在德方的招待宴会上，兴奋的吕福源开始考虑拆迁的问题。吕福源考虑问题极为细致周详，他在脑子里把拆迁顺序逐条理了一遍，突然想到拆迁后剩余工业垃圾处理问题。美国是一个很重视环保的国家，工业垃圾的处理有一套完整的程序，按照这个程序，处理拆迁后的剩余工业垃圾至少要上百万美元。吕福源当场就向德国大众首席谈判代表保尔提出，拆迁后剩余的工业垃圾由德国大众处理。签约后的保尔处于兴奋状态，听到吕福源的问题，他没有过多思考就同意了。细心的吕福源担心保尔事后反悔，他要保尔立即签字画押。保尔环顾了一下灯红酒绿的餐厅说："吕先生，这里没有纸，回去后再说吧。"

吕福源可不愿意等到回去以后再说，一旦这个德国人清醒了，他有可能会作出另外的决断。吕福源扫视了一下酒桌，聪明地从餐桌上拿来一张餐巾纸递给保尔，请保尔在餐巾纸上签字承诺。保尔没有丝毫犹豫，龙飞凤舞地签下自己的承诺，这张餐巾纸立刻价值百万。

事情果然如吕福源所料，一汽在威斯莫兰拆迁完毕后，德国大众本部派来验收的代表坚决不同意由他们处理工业垃圾。

吕福源拿出保尔在餐巾纸上的签字给他们看。德国人是讲诚信的，看到保尔的文字承诺，虽然极度不满意，但他们也无话可说了。

威斯莫兰工厂设备于1990年2月起开始分批装船回国，经过三批人员近一年的劳动，直到1990年7月才全部结束。

资料来源：徐秉金，欧阳敏. 中国轿车风云［M］. 北京：企业管理出版社，2012.

思考：

（1）这是一次输赢式谈判还是双赢式谈判？为什么？

（2）这次谈判双方采取了什么谈判模式？

（3）请分析这一谈判的类型。

项目二

商务谈判准备

项目概述

充分的准备形成坚实的谈判基础，能给谈判者以获胜的信心。如果准备充分，谈判者就能有力地调动与控制谈判对手，利用各种论据和背景材料武装自己，克服任何底气不足的感觉。人们大都喜欢没有阻力的谈判，那么准备工作就是避免困境的首选举措。本项目从商务谈判背景分析、商务谈判地点选择与场所布置和商务谈判计划制订三个方面介绍商务谈判准备工作。

项目结构

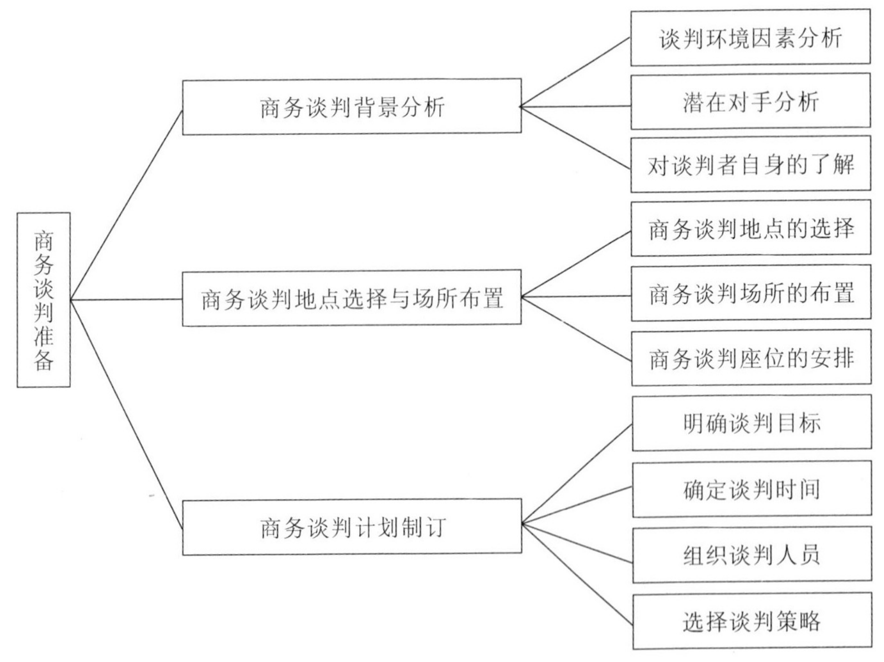

任务一 商务谈判背景分析

【任务目标】

● 知识目标：明确商务谈判准备工作的内容。

● 能力目标：通过学习训练，能够正确进行商务谈判准备工作，提高搜集商务谈判资料的能力、正确进行商务谈判地点选择和场所布置的能力以及制订商务谈判计划的能力。

【任务导入】

充分了解情况，挖掘客户潜力

背景与情境：

康德公司是一家专业生产和销售饮料的公司，公司的实力不错，目前主要销售市场是安徽，在华东其他各区域也都有零散的销售。2016年公司决定重新整合江苏市场并建立完整的分销网络，总部给江苏市场下达了2 000万元的业绩目标。业绩目标从200万元一下跳到2 000万元，使得原本觊觎江苏区域市场的众多销售经理都知难而退，只有区域经理刘宏自告奋勇走马赴任江苏区域经理。

在拟订了新的市场推广计划并确定了合理的费用预算后，如何在各县找到合适的代理商并签订有把握的目标量就成了完成江苏整体目标的关键。刘经理按照预先的约定拜访了兴化市（县级市）的客户之一——王老板。在与王老板见面之前，刘经理对王老板以往的经营情况作了充分的了解。王老板是康德的客户，以前从康德以现款买断货后就加点利润批发给终端或直接零售，去年共销售康德饮料20万元（其他品牌饮料150万元）。双方寒暄之后立刻进入了主题，刘经理首先对王老板几年来对康德的支持表示感谢，并详细介绍了公司新的发展规划以及做好江苏市场的坚定信心。王老板听到此眼睛一亮，表示希望能成为康德公司在兴化市的代理商，于是接下来的话题就围绕着目标量和厂家的条件展开了。

刘经理：王老板，你以前只是我们公司在兴化的客户之一，合同也未签，每年可以销售康德饮料20万元。假如我们正式授权你为我公司的代理商，享受代理商供货价，你可以完成多少销售额？

王老板：40万元应该没问题，只是担心市场的窜货。

……

思考：

在与客户见面谈判之前，应该做好哪些工作？

学一学

商务谈判成功的关键在于对谈判相关信息的掌握与正确分析。准确、可靠的谈判信

息是确定谈判目标的基础，也是制定谈判策略的依据。在商务谈判中，谁在谈判信息上拥有优势，能够知道对方的真正需要和他们的谈判利益界限，谁就能制定正确的谈判策略，掌握谈判的主动权。

一、谈判环境因素分析

商务谈判是在特定的社会环境中进行的，社会环境各种因素如政治环境、经济环境、社会文化环境、自然资源环境、基础设施条件、气候条件、地理位置等，都会直接或间接地影响谈判。谈判人员只有对上述各种环境因素进行全面、系统、正确的调查和分析，才能因地制宜地制定出正确的谈判方针和策略。在这里，从国际商务谈判的范畴总结了谈判环境因素分析的内容，具体包含以下几个方面：

（一）政治状况

（1）国家对企业的管理程度。这涉及参加谈判的企业自主权的大小问题。如果国家对企业管理程度较高，那么政府就会干预或限定谈判内容及谈判过程，关键性问题可能要由政府部门人员作出决定，企业人员没有太多的决定权；相反，如果国家对企业的管理程度较低，企业有较大的自主权，那么企业人员就可以自主决定谈判的内容、目标，以及敲定关键性问题。例如，企业能否进口某些商品，限制采购某些商品等。

（2）国家对企业的领导形式。如果是中央集权制，那么中央政府权力较集中；如果是地方分治制，那么地方政府和企业权力较大。在计划管理体制下，企业只有争取到了计划指标，才可能在计划范围里实施谈判，灵活性较弱；在市场经济条件下，企业建立起独立的管理机制，有较大的经营自主权，谈判的灵活性较强。

（3）对方对谈判项目是否有政治上的关注？如果有，程度如何？哪些领导人对此比较关注？这些领导人各自的权力如何？商务谈判通常是纯商业目的的，但有时可能会受到政治因素的影响，如政府或政党为了政治目的参与到商务谈判中，政治因素将影响甚至决定谈判的结果，而商业因素或技术因素要让步于政治因素。如果谈判涉及关系国家大局的重要贸易项目，涉及影响两国外交的敏感性很强的贸易往来，都会受到政治因素的影响。尤其在集权程度较高的国家，领导人的权力将会制约谈判结果。

（4）谈判对手当局政府的稳定性。在谈判项目上马期间，政局是否会发生变动？总统大选是否在谈判期间举行？总统大选是否与所谈项目有关？谈判国与邻国关系如何？是否处于敌对状态？有无战争风险？国家政局的稳定性对谈判有重要的影响，一般情况下如果政局发生动乱，或者爆发战争，都将使谈判被迫中止，或者已达成的协议变成一张废纸，对方不能履行合同，造成极大的损失。这是事先必须搞清楚的问题。

（5）双方政府之间的政治关系如何？如果两国政府关系友好，那么买卖双方的贸易是受欢迎的，谈判将是顺利的；如果两国政府之间存在敌对矛盾，那么买卖双方的贸易会受到政府的干预甚至被禁止，谈判中的障碍很多。

（6）该国有没有将间谍手段运用到商务谈判中？在国内外市场竞争较为激烈的今天，有些国家和公司会在商务谈判中采取一些间谍手段，如在客人房间安装窃听器，偷听电话、偷录谈话内容，或者用男女关系来陷害对方等。谈判人员应该提高警惕，防止对方采用各种手段窃取信息、设置陷阱，造成己方陷入被动局面。

（二）宗教信仰

（1）该国占主导地位的宗教信仰。世界上有多种宗教信仰，例如佛教、伊斯兰教、基督教等。宗教信仰对人的道德观、价值观、行为方式等都有直接影响。首先要搞清楚该国占主导地位的宗教信仰是什么，其次要研究这种占主导地位的宗教信仰对谈判者的思想行为会产生哪些影响。

（2）该宗教信仰的影响力。在政治事务方面，要研究该国政府的施政方针、政治形势、民主权力是否受该国宗教信仰的影响。在法律制度方面，某些宗教色彩浓厚的国家，其法律制度的制定不能违背宗教教义，甚至某些宗教教规就是至高无上的法律。在国别政策方面，由于宗教信仰不同，一些国家在对外贸易上制定国别政策：对宗教信仰相同的国家实施优惠政策，对宗教信仰不同的国家，尤其是有宗教歧视和冲突的国家及企业施加种种限制。在社会交往与个人行为方面，宗教信仰对社会交往的规范、方式、范围都有一定的影响；对个人的社会工作、社交活动、言行举止也有种种鼓励或限制。这些都会形成谈判者在思维模式、价值取向、行为选择上的宗教痕迹。在节假日与工作时间方面，不同宗教信仰的国家都有自己的宗教节日和活动，谈判日期不应与该国的宗教节日、祷告日、礼拜日相冲突，应该尊重对方的宗教习惯。

（三）法律制度

（1）该国的法律制度：是依据何种法律体系制定的，是英美法还是大陆法？

（2）法律的执行程度。法律执行情况不同将直接影响到谈判成果能否受到保护。有法可依，执法严格，违法必究，将有利于谈判按照法律原则和程序进行，也将保证谈判签订的协议不会受到侵犯。

（3）该国法院受理案件的时间长短。法院受理案件时间的长短直接影响谈判双方的经济利益。当谈判双方在交易过程中以及合同履行过程中发生争议，经调解无效时，就要递交法院。法院受理案件的速度越快，对谈判双方解决争议就越有利，损失就越小。

（4）该国执行国外法律仲裁判决的程序。要了解跨国商务谈判活动必然会涉及两国法律适用问题，必须清楚该国执行国外法律仲裁判决需要哪些条件和程序。

（5）该国当地是否有完全独立于谈判对手的可靠的律师？如果必须在当地聘请律师，一定要考虑能否聘请到公正可靠的律师，因为律师在商务谈判过程中始终起着重要的参谋和辩护作用。

（四）商业做法

（1）该国企业的管理方式：是不是由各公司的负责人经营或是公司中各级人员均可参与管理，有没有真正的权威代表？例如，阿拉伯国家的公司大多数是由公司负责人说了算；而日本企业的决策必须经过各级人员互相沟通、共同参与，达成一致意见后再由高级主管决定。

（2）合同的呈现方式。任何协议都必须见诸文字，或是口头协议同样具有约束力。有些国家必须以合同文字为准，另一些国家有时也以个人信誉和口头承诺为准。

（3）律师的作用。在谈判和签约过程中，律师等专业顾问是否像美国的律师一样始终出席，负责审核合同的合法性并签字，还是仅仅起到一种附属作用。

（4）谈判决策者。正式的谈判会见场合是不是特地为双方的领导安排的？其他出席

作陪的成员是否只在被问到具体问题时才能发言？如果是这样的话，那么谈判成员的职权不是很大，领导人的意志对谈判会产生较大影响。

（5）商业机密的重要性：该国有没有商业间谍活动？应该如何妥善保存机要文件以免谈判机密对方窃取？

（6）商业贿赂现象：在商务往来中是否有贿赂现象？如果有的话，方式及条件如何？调查这些问题目的在于防止商业贿赂使己方人员陷入圈套，使公司利益蒙受损失。

（7）谈判对手的选择。一个项目是否可以同时与几家公司谈判，以选择最优惠的条件达成交易？如果可以的话，那么保证交易成功的关键因素是什么？是否仅仅是价格问题？如果一个项目可以同时与几家公司谈判，谈判的选择余地就大得多，如果能够抓住保证交易成功的关键因素，就可以为达成交易寻找最佳伙伴。

（8）商务谈判语言的使用。谈判的常用语种是什么？如使用当地的语言，有没有可靠的翻译？合同文件是否可用两种语言表示？两种语言是否具有同等的法律效力？谈判语言是非常关键的交流表达手段，要争取使用双方都熟悉的语言进行谈判。合同文件如果使用双方两种语言文字，两种语言应该具有同等的法律效力，这对双方来讲都是公平的。

（五）社会习俗

谈判者必须了解和尊重该国、该地区的社会风俗习惯，并且善于利用这些社会习俗为己方服务。比如，该国家或该地区人们在称呼和衣着方面的社会规范标准是什么？是不是只能在工作时间谈业务？在业余时间和娱乐活动中是否也能谈业务？社交场合是否携带妻子？社交款待和娱乐活动通常在哪里举行？赠送礼物有哪些习俗？当地人是否愿意在大庭广众之下接受别人的批评？人们如何看待荣誉、名声等问题？当地人公开谈话时不喜欢哪些话题？妇女是否参与经营业务？在社会活动中妇女是否与男子具有同样的权力？这些社会习俗都会对人们的行为产生影响和约束力，必须了解和适应。

（六）财政金融状况

（1）该国的外债情况。如果该国的外债过高，就有可能因为债务过高而无力支付交易的款项，必然使商务谈判成果不能顺利实现。

（2）该国的外汇储备情况。该国主要依靠哪些产品赚取外汇？如果该国外汇储备较多，则说明该国有较强的对外支付能力；如果外汇储备较少，则说明该国对外支付会出现困难。如果该国以具有较高附加价值的机械、电子产品、高科技产品为主赚取外汇，说明该国换汇能力比较强，支付外汇能力也必然较强。

（3）该国货币兑换自由度。货币兑换有何限制？ 如果交易双方国家之间的货币不能自由兑换，就要考虑如何完成兑换，要受到哪些限制的问题。汇率变动也会对双方造成一定风险，这也是需要认真考虑和协商的。

（4）该国在国际支付方面的信誉情况。是否有延期的情况？了解该国在国际支付方面的信誉情况也是必要的，如果对方信誉不佳，就要考虑用何种手段控制对方，以免延误支付。

（5）该国适用的税法情况。该国是根据什么法规进行征税的？该国是否签订避免双

重征税的相关协议？与哪些国家签订过？

（6）利润的获取情况。公司在当地赚取的利润是否可汇出境外？有什么规定？

搞清楚上面的问题可使交易双方资产顺利完成跨国间流动，保证双方经济利益不受损失或少受损失。

（七）该国基础设施与后勤供应系统

该国人力方面必要的熟练工人和非熟练工人、专业技术人员情况如何？该国物力方面建筑材料、建筑设备、维修设备情况如何？在财力方面有无资金雄厚、实力相当的分包商？在聘用外籍工人、进口原材料、引进设备等方面有无限制？当地的运输条件如何？这些也都需要加以考虑。

（八）气候因素

气候因素对谈判也会产生多方面的影响。例如，该国雨季的长短、冬季的冰雪霜冻情况，夏季的高温情况、潮湿度情况，以及台风、风沙、地震等情况。

以上几种环境因素，从各个方面制约和影响着谈判工作，是谈判前准备工作中重要的调查分析内容。

【教学互动2-1】

互动内容：

结合实例说明谈判环境因素分析的重要性。

互动要求：

（1）结合日常生活、工作，发表自己的见解，也可以和你的同伴简单沟通后回答。

（2）教师对学生的回答进行点评。

二、潜在对手分析

对谈判对手的调查是谈判准备工作中极关键的一环，“知己知彼，百战不殆”。如果同一个事先毫无任何了解的对手谈判，谈判中很可能会遇到极大的困难，甚至会冒很高的风险。谈判对手的情况是复杂多样的，主要调查分析对方的客商身份、资信情况、资本、信用和履约能力，以及参加谈判人员的权限、谈判时限、谈判目的等情况。

（一）客商身份调查

首先应该了解清楚谈判对手属于哪一类客商，避免错误估计对方，使自己失误甚至受骗上当。目前，贸易界的客商基本上可以归纳为以下几种情况（见表2-1）：

（1）世界级知名企业。在世界上享有一定声望和信誉的公司，一般都会要求我方提供准确、完整的各种数据，令人信服的信誉证明，因此谈判前要做好充分准备，谈判中要求有较高超的谈判技巧，要有充足的自信心，不能一味为迎合对方条件而损害自己的利益。这类企业是很好的贸易伙伴。

（2）有一定知名度的客商。对享有一定知名度的客商，要认识到对方比较讲信誉，合作需求比较迫切，技术服务和培训工作比较好，对我方在技术和合作生产方面提出的条件比较易于接受，是较好的贸易伙伴。

表2-1　　**谈判客商类别**

客商类别	特征
世界级知名企业	资本雄厚，有财团作支撑，机构健全，聘请法律顾问专门研究市场行情及其技术论证
有一定知名度的客商	资本比较雄厚，产品在国内外有一定的销售量，靠引进技术，创新发展，在国际上有一定的竞争能力
普通客商	没有任何知名度但却可提供完备的法人证明，具备一定竞争条件
中介	专门从事交易中介的客商，一般无法人资格，无权签署合同，只是为了收取佣金而为交易双方牵线搭桥
知名母公司下属子公司	资本比较薄弱，是独立的法人，实行独立核算，在未获授权许可前，无权代表母公司
知名母公司总部外分公司	无法律和经济上的独立性，不具有独立法人资格，公司资产属于母公司
利用本人身份从事非其所在公司业务的客商	在某公司任职的个人，打着公司的招牌，从事个人买卖活动，谋求暴利或巨额佣金
骗子客商	无固定职业，专门靠欺骗从事交易，以拉关系、行贿赂等手段实施欺骗活动

③普通客商。对待没有任何知名度的客商，只要确认其身份地位，深入了解其资产、技术、产品、服务等方面的情况，也是很好的合作伙伴。因为其知名度不高，谈判条件不会太苛刻，他们也希望多与我方合作。

④中介。对待专门从事交易中介的客商，要认清他们所介绍的客商的资信地位，防止他们打着中介的旗号进行欺骗。

⑤“借树乘凉”的客商。对待这类客商，不要被其母公司的光环所迷惑，对其应持慎重态度。如果是子公司，要求其出示母公司准予其以母公司的名义洽谈业务，并承担子公司一切风险的授权书。母公司拥有的资产、商誉并不意味着子公司也拥有，要警惕子公司打着母公司招牌虚报资产的现象。如果是分公司，它不具备独立的法人资格，公司资产属于母公司，无权独自签约。

⑥骗子客商。对待各种骗子型客商，一定要调查清楚其真实面目，谨防上当，尤其不要被对方虚假的招牌、优惠的条件、给个人的好处所迷惑，使自己误入圈套。

（二）谈判对手资信调查

对谈判对手进行资信状况的调查研究，是谈判前准备工作极其重要的一步。如果缺少必要的资信状况分析，谈判对手主体资质不合格或不具备与合同要求基本相当的履约能力，那么所签订的协议就是无效协议或者是没有履行保障的协议，谈判者就会前功尽弃，蒙受巨大损失。

对谈判对手资信情况的调查应包括两方面的内容：一是对方主体的合法资格；二是对方的资本信用与履约能力。

1.对方主体合法资格的审查

商务谈判的主体是参与一定的经济法律关系而享受权利和义务的组织或个人，即经济法律关系主体。参加商务谈判的企业组织必须具有法人资格。

法人应具备三个条件：一是法人必须有自己的组织机构、名称与固定的营业场所，组织机构是决定和执行法人各项事务的主体。二是法人必须有自己的财产。这是法人参加经济活动的物质基础与保证。三是法人必须具有权利能力和行为能力。所谓权利能力是指法人可以享受权利和承担义务，而行为能力则是指法人可以通过自己的行为享有权利和承担义务。满足了这三个条件后，在某个国家进行注册登记，即成为该国的法人。

对对方法人资格进行审查时，可以要求对方提供有关条件，如法人成立地注册登记证明、法人所属资格证明、营业执照，详细掌握对方企业名称、法定地址、成立时间、注册资本、经营范围等。要弄清对方法人的组织性质，是有限责任公司还是无限责任公司，是母公司还是子公司或分公司，因为公司组织性质不同，其承担的责任是不一样的。此外，还要确定其法人的国籍，即其应受哪一国家法律管辖。对对方提供的证明文件要先通过一定的手段和途径进行验证。

对对方主体合法资格的审查还应包括对其代表资格或签约资格进行审查；在对方当事人找到保证人时，还应对保证人进行调查，了解其是否具有担保资格和能力；在对方委托第三者谈判或签约时，应对代理人的情况加以了解，了解其是否有足够的权力和资格代表委托人参加谈判。

2.谈判对手资本、信用及履约能力的审查

对谈判对手的资信进行审查主要是审查对方的注册资本、资产负债表、收支状况、销售状况、资金状况等有关事项。对方具备了法律意义上的主体资格，并不一定具备很强的行为能力。因此，应该通过公共会计组织审计的年度报告，银行、资信征询机构出具的证明来核实。

对谈判对手商业信誉及履约能力的审查，主要包括该公司的经营历史、产品的市场声誉与金融机构的财务状况，以及在以往的商务活动中是否具有良好的商业信誉。作为一家信息咨询公司，邓氏公司在与若干中国公司的长期业务合作中，发现不少中国公司存在着某些对国际商务活动中风险和信用（资信）认识上的误区，如“外商是我们的老客户，信用应该没问题”“客户是朋友的朋友，怎么能不信任?”“对方是大公司，跟他们做生意放心”等。

针对这些误区，邓氏公司提出了若干忠告，如“对老客户的资信状况也要定期调查，特别是当其突然下大订单或有异常举措时，千万不要掉以轻心”“防人之心不可无——无论是何方来的大老板，打交道前先摸摸底细，资信好的大公司不能保证其下属公司也有良好的资信”等。

3.对方谈判人员的权限

谈判的一个重要法则是不与没有决策权的人谈判。要弄清对方谈判人员的权限有多大，对谈判能获得多少实质性的结果有重要影响。不了解谈判对手的权力范围，将没有足够决策权的人作为谈判对象，不仅是浪费时间，甚至可能会错过更好的交易机会。一般来说，对方参加谈判人员的级别越高，权限也就越大；如果对方参加谈判的人员级别

较低，我们就应该了解其是否得到了授权，以及对方参加谈判的人员在多大程度上能独立做出决定，有没有决定是否让步的权力。

4.对方的谈判时限

谈判时限与谈判任务量、谈判策略、谈判结果都有重要关系。谈判者需要在一定时间内完成特定的谈判任务，可供谈判的时间长短与谈判者的技能发挥状况成正比。时间越短，对谈判者而言，用以完成谈判任务的选择机会就越少，哪一方可供谈判的时间越长，哪一方就拥有较大的主动权。了解了对方的谈判时限，就可以了解对方在谈判中会采取何种态度、何种策略，己方就可制定相应的策略。因此，要注意搜集对手的谈判时限信息，辨别表面现象和真实意图，做到心中有数，针对对方谈判时限制定谈判策略。

5.对方谈判人员的其他情况

要从多方面搜集对方的信息，以便全面掌握谈判对手的情况。比如，对方谈判班子的组成情况，即主谈者背景、谈判班子内部的相互关系、谈判班子成员的个人情况，包括谈判成员的资历、能力、信念、性格、心理类型、个人作风、爱好与禁忌等等；谈判对手的谈判目标，所追求的中心利益和特殊利益；谈判对手对己方的信任程度，包括对己方经营与财务状况、付款能力、谈判能力等多种因素的评价和信任程度等。

【教学互动2-2】

互动内容：

应该如何了解谈判对手的真实情况？

互动要求：

要明确信息来源渠道，辨析所获信息的真实程度。

三、对谈判者自身的了解

没有对自身的客观评估，就无法客观地认定对方的实力，谈判者一定要有自知之明。古人云：“欲胜人者，必先自胜；欲论人者，必先自论；欲知人者，必先自知。”孟子说过：“知人者智，自知者明。”但是自我评估很容易出现两种问题：一是过高估计自身的实力，看不到自身的弱点；二是过低评估自身的实力，看不到自身的优势。自我评估首先要看到自身所具备的实力和优势，同时也要客观地分析自己的需要和实现需要缺欠的条件。

（一）谈判信心的确立

谈判信心来自对自己实力和优势的了解，也来自对谈判工作的充分准备。谈判者应该了解自己是否准备好了能够支持自己说服对方的足够的依据，是否对可能遇到的困难有充分的思想准备，一旦谈判破裂是否能找到新的途径实现自己的目标。如果对谈判成功缺乏足够的信心，是否需要寻找足够的条件确立信心，还是需要修正原有的谈判目标和方案。

（二）自我需要的认定

满足需要是谈判的目的，清楚自我需要的各方面情况，才能制定出切实可行的谈判

目标和谈判策略。谈判者应该认定以下几个问题：

1.己方需要

希望借助谈判满足己方哪些需要。例如，作为谈判中的买方，应该仔细分析自己到底需要什么样的产品和服务，需要多少，要求达到怎样的质量标准，价格可以出多少，需要在什么时间内购买，对方必须满足买方哪些条件等等；作为谈判中的卖方，应该仔细分析乙方愿意向对方出售哪些产品，是配套产品还是拆零产品，卖出价格最低限是多少，买方的支付方式和时间如何等等。

2.各种需要的满足程度

己方的需要是多种多样的，各种需要重要程度并不一样。要搞清楚哪些需要必须得到全部满足，哪些需要可以降低要求，哪些需要在必要情况下可以不考虑，这样才能抓住谈判中的主要矛盾，保护己方的根本利益。

3.需要满足的可替代性

需要满足的可替代性大，谈判中己方回旋余地就大；如果需要满足的可替代性很小，那么谈判中己方讨价还价的余地就很小，很难得到预期结果。需要满足的可替代性包含两方面：一是谈判对手的可选择性有多大。有些谈判者对谈判对手的依赖性很强，这样会使己方陷入被动局面，常常被迫屈从于对方的条件。分析谈判对手的可选择性要思考这样一些问题：如果不和他谈，是否还有其他的可选择的对象，是否可以在将来再与该对手谈判，如果与其他对手谈判可得到的收益和损失是什么。弄清这些问题，才有助于增强自己的谈判力。二是谈判内容可替代性的大小。例如，如果价格需要不能得到满足，可不可以用还贷方式、提供服务等需要的满足来替代呢；如果眼前需要满足不了，是否可以用长期合作需要的满足来替代呢。这种替代的可能性大小，要通过认真权衡利弊来确定。

4.满足对方需要的能力鉴定

谈判者不仅要了解自己要从对方得到哪些需要的满足，还必须了解自己能满足对方哪些需要，满足对方需要的能力有多大，在众多的同时提供需要满足的竞争对手中，自己具有哪些优势，占据什么样的竞争地位。

满足自身的需要是参加谈判的目的；满足他人需要的能力是谈判者参与谈判，与对方合作交易的资本。谈判者应该分析自己的实力，认清自己到底能满足对方哪些需要，如出售商品的数量、期限、技术服务等等。如果谈判者具有其他企业所没有的满足需要的能力，或是谈判者能够比其他企业更好地满足某种需要，那么谈判者就拥有更多的与对方讨价还价的优势。

【教学互动2-3】

互动内容：

结合实例，分析己方哪些情况是应该让对方知道的，哪些情况是应该保密的。

互动要求：

（1）结合日常生活、工作，发表自己的见解，也可以小组讨论后回答。

（2）教师对学生的回答进行点评。

案例解析2-1

力拓间谍案对中外进出口铁矿石谈判的影响

背景与情境：

2009年7月9日，上海市国家安全局通过一份新闻通告正式表态：2009年以来，在中外进出口铁矿石谈判期间，澳大利亚力拓公司驻上海办事处首席代表胡士泰及该办事处人员刘才魁等四人，采取不正当手段，通过拉拢收买中国钢铁生产单位内部人员，刺探窃取了中国国家秘密，对中国国家经济安全和利益造成重大损害。

他们泄露了什么？

一家参与中方谈判组的钢企负责人向记者坦承："感觉每一次谈判对方准备都很周密，先机总是掌握在他们手里。"

一位国有钢厂的负责人告诉本报记者，对于钢企来说，原料库存的周转天数、进口矿的平均成本、吨钢单位毛利、生铁的单位消耗等财务数据，属于钢铁企业机密信息，不得随便外传。此外，一个钢铁企业的生产安排、炼钢配比、采购计划等，也属于企业内部资料。"如果力拓掌握大部分钢企的财务数据和生产安排进度，那么，在铁矿石谈判中将轻易掌握中方的谈判底线。"该负责人表示。

中钢协会定期将行业统计数据反馈给会员单位，其中，行业平均毛利是"非常重要也非常机密"的数据。"如果矿商掌握了中国钢铁行业的平均毛利，那么，它会对中国钢铁行业的成本承受能力了如指掌，而谈判时，双方公开的价格要求，往往比实际成本要高。"

"公开的行业信息都是给外人看的，而且统计上存在不同标准，未公开的一般是各个企业的具体生产资料，以及影响交易的行业真实成本数据，比如吨钢铁水成本。"上述钢企负责人表示。

一位不愿透露姓名的前首钢人士告诉本报记者："所谓涉密的情报，包括企业的生产成本——这涉及对于矿石等原材料价格的承受能力；企业的技术改造水平、具体经济技术指标——比如内外矿配比比例；生产技术参数——高炉生产系数、焦炉系数，甚至国家政策发展动向等，都是属于涉密因素。而从铁矿石谈判的商业机密上来说，中国出什么招？中方谈判对策几何？都是重点。"

一位资深业内人士表示，国际矿商拉拢收买钢铁业内部人员、刺探窃取情报在行业内"已不是一两年的事情了"。接触过胡士泰的业内人士表示，胡士泰平时接电话很少用手机，一般会要求对方拨他的座机号码，"现在看来，可能是担心被窃听"。

有关部门已掌握胡士泰的大量电话录音和个人电脑资料，这将为胡是否从事间谍活动提供有力证据。另外，胡平时出席大量公共活动，亦与业内人士交往频繁，"胡每天的任务几乎都是会见内地业内人士，行程很满，胡在被捕前两天，还与中方铁矿石谈判队伍商讨价格问题"。

情报交易链条揭秘

2009年的国际铁矿石谈判，在亚欧市场都推进得异常缓慢。5月26日，力拓公司宣布，其下属的哈默斯利铁矿石公司已与日本新日铁公司就2009年4月1日起、新一财年的铁矿石价格达成一致：在2008年的基础上，粉矿（占中国进口量的80%）、块矿（占中国进口量的20%）将分别降价32.95%和44.47%。中方是否跟进，顿时成为最大悬念。因为，这远低于中钢协“矿价回到2007年水平”“不少于40%降幅”的心理预期和谈判底线。

当天下午，主持谈判的中钢协秘书长单尚华在马钢集团内部召集参加谈判的16家钢企开了紧急会议，主要内容就是商讨如何应对新日铁与力拓达成的“首发价”。同时，其还通过电话，征求了谈判队伍外各家企业的意见。钢协与宝钢、河钢、武钢、鞍本、沙钢、山钢、马钢、首钢、华菱、包钢、太钢等共16家钢企组成了谈判队伍，定期召开会议，商议谈判进展与对策。5天后，一份“不予跟进”的强势声明出现在钢协网站，主流钢企也纷纷表态力挺钢协立场。直到6月18日的采访中，单尚华还对本报记者表示：“我们现在并不着急，主动权在我们手里。”

但自6月上旬以来，对中钢协的抱怨之声突然多了起来。随着钢材市场的渐渐回暖和原料资源的推涨，力拓等矿商在彼时的中国市场采取了强势回击的态度。自日韩首发价推出后不久，原本通过议标方式出售矿石的矿商们暂停出货2~3周的时间，而后再次重启。于是新一轮的议标，冲高至粉矿77美元/吨的（CIF）到岸价，为4个月来的最高价格，接近力拓与日韩所敲定的新价格。

资料来源　佚名. 力拓贿赂钢企：机密数据提前泄露给谈判对手［N］. 齐鲁晚报，2009-07-21.

思考：

（1）为什么中国作为澳大利亚重要的铁矿石客户，在谈判中却处于劣势？

（2）分析有关获取谈判对手信息的重要性。

做一做

【谈判训练2-1】

商务谈判背景分析

一、实训目的和要求

通过获取可靠的商务谈判背景信息，为制订谈判计划提供依据。要求掌握收集、分析谈判背景信息的内容、途径和方法。

二、场景设计

谈判甲方：国内炒货五强、安徽炒货生产企业Z公司的KA部销售总监林之。

谈判乙方：乐多超市采购负责人。

林之与乐多超市采购负责人就Z公司炒货进入乐多超市进行谈判。为使谈判顺利进行，林之必须事先对该次谈判所涉及的背景资料进行收集和分析。

三、实训步骤

第一步，收集与本次谈判有关的政治、经济、文化、行业等谈判环境信息，并对谈判环境因素进行分析。

通过互联网、实体媒体、政府相关部门收集有关这次谈判的宏观信息。

为规范零售商与供应商的交易行为，维护公平、公正的市场交易秩序，促进零售商与供应商平等合作、共同发展，商务部、发改委、公安部、税务总局、工商总局五部门联合颁布了《零售商供应商公平交易管理办法》(商务部2006年第17号令，以下简称《办法》)，自2006年11月15日起施行。《办法》共26条，对零售商与供应商的不公平交易、损害对方合法权益、限制竞争、损害其他经营者利益的行为做出了明确规定，并规定了相应的法律责任。《办法》对身处弱势的供应商给予了许多政策支持，如取消进场费、零售商不得滥用优势地位、账期不得超过60天等。

虽然《办法》已实施半个多月，但许多超市还是各种费用照收，就连最敏感的进场费也被换了行头，重新上岗。乐购、家乐福、世纪联华等大型超市都没有彻底放弃进场费这块肥肉，只不过改了称呼让其符合《办法》的要求，并针对各项条例更改原有的合同，让所有条款滴水不漏。

众所周知，零售行业的整体利润率较低，大型超市在5%左右，商场能高一些，也只有20%，如果单纯依靠商品进货差价，绝大多数零售商都会赔钱。而名目繁多的节庆费、店庆费、装修费是他们重要的利润来源。《办法》实施后，许多大型商场、超市都聘请了律师团专门研究该《办法》，并针对各项条例更改原有的合同，让所有条款滴水不漏。

实际上，即使零售商不修改合同条款，绝大部分供应商出于自身利益的考虑，也是敢怒不敢言，加上《办法》中规定的处罚过轻，并不能起到很大的震慑作用。同时，《办法》的实施由哪些部门来管理也不太明确。

第二步，谈判对手信息收集及情况分析。

在谈判前，通过各种渠道，对谈判对手的资本、信用、经营状况、相关人员、需求等各方面情况进行调查及分析。

1.乐多卖场总部在广州，在全国有94家分店，华南区有39家分店，其中广州有17家，进场以整个华南区为单位。

2.乐多卖场财务状况和业内声誉均良好，无重大经济纠纷。

3.华南区炒货负责人白野，河北人，刚刚30岁，为人爽直，而且白野与林之的朋友范总曾是多年同事，感情深厚。

4.乐多卖场已经有8个同类产品上架，包括炒货知名品牌“洽洽”，但由于缺乏重大活动支持，卖场炒货区销量一直上不去，人气不旺。白野一直急于找一个合适的产品提高炒货的业绩。

5.乐多卖场采购总监（负责整个华南地区店）是最终决策人，他很器重白野，一般情况下都会采纳其意见。

第三步，谈判者自身情况分析。

在谈判前的准备工作中，谈判者应该正确了解和评估自身的状况。自我评估首先要看

到自身所具备的实力和优势，同时也要客观地分析自己的需要和实现需要所欠缺的条件。

林之刚被任命为安徽炒货生产企业Z公司的KA部销售总监，上任后，他选择的第一个突破点是广州。这个城市高收入、高消费、KA卖场相对集中，如果能在广州成功突破KA市场，将大大有利于Z公司顺势开拓华南地区其他大城市的KA卖场。

Z公司优势分析：

Z公司是国内炒货前五强。Z公司的产品在北方市场已占据绝对的统治地位，有足够的人力和财力开拓南方市场，公司会有较大的市场投入，这一点与“洽洽”相比具有很大的优势。产品和洽洽相比，价格具有竞争优势。产品规格全，100克包装是洽洽所没有的。

林之在充分了解了乐多卖场的各种费用要求及进场条件后，逐项分析卖场的交易条件，结合炒货品类需要提高人气的需求，制订了以“大促销提升卖场人气”为主题的卖场促销方案。

Z公司劣势分析：

Z公司以前是靠运作传统渠道起家的，KA渠道的运作经验很少。Z公司的品牌优势在北方，在南方的品牌影响力明显比“洽洽”弱很多。

四、效果评价

根据出勤、课堂讨论发言、谈判背景信息收集与分析情况进行评定。小组成员自己评出个人成绩档次（优秀、良好、中等、及格、不及格），教师和各小组长共同综合评出各小组成绩，在此基础上给出个人最终成绩。

个人最终成绩=20%×表2-2成绩+80%×表2-3成绩

表2-2 **小组成员个人成绩评价表**

小组成员个人成绩 / 小组成员姓名	优秀	良好	中等	及格	不及格

注：考评满分为100分，60分以下为不及格；60～69分为及格；70～79分为中等；80～89分为良好；90分以上为优秀。

表2-3 **谈判背景分析评价表**

评价内容	分值（分）	评分（分）
谈判背景资料来源渠道全面（不单一）	20	
谈判背景资料信息来源真实、可靠	30	
谈判宏观环境信息收集与分析	10	
谈判对手信息收集与分析	20	
谈判者自身情况分析	20	
谈判背景分析总体评价	100	

注：考评满分为100分，60分以下为不及格；60～69分为及格；70～79分为中等；80～89分为良好；90分以上为优秀。

任务二 商务谈判地点选择与布置

【任务目标】

● 知识目标：掌握商务谈判地点选择与场所布置的相关常识。

● 能力目标：通过学习训练，能够有效利用谈判地点的优势、规避劣势进行有效谈判；根据谈判的具体要求，合理布置谈判场所。

【任务导入】

谈判场所环境的作用

背景与情境：

谈判场所若凌乱不堪，例如墙上有一幅挂歪了的画，谈判者的注意力就容易分散，无法全身心放在谈判上。从心理学角度来说，除了习惯性的动作外，人的注意力在同一时间内只能集中于某一件事情上，也就是所谓的“一心不能二用”。因此在谈判进行中，对方的注意力如果突然被墙上一幅挂歪了的画所吸引的话，谈判结果将会如何呢？

思考：

阐述谈判环境对谈判的影响。

学一学

一、商务谈判地点的选择

谈判地点的选择对谈判双方的心理、谈判战术的运用和谈判的结果都有一定的影响，谈判者应很好地加以利用。谈判地点可以选择在己方所在地（主场）、对方所在地（客场），或者双方所在地之外的中立地（中立场）。

1.主场谈判

谈判的地点最好选择在己方所在地，这对于东道主充分利用“地利”之便，发挥空间环境因素作用，使谈判朝着有利于己方方向发展有一定的作用。

主场谈判优势：作为东道主，可以通过安排谈判之余的活动来主动掌握谈判进程，并且从文化上、心理上对对方施加潜移默化的影响；以逸待劳，无须分心熟悉或适应环境，可以以饱满的精神和充沛的体力去参加谈判；便于各方面人员的沟通和所需资料的获取，谈判人员心理压力相对较小；可节省去外地谈判的差旅费用和旅途时间，提高经济效益。

主场谈判劣势：谈判人员不易与公司工作彻底脱钩，经常会由于公司事务需要解决而受到干扰，分散谈判人员的注意力；离高层领导近，联系方便，容易产生依赖心理，一些问题不能自主决断而频繁地请示领导，也会造成失误和被动；东道主要负责客方人

员的接待工作，安排宴请、游览等活动，会造成一定的负担。

2.客场谈判

即使谈判在异地进行，对谈判结果也不会有很大影响时，谈判者可选择在客场谈判，但是，谈判者必须亲自查看和检验某些事务。

客场谈判的优势：谈判人员远离公司和家庭，可以全身心地投入谈判，避免主场谈判时来自工作单位和家庭事务等方面的干扰；在高层领导确定的范围内，客场谈判更有利于发挥谈判人员的主观能动性，减少谈判人员的依赖性和频繁地请示领导后的被动性；同时，可以实地考察对方公司的情况，获取直接的信息和资料；尤其在谈判处于困境时，为了摆脱没有把握的决策压力，可以资料不全、需要请示等为借口，拖延时间，以便于慎重决策。

客场谈判的劣势：客场谈判最大的障碍是由于环境的陌生而产生的莫名的恐惧感；谈判人员对当地环境、气候、风俗、饮食等方面可能会出现不适应，再加上旅途劳累、时差不适应等因素，身体状况可能会受到不利影响；由于与公司本部相距遥远，某些信息的传递、资料的获取比较困难，某些重要问题不易及时磋商；在谈判场所的安排、谈判日程的安排等方面处于被动地位，要防止对方过多安排旅游景点等活动而消磨谈判人员的精力和时间。

客场谈判必须充分做好精神上和物质上的准备，以减少以上不利因素给谈判带来的不良影响。

【教学互动2-4】

互动内容：

结合实例，分析什么情况适合在主场谈判，什么情况适合在客场谈判。

互动要求：

（1）结合实际工作情景，发表自己的见解，也可以小组讨论后回答。

（2）教师对学生的回答进行点评。

二、商务谈判场所的布置

商务谈判场所通常由谈判的东道主布置。谈判环境是东道主增强自己谈判地位的无声武器。东道主应注意运用“地利”之便，通过对谈判地点和谈判环境的精心选择、布置，营造出一种有利于达成协议、有效地促使谈判走向成功的气氛，使空间环境因素真正发挥其作用。

1.谈判场所布置的目的

谈判场所布置的目的是要显示自己的实力和信誉，但也要注意避免虚张声势，使谈判对方对公司的诚实性产生疑惑，因为道具和做戏一旦被人识破将会产生反作用。

2.谈判场所布置的原则

谈判场所布置要给人以平等感。一般来讲，在双边的正式会谈中，长桌会议较为适宜；在多边的正式会谈中，圆桌会议较为适宜。

在通常的谈判中，谈判地点和环境布置是不必变化的。但是，如果谈判的主谈人发

生变化，即当谈判升级或降级的时候，地点和环境也可以进行某些变化。

三、商务谈判座位的安排

谈判双方座位的安排对谈判气氛、内部人员之间的交流、谈判双方工作的便利性都有重要的影响。同时，谈判座位的安排要遵循国际惯例，讲究礼节。通常可安排以下两种方式就座：

1.双方人员相对就座

双方各居谈判桌的一边，相对而坐，谈判桌一般采用长方形条桌。按照国际惯例，右边坐客方人员，左边坐主方人员。主谈人或负责人居中而坐，翻译安排在紧靠主谈人右侧的座位，其他人员依职位或分工分两侧就座。

这种座位安排方法适用于比较正规、严肃的谈判。它的好处是双方相对而坐，中间有桌子相隔，有利于双方信息的保密，而且一方谈判人员相邻近，便于商谈和交流意见，也可形成凝聚力和心理上的安全感。其不利之处在于人为地造成双方的对立，容易形成紧张、呆滞的谈判气氛，对融洽双方关系有不利影响，需要运用语言、表情等手段缓和这种紧张、对立的气氛。

2.双方人员交叉就座

双方人员交叉就座时可用圆形桌或不用桌子，双方在围成一圈的沙发上混合就座。这种就座方式适合双方比较了解、关系比较融洽的谈判。它的好处是双方不表现为对立的两个阵营，有利于融洽关系，活跃谈判气氛，减轻心理对立情绪。其不利之处是双方人员被分开，每位成员都有一种被分割和孤立的感觉，同时也不利于己方谈判人员之间协商问题和资料保密。

总之，谈判场所的选择和布置要服从谈判的需要，要根据谈判的性质、特点，双方之间的关系，谈判策略的要求而决定。

【教学互动2-5】

互动内容：

结合实例，分析谈判环境的布置对谈判人员心理的影响。

互动要求：

（1）结合实际工作情景，发表自己的见解，也可以小组讨论后回答。

（2）教师对学生的回答进行点评。

案例解析2-2

某公司接待谈判对手的环境

背景与情境：

这家公司设立在市区的玻璃皇宫内，玻璃皇宫的入口就像《埃及艳后》这部电影的布置：宏伟的圆柱直上云霄，大理石楼梯蜿蜒上升，喷泉和瀑布到处可见，点缀着红木家具，像是平原上的小城堡。

人群聚集在高速电梯的门口，门一开一关毫不费力地吐吞乘客。

柜台后面，坐着打扮入时的接待员。挑选她们的原则是完美的笑容、无瑕

的牙齿和动人的亲和力。

警卫人员在附近徘徊，像是很忙又像没什么事可做。

电话铃声只响一声，就会有人接听，不用等第二声。

电梯、走廊和接待室的装潢都在给外来的谈判者传递一种信息：在那些关着门的办公室里面正在发生着一些大事。

思考：

（1）这样的环境布置目的是什么？

（2）作为谈判对手，面对这样的谈判环境应该如何应对？

做一做

【谈判训练2-2】

商务谈判场地设计

一、实训目的和要求

了解商务谈判中地点的选择与谈判场所的布置，以及二者对谈判结果产生的影响。掌握商务谈判地点选择的方法及谈判场所布置的技巧。

二、场景设计

国家开发投资公司（以下简称为国投）与Z煤电（集团）有限责任公司（以下简称为Z煤电）进行战略合作谈判，谈判地点在Z煤电所在地。

国投与Z煤电的合作，是战略性的合作，是强强联合、优势互补的合作。此次合作将为国投的发展注入新的活力，创造新的机遇，也为将Z煤电建设成为江南特大型资源和能源型企业集团，实现新阶段的跨越提供了机遇。通过Z煤电大量的前期工作，国投同意在谈判之前派代表前往Z煤电考察，并在Z煤电所在地进行首次谈判。

作为东道主，Z煤电需要做好以下工作：

1.Z煤电必须做好国投谈判代表的接待工作，给对方谈判代表留下美好的印象，为今后的谈判乃至长期的战略合作打下良好的基础。

2.选择具体的谈判场所并将其布置好。

3.充分利用好“主场”谈判优势，使谈判顺利进行。

三、实训步骤

第一步，商务谈判场地选择。

由于国投与Z煤电战略合作谈判规格较高，谈判场地应选在软硬件条件比较好的地方，以表明东道主对这次谈判的重视和诚意。具体来说：①周围环境优美、安静，避免外界干扰，如中高档会议室；②谈判所在地交通、通信方便，便于有关人员来往和信息的沟通；③医疗卫生、保安条件良好，使双方能精力充沛、安心地参加谈判；④东道主应当尽量征求客方人员的意见。

第二步，商务谈判场地布置。

1.悬挂欢迎横幅。在谈判会议室所在场所的大门口显著位置悬挂欢迎横幅。

2.张贴指示牌。在通往谈判会议室的通道上，张贴明显的指示牌，有效引导谈判人员顺利进入谈判会场。

3.会议室横幅布置。在谈判会议室的墙上应悬挂有关这次谈判的横幅。

4.会议室的布置。谈判会议室应当宽敞舒适，光线充足，色调柔和，空气流通，温度适宜，使双方能心情愉快、精神饱满地参加谈判。

①色调选择。谈判场景的总体色调应以偏暗的暖色为主。这是因为，明亮的色调容易使人的情绪过于活跃，从而在谈判中产生急躁情绪；暖色易使双方防备性不足，而冷色可以产生一种适宜心理氛围的距离感。所以，谈判场景的总体色调一般应采用暗红色、褐色、暗黑色或赭石色。但是，总体色调也不能过于暗淡，否则会给人以压抑的感觉，不利于最后的签约。

如果谈判场景的总体色调过于暗淡，那么，可以引入一些亮色进行调节，如绿色、浅红色、蓝色、银白色等都是比较适合谈判场景的调节色。用鲜花来点缀会场的方法最好，不仅可以起到调节色调的作用，而且还会给人一种生机勃勃的感觉，从而在一定程度上有利于打破僵局。除此之外，使用白色或银白色的茶具或者利用灯光进行调节都是不错的选择。

②设施安排。保证麦克风、音响、投影仪、灯、电源、电脑、空调等设施的正常运转。

③物品配备。在谈判桌上应正确放置主客双方参会人员的座签、笔记本和笔等文具、茶水、饮料等。

④谈判桌及座次安排。作为比较正式的谈判，通常选用长方形谈判桌，双方人员相对就座，座次安排见图2-1。谈判双方各占一边，双方对等，谈判首席代表居中而坐，其他成员分坐在首席代表两边，双方首席代表应坐在对等的座位上。若以正门为准，主方应坐背门一侧，客方则面向正门而坐。若谈判长桌一端面向正门，则以入门的方向为准，右为客方，左为主方。

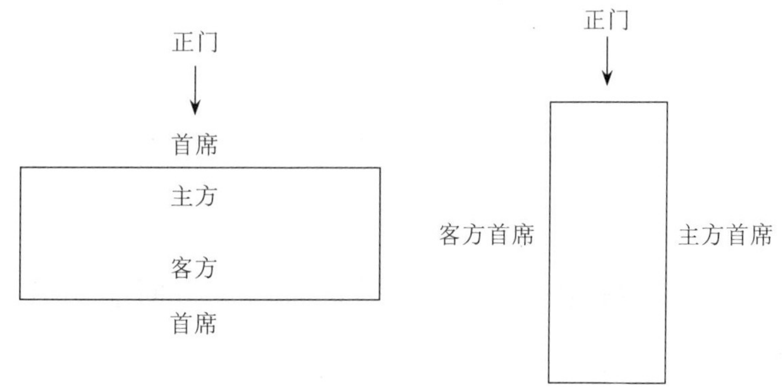

图2-1　商务谈判的座次安排

⑤休息时间安排。如果预计谈判时间超过两个小时，就必须在中间安排休息时间。一方面，要让谈判者放松片刻，当然这样也有助于双方轻松沟通，加强友谊；另一方

面，如果谈判进展不顺利，出现较大分歧，继续谈判不利于谈判顺利进行，中间安排休息一会儿可以缓解气氛，给双方留出独立思考的余地。

在休息时间，可以在专门的休息室或会议室内播放一些轻音乐，准备一些水果、糕点、干果、饮品等，以便于调节心情，舒缓气氛。

四、效果评价

根据出勤、课堂讨论发言，以及谈判地点选择与场所布置的实际情况进行评定。小组成员自己评出个人成绩档次（优秀、良好、中等、及格、不及格），教师和各小组长共同综合评出各小组成绩，在此基础上给出个人最终成绩。

个人最终成绩=20%×表 2-4 成绩+80%×表 2-5 成绩

表 2-4　**小组成员个人成绩评价表**

小组成员个人成绩 小组成员姓名	优秀	良好	中等	及格	不及格

注：考评满分为 100 分，60 分以下为不及格；60～69 分为及格；70～79 分为中等；80～89 分为良好；90 分以上为优秀。

表 2-5　**谈判地点选择与场所布置评价表**

评价内容	分值（分）	评分（分）
谈判场地选择	20	
谈判场地环境布置	20	
谈判场所设施安排	15	
谈判场所物品配备	15	
谈判桌及座次安排	15	
谈判休息时间安排	15	
谈判地点选择与场所布置总体评价	100	

注：考评满分为 100 分，60 分以下为不及格；60～69 分为及格；70～79 分为中等；80～89 分为良好；90 分以上为优秀。

任务三　商务谈判计划制订

【任务目标】

● 知识目标：明确商务谈判计划制订的内容与要求。

● 能力目标：通过学习训练，能够根据谈判的实际情况制订切实可行的谈判计划。

【任务导入】

谈判人员的配合

背景与情境：

买卖双方就交货问题进行谈判。卖方的主谈人说："两个月内交货很困难，因为我们两个月以内的订单排满了。"这时他的一个辅谈人接话说："别说两个月，三个月都难以保证，我手上还有一大把订单呢！"

思考：

（1）你认为辅谈人这样接话合适吗？为什么？

（2）谈谈你对谈判人员之间配合的认识。

学一学

商务谈判计划主要包括谈判相关背景分析、谈判目标、谈判对手的选择、谈判议程、谈判策略以及谈判人员的分工、谈判地点等内容。商务谈判计划书的制作应遵循简单、明确、灵活的原则。其中，谈判相关背景分析、谈判对手的选择、谈判地点的安排在任务一、二中已有涉及，这里不再赘述。

一、明确谈判目标

谈判目标是指谈判要达到的具体目标，指明谈判的方向和要达到的目的、企业对本次谈判的期望水平。商务谈判的目标主要是以满意的条件达成一笔交易，确定正确的谈判目标是保证谈判成功的基础。谈判目标可以分成三个层次：

1.最低限度目标

最低限度目标是在谈判中对己方而言毫无退让余地而必须达到的最基本的目标。对己方而言，宁可谈判破裂，也不能接受比原定最低限度目标更低的条件。

2.可接受目标

可接受目标是谈判人员根据各种主客观因素，经过对谈判对手的全面评估以及对企业利益的全面考虑，科学论证后所确定的目标。这个目标是一个区间或范围，是己方可努力争取或做出让步的范围。

3.最高期望目标

最高期望目标是对谈判者最有利的一种理想目标，实现这个目标，将最大化地满足己方利益。当然己方的最高期望目标可能是对方最不愿接受的条件，因此很难实现。但是确定最高期望目标是很有必要的，它激励谈判人员尽最大努力去实现最高期望目标，也可以很清楚地评价出谈判最终结果与最高期望目标存在多大差距。

谈判目标的确定是一个非常关键的工作。首先，不能盲目地将全部精力放在争取最高期望目标上，而很少考虑谈判过程中会出现的种种困难，否则会造成束手无策的被动局面。谈判目标要有弹性，定出上、中、下限目标，根据谈判实际情况随机应变，调整

目标。其次，所谓最高期望目标不仅有一个，可以同时有几个，在这种情况下就要将各个目标进行排序，抓住最重要的目标努力实现，而其他次要目标可适当让步，降低要求。最后，己方最低限度目标要严格保密，除参加谈判的己方人员之外，绝对不可透露给谈判对手，这是商业机密。一旦疏忽大意透露出己方最低限度目标，就会使对方主动出击，使己方陷于被动。

【教学互动2-6】

互动内容：

结合实例，谈谈最低限度目标、可接受目标和最高期望目标之间的关系。

互动要求：

（1）结合实例，小组讨论后回答。

（2）教师对学生的回答进行点评。

二、确定谈判时间

时间的运用是谈判中一个非常重要的问题，忽视对谈判时间的管理，不仅会影响到谈判工作的效率，耗时长久而收获甚微，更重要的是，有可能使谈判者在时间的压力下做出错误的决定。因此，从某种意义上讲，掌握了时间，也就掌握了主动。

在客场谈判的情况下，做客谈判的一方总会受到一定的时间限制，在安排谈判日程时，要尽可能在前期将活动排满，尽快进入实质性谈判，以防止因时间限制而匆忙做出决策。为此，在客场谈判时，一定要有强烈的时间意识和观念，不能被对方的盛情款待所迷惑。如果在主场谈判，由于我方在时间安排方面比较宽裕，可想方设法推迟进入实质性谈判，以缩短双方讨价还价的时间。为此，在谈判的前半段，可尽可能安排一些非谈判内容，如游览、酒宴等，从而在谈判时间上赢得主动。

三、组织谈判人员

谈判的主体是人，谈判人员的作用是极为重要的。在一般的商务谈判中，谈判人员所需的专业知识大体可以概括为以下几个方面：有关工程技术方面的知识；有关价格、交货、支付条件、风险划分等商务方面的知识；有关合同法律方面的知识。

挑选了合适的人员组成谈判班子以后，要在内部适当分工。谈判中的分工就是使每个谈判人员在谈判中处于合适的位置，进入各自的角色。在谈判桌上要求谈判人员之间动作协调，讲话相互配合，具有相互呼应的作用和效力。

具体来讲，就是要确定不同情况下主谈人与辅谈人的位置、责任，以及彼此之间的配合关系。所谓主谈人是指在谈判的某一阶段，或针对某一个或某几个方面的议题，以他为主进行发言，阐述己方的立场和观点。相对地，这时其他人处于辅助配合的位置，称为辅谈人或陪谈人。

确定主谈人和辅谈人以及他们之间的配合是很重要的。主谈人一确定，那么本方的意见、观点都由他表达，可以从一个出口对外，避免各说各的。在主谈人发言时，自始至终都应得到本方其他人的支持。比如，口头上的附和有“绝对正确”“没错，正是这样”等，同时在姿态上也可做出赞同的姿势，如眼睛看着本方主谈人不住地点头等。辅谈人的这种附和对主谈人的发言是一个有力的支持，会大大加强他说话的分量和可信

程度。

【教学互动2-7】

互动内容：

假设你是某大型家电生产厂的谈判代表，由于合作多年的供应商在供应产品上出现了部分不合格产品，给你厂造成了巨大的损失。这次谈判，应如何组建谈判团队？

互动要求：

（1）查阅相关资料，小组讨论后回答。

（2）教师对学生的回答进行点评。

四、选择谈判策略

谈判策略是指为达到谈判目标而制定并运用的基本纲领或指导原则，它是调查分析双方的需要及实力后制定出来的。针对不同的谈判主题或对手，可以设计不同的策略，如开局策略、报价策略、磋商策略、成交策略、让步策略、打破僵局策略、进攻策略、防守策略等。要根据谈判可能出现的情况，事先有所准备，做到心中有数，在谈判中灵活运用。谈判的具体策略将在之后的项目中详细阐述。

案例解析2-3

某公司接待谈判对手的环境

背景与情境：

浙江省乐清市建云工艺美术厂原本是一家濒临倒闭的小厂，改革开放以来，该厂本着“客户至上、质量第一”的经营理念，不断丰富产品线，提高产品质量。经过若干年的努力，已经发展为年产值1 000多万元的规模，产品远销欧美和亚洲多国，特别是在日本市场，其产品广受欢迎，被誉为“天下第一雕刻”。

有一年，日本三家企业的业务代表在同一天到该厂订货。其中一家资本雄厚的大商社，要求低价包销该厂的佛坛系列产品，另外两家企业规模较小，也希望能够以合理的价格代销建云工艺美术厂的产品。这应该说是好消息，但该厂的业务主管并没有喜出望外。他通过市场调查了解到，这几家企业之前主要经销韩国和我国台湾地区生产的同类产品，为什么会在这个时候争先恐后、不约而同地到本厂来订货？他进一步查阅了近年来日本市场的销售资料，得出的结论是本厂产品的木材质量上乘、工艺水平高、在日本市场具有较好的口碑，这是吸引外商订货的主要原因。于是该业务主管决定采用“欲擒故纵”的谈判策略，分别与这三家日本企业进行接洽。他先是对那家资本雄厚的大商社置之不理，积极与另外两家规模较小的商社接洽，抓住两家小企业求货心切的心理，把佛坛的梁、榴、柱，分别与竞争对手的同类产品做比较。在此基础上，该厂将产品当金条一样争价钱、论成色，使其价格达到理想的高度。首先与小商社拍板成交，使那家大客商产生失掉货源的危机感。那家大客商不但更急于订货，而且想垄断货源，于是以略高于另外两家企业的出价大批量订货。这样一来，建云工艺美术厂不但赢得了大量订单，还保证了较高的销售价格，可谓一举两得。

思考：

（1）建云工艺美术厂本次谈判获得成功的最主要原因是什么？

（2）该厂的业务主管在制定谈判策略前做了什么工作？

做一做

【谈判训练2-3】

微波炉采购谈判

一、实训目的和要求

通过确定商务谈判目标、谈判原则与策略，安排谈判议程，明确谈判地点，组成谈判小组，进行人员分工，准备谈判资料和谈判合同文本，制订应急预案等，掌握制订商务谈判计划的基本方法。

二、场景设计

中国广东格兰仕（集团）公司与英国家乐福公司关于微波炉（V尚系列）买卖的谈判。

中国广东格兰仕（集团）公司是一家定位于“百年企业 世界品牌”的世界级企业，在广东顺德、中山拥有国际领先的微波炉、空调等生活电器及日用小家电研究和制造中心，在中国总部拥有13家子公司，在全国各地共设立了52家销售分公司，在我国香港、韩国首尔和北美洲等城市和地区都设有分支机构。通过与世界100多个国家和地区的广泛经贸交流，2006年格兰仕公司的总产值约为180亿元人民币，进出口额约为10亿美元。至2006年，格兰仕公司已经连续12年蝉联了中国微波炉市场销量及占有率第一的双项桂冠，连续9年蝉联微波炉出口销量和创汇双冠。

在全球微波炉市场，每出售3台产品中就有1台是出自格兰仕。目前，格兰仕微波炉在整个欧洲占据了40%以上的市场份额，在法国的市场占有率高达50%。由于内外销售旺季双双到来，格兰仕1 500万台的年产量已难以充分满足全球追涨的需求，超过2/3的产品被输送到全球100多个国家和地区，白金刚、太空金刚、数码光波等高档机的外销订单已抢在国内经销商的前头，于8月份排起长队，而V尚系列微波炉更是成了消费者的抢手货，V尚系列微波炉的销售比例占到格兰仕微波炉销售总量的40%以上。

微波炉在英国市场上有很大发展潜力，几乎家家户户都需要，他们喝下午茶时的餐点和一日三餐都需要微波炉，而V尚系列微波炉将会成为英国消费者的抢手货。在谈判前，广东格兰仕（集团）公司了解到英国人是喜欢喝下午茶并进行社交活动的，所以广东格兰仕（集团）公司会利用这段时间，采用幽默、休闲的方式进行交谈。由于英国人感情很少外露，很难采用察言观色的方法，只能从他们的文化和饮食习惯展开心理攻势。

谈判对手英国家乐福公司是一家享有一定声望和信誉的跨国集团子公司，许多厂家争相同他们做生意，所以广东格兰仕（集团）公司将会面临一场激烈的谈判。为此，需要制订一份完整的商务谈判计划，这关系到谈判的结果，也直接影响广东格兰仕（集

团）公司的利益和前途。

三、训练步骤

第一步，确定谈判目标。

谈判目标必须明确、具体，谈判成员必须清楚地认识到它是谈判的核心原则，一切谈判工作都必须围绕着谈判目标的实现而开展。

最高期望目标：RMB CIF900×0.0672=STG CIF60.48

实际需求目标：RMB CIF800×0.0672=STG CIF53.76

可接受目标：RMB CIF780×0.0672=STG CIF52.41

最低限度目标：RMB CIF760×0.0672=STG CIF51.07

商品价格包括成本和国内费用（运杂费、商检费、报关费、保险费、其他费用等）。

第二步，确定谈判议题。

1.产品价格、数量、包装。

2.支付方式、保险。

3.装运期限、装运口岸、目的口岸、转运条件。

4.备注（不可抗力、索赔、仲裁）等事项。

第三步，摸清对方的底牌。

调查英方对我方的要求会做出哪些反应。在准备阶段，需要完成以下任务：

1.弄清英方的主张和他们要追求的目标。

2.研究在英方的询问和主张背后是否有他们特别关心的问题。

3.谈判前相互交流信息。

4.英方为支持他们的主张可能会提出哪些事实和论据。

5.考虑可能存在的潜在议程，找出可能影响谈判地位和结果以及造成谈判耽搁、混乱的主要因素。

第四步，准备谈判资料，进行双方优劣势分析。

谈判资料主要包括背景资料、行业资料、对方信息资料、相关标准资料、技术资料、产品和服务资料、商务资料等，以及英国法律、法规、各种关税政策、外汇管理政策、汇率、各地银行营运情况。

我方优势：

1.在全球微波炉市场占绝对优势，在整个欧洲市场占有率为40%，在法国市场占有率高达50%。

2.内外销售旺季双双到来，产品供不应求，订单已排到8月份，而V尚系列微波炉更是抢手货，V尚系列微波炉的销售比例占到格兰仕微波炉销售总量的40%以上。

我方劣势：

1.广东美的集团于近日宣布对高端产品全线降价，部分产品降幅高达30%。

2.生产成本增加。一方面原材料和燃料涨价，其中钢材价格几乎翻倍，煤、电也在涨价；另一方面欧洲要取消普惠制，国家的出口退税率也已经下调。

英方优势：

1.英国家乐福公司是一家享有一定声望和信誉的跨国集团子公司。

2. 许多厂家争相为英方提供产品。

3. 英国家乐福公司在英国的广告宣传渠道以及力度比较好，信誉也较好。

英方劣势：

1. 对我方情况了解不足。

2. 客场谈判，存在心理劣势。

第五步，确定谈判策略。

根据谈判进程，针对不同的谈判阶段制定完整的谈判策略，并简明扼要地用文字表述出来，使谈判小组的所有成员牢记在心。具体可分为开局策略、报价策略、磋商策略、成交策略、让步策略、打破僵局策略、进攻策略、防守策略等。本次谈判的策略确定如下：

开局策略：开局阶段以介绍公司情况为主，使对方了解我方的实力和对外国企业的销售优势；同时，让他们了解我国经济发展势头良好，让外商对我们产生信赖感。

报价策略：广东美的集团于近日宣布对高端产品全线降价，部分产品降幅高达30%，矛头明显指向我们，但对于美的微波炉的降价，我们不仅不会跟着降价，而且要考虑涨价，因为现在原材料和燃料都在涨价，欧洲要取消普惠制，国家的出口退税率也已经下调，如果价格下调，将难以保证提供质量最好的产品。

调动与操纵策略：通过强调格兰仕在国际市场上的销售强势，达到调动与操纵对方的目的。格兰仕在整个欧洲占据40%以上的市场份额，在法国的市场占有率高达50%左右，在整个欧洲市场的微波炉需求呈负增长趋势的大环境下，本企业仍然保持50%左右的增长势头是非常有力的事实证明，在北美市场则呈现成倍增长。V尚系列微波炉已成为消费者的抢手货，白金刚、太空金刚等高档机的外销订单早已抢在国内经销商的前面，订单已经排到了8月份。

让步策略：在价格上可以做出一定的让步，但有交换条件，要求对方企业加大宣传力度。这对我方开拓国际市场有好处。

结局策略：不管谈判的结果如何，我方始终都应保持积极的态度，显示我方的诚意，要与对方谈判人员建立融洽的关系。

第六步，组成谈判小组。

谈判小组成员除了必须具备相应的专业技术知识外，还必须具备一定的谈判经验。根据谈判小组成员的各自特长，进行合理分工，明确职责范围，重要的是在解决分工的基础上，谈判小组成员之间形成默契的配合。

谈判组组长：经理，作为主谈人，对谈判做出决策，兼任律师一职。

谈判组成员：经理助理，记录本次谈判的内容，兼任翻译工作。

销售人员：报告市场信息、动态、商品价格。

技术人员：介绍产品特征、功能。

物流人员：报告国际上货物运输情况，与对方谈判转运相关事宜。例如，装运口岸、目的口岸、装运条件等。

第七步，确定谈判地点。

地点选在广东格兰仕（集团）公司的办公室，不设谈判桌，大家随便坐在一起，营造一个英国人喝下午茶的气氛，因为下午茶时间体现了“英国红茶文化”，视为“人权

的甜品"，而且英国人在下午茶时间开展社交活动是司空见惯的，这对于营造融洽的谈判气氛很有利。

第八步，谈判时间安排。

谈判期限：3天。

时间安排：9月27日—29日，为期3天。

第一天：参观本企业，了解微波炉生产情况，观看展览品，进行初步谈判。

9:00 迎接英国商人。

9:00—10:00参观本企业，了解微波炉的生产情况，进行样品展示，技术人员进行介绍。

11:00—12:30 请英方吃地道的顺德菜并且进行交流。

15:00—16:00 销售人员向英方介绍微波炉市场情况，利用英国人下午三四点喝下午茶的习惯进行初步谈判，会间准备一些水果和茶点。

第二天：组织当地活动。

9:00—11:00请英方参观顺德的文化景点。

14:00—16:00请英方领略顺德社会、经济等方面的发展变化（了解我国经济发展迅猛的现状，有利于英方对我方产生信赖感）。

第三天：进行最后的谈判，达成交易。

9:00—11:00正式谈判所拟定的议题。

14:00—16:00最后达成协议。

18:00—20:00晚宴。

21:00欢送英方一行人员。

第九步，准备谈判合同文本。

不管对方是否准备了合同文本，我方都必须有充分的准备，如果最后按照对方的合同文本进行合同条款谈判，我方要有一个谨慎的文本作为参考，避免陷入合同陷阱。因此，需要安排谈判小组的法律专家起草一份合同文本作为准备。

广东格兰仕（集团）公司与英国家乐福公司关于微波炉（V尚系列）买卖合同要点：

卖方：中国广东格兰仕（集团）公司

地址：中国广东省顺德市桂中南路28号

电传：0086-757-28885588

买方：英国家乐福公司

地址：英国家乐福路100号

电传：0044-83214757

货物名称：微波炉（V尚系列）

规格：D7021YTL-V3

烹饪方式：微波/烧烤　输出功率：700瓦　开门方式：手拉门　控制方式：数码式

产品容积：21升　烹饪火力数量：五种烹饪火力选择　旋转式转盘：直径270厘米

计时方式：电脑计时　解冻功能：/　内胆类型：全新5T内胆　门锁类型：儿童保险锁

是否有热风对流功能：没有　烹调功能：薄块及组合烧烤　烹调显示：自动菜单烹调

其他功能：慧眼菜单智能显示、预置功能

成交价格：RMB CIF780×0.0672=STG CIF52.41

包装：20台一个20英尺集装箱。

装运期限：不迟于2005年10月15日。

装运港口：广州，黄埔港。

目的港口：英国，维多利亚港。

装运条件：允许分批运输并允许转船。

付款条件：凭保兑的、不可撤销的、可转让的、可分割的即期信用证，在中国见单付款。信用证以卖方为受益人，该信用证必须在装运月15天前开到卖方，并在装船后在上述装运港继续有效15天。

保险：由卖方按发票金额110%投保。

单据：卖方应向议付银行提供已装船清洁提单、发票、中国商品检验局或工厂出具的品质证明，中国商品检验局出具的鉴定书；由于采用CIF价，必须提供可转让的保险单和保险凭证。

不可抗力：由于不可抗力使卖方不能在本合同规定期限内交货或者不能交货，卖方不承担责任，但卖方必须立即电报通知买方。如买方提出要求，卖方应以挂号函向买方提供由中国国际贸易促进委员会或有关机构出具的发生事故的证明文件。

异议索赔：品质异议必须自货到目的口岸之日起30天内提出，数量异议须自货到目的口岸之日起15天内提出，买方需同时提供双方同意的公证处的检验证明。卖方将根据具体情况解决异议。由自然原因或船方、保险商责任造成的损失，卖方将不予考虑任何索赔。信用证未在合同指定日期内到达卖方，或信用证与合同条款不符，而买方未在接到卖方通知中所规定的期限内修改有关条款时，卖方有权撤销合同或延迟交货，并有权提出索赔。

仲裁：凡因执行本合同所发生的或与执行合同有关的一切争议，双方应友好协商解决。如果协商不能解决，应提交中国国际经济贸易仲裁委员会，出自该委员会的有关仲裁裁决是终局的，对双方都有约束力。仲裁费用除另有裁决外由败诉一方承担。

广东格兰仕（集团）公司与英国家乐福公司关于微波炉（V尚系列）买卖的具体谈判结果如下：

成交价格：RMB CIF780×0.0672=STG CIF52.41

包装：20台一个20英尺集装箱。

装运期限：不迟于2005年10月15日。

装运港口：广州，黄埔港。

目的港口：英国，维多利亚港。

装运条件：允许分批运输并允许转船。

付款条件：凭保兑的、不可撤销的、可转让的、可分割的即期信用证，在中国见单付款。信用证以卖方为受益人，该信用证必须在装运月15天前开到卖方，并在装船后在上述装运港继续有效15天。

保险：由卖方按发票金额110%投保。

单据：卖方应向议付银行提供已装船清洁提单、发票、中国商品检验局或工厂出具

的品质证明，中国商品检验局出具的鉴定书；由于采用CIF价，必须提供可转让的保险单和保险凭证。

不可抗力：由于不可抗力使卖方不能在本合同规定期限内交货或者不能交货，卖方不负责，但卖方必须立即电报通知买方。如买方提出要求，卖方应以挂号函向买方提供由中国国际贸易促进委员会或有关机构出具的发生事故的证明文件。

异议索赔：品质异议必须自货到目的口岸之日起30天内提出，数量异议须自货到目的口岸之日起15天内提出，买方需同时提供双方同意的公证处的检验证明。卖方将根据具体情况解决异议。由自然原因或船方、保险商责任造成的损失，卖方将不予考虑任何索赔。信用证未在合同指定日期内到达卖方，或信用证与合同条款不符，而买方未在接到卖方通知中所规定的期限内修改有关条款时，卖方有权撤销合同或延迟交货，并有权提出索赔。

仲裁：凡因执行本合同所发生的或与执行合同有关的一切争议，双方应友好协商解决。如果协商不能解决，应提交中国国际经济贸易仲裁委员会，来自该委员会的有关仲裁裁决是终局的，对双方都有约束力。仲裁费用除另有裁决外由败诉一方承担。

四、效果评价

根据出勤、课堂讨论发言以及谈判计划制订情况进行评定。小组成员自己评出个人成绩档次（优秀、良好、中等、及格、不及格），教师和各小组长共同综合评出各小组成绩，在此基础上给出个人最终成绩。

个人最终成绩=20%×表2-6成绩+80%×表2-7成绩

表2-6 **小组成员个人成绩评价表**

小组成员个人成绩 小组成员姓名	优秀	良好	中等	及格	不及格

注：考评满分为100分，60分以下为不及格；60～69分为及格；70～79分为中等；80～89分为良好；90分以上为优秀。

表2-7 **谈判计划制订评价表**

评价内容	分值（分）	评分（分）
谈判目标恰当	10	
谈判议题全面	20	
谈判策略合理	10	
谈判地点合适	10	
谈判时间妥当	10	
谈判资料准备全面	20	
谈判合同设计合理	20	
谈判计划制订总体评价	100	

注：考评满分为100分，60分以下为不及格；60～69分为及格；70～79分为中等；80～89分为良好；90分以上为优秀。

思考与练习

1.关键术语

商务谈判环境分析：包括政治环境、经济环境、社会文化环境、自然资源环境、基础设施条件、气候条件、地理位置等，这些社会环境因素都会直接或间接地影响谈判。

谈判对手调查：谈判准备工作最关键的一环，谈判对手的情况是复杂多样的，主要调查分析对方的身份、资信情况、资本、信用及履约能力，以及参加谈判人员的权限、谈判时限、谈判目的等情况。

对谈判者自身的了解：首先要看到自身所具备的实力和优势，同时要客观地分析自己的需要和实现需要缺欠的条件。

谈判地点：可以选择在己方所在地（主场）、对方所在地（客场），或者双方所在地之外的中立地（中立场）。

谈判场地的选择和布置：要服从谈判的需要，要根据谈判的性质和特点、双方之间的关系、谈判策略的要求而决定。

商务谈判计划：包括谈判相关背景分析、谈判目标、对手的选择、谈判议程、谈判策略以及谈判人员的分工、谈判地点等内容。

2.选择题

○ 单项选择题

(1) 对商业贿赂情况的了解属于社会环境分析中的（　　）分析。

A.政治环境　　B.商业做法　　C.基础设施条件　　D.法律制度

(2) 专门从事交易中介，一般无法人资格，无权签署合同，只是为了收取佣金而为交易双方牵线搭桥，属于（　　）。

A.普通客商　　B.中介　　C.子公司　　D.分公司

(3) 谈判场景的总体色彩应该以（　　）为主。

A.冷色　　B.暖色

C.白色　　D.黑色

(4) 我方如果要开拓新市场，应该选择的谈判地点为（　　）。

A.主场　　B.中立场　　C.客场　　D.地点交叉

(5)（　　）是一个理想的目标境界，在必要时可以放弃。

A.最低限度目标　　B.最高期望目标　　C.阶段性目标　　D.可接受目标

○ 多项选择题

(1) 满足需要是谈判的目的，清楚自我需要的各方面情况，才能制定出切实可行的谈判目标和谈判策略。谈判者应该认定自身（　　）方面。

A.需要满足的可替代性　　B.满足对方需要的能力鉴定

C.各种需要的满足程度　　D.己方需要

(2) 谈判场景的总体色彩应该以（　　）为主。

A.冷色　　B.暖色　　C.暗色　　D.亮色

(3) 法人应具备的条件是：(　　)。

A.法人必须具有权利能力和行为能力

B.法人的资产必须达到一定限额

C.法人必须有自己的财产

D.法人必须有自己的组织机构、名称和固定的营业场所

(4) 商务谈判目标可分为（　　）三个层次。

A.最优期望目标　　B.总体目标　　C.可接受目标　　D.最低限度目标

(5) 主场谈判的优点有：(　　)。

A.谈判时可以自由使用各种场所　　B.以逸待劳，无须分心去熟悉或适应环境

C.可以充分利用资料　　D.谈判遇到意外时，可以直接向上级请示

3.案例分析题

了解卖主，受益无穷

背景与情境：

我的岳父是一名不动产估价师，于是，我请他一起去看看我想要的那套房子。以前我从未买过房，所以我很希望他能告诉我这套房子到底值多少钱。

我岳父来了不久，我就发现他不知去哪儿了。我们其余几个人只好继续察看这套小型的加利福尼亚式老住宅：厚厚的砖墙使屋子在炎炎夏日里凉爽宜人，雅致的装修让人感觉安逸舒适。可是，我岳父究竟去哪儿了？看完房子后我们走进院子里，可他仍然是踪迹全无。我岳母说："他一定就在附近，不用着急。"后来，他竟然从邻居家里走了出来。

"好啦，咱们走吧！"他说。

我的心一沉，他居然连我的房子都没看一眼！我们上车后，他告诉我与我们正在谈判的对手可能出的是最高报价。他讲了和邻居闲聊的内容，他获悉，房主的妻子，也就是我们看房时遇到的那个女人，根本不想卖房。她丈夫在接受心理顾问推荐的工作后，搬走已有一年啦。而她的心理医生劝她维持现状，不搬为宜。所以她没搬，除非有合适的知道爱护她房子的人出现，要不房子绝对不卖。为使房子不至于轻易售出，女房主报出高价，让一般人知难而退。

我们中止了买房活动，主要是因为陪我们的里尔托一再重申她的至理名言：欲擒故纵。我和妻子当晚就返回了，临走前我们向女主人表示了我们对房子很满意，还很想买，只是难以支付她出的价——这是实话。那晚我们谈了很久，关于这套我们向往已久的舒适的两居室房，它有许多令人叹奇的地方，比如私人花园后院有块宽阔的空地等等。我们甚至还谈到，我们的第一个孩子说不定就将在这间房子里呱呱坠地。可就是没再提及房价的事。

第二天一早，我们意外地接到了房产代理人打来的电话，声称我们可以买那套房子啦，我于是声明：我们还没有正式提出要买，因为价格问题及其他事宜都没细谈。

"没关系，"代理人说，"我们今天就解决这一切，房主想和你们好好谈谈，达成一个公道的价格，商定出你能接受的条件，她还会提供履行条款所需的贷款……"

在我们做成这项交易（以令人难以想象的优惠条件）后，女主人感谢我们给她的生

活重新带来了和谐与平静。她丈夫已对她失去了耐心，买房人也不来看房子。她需要为自己找一条出路。而我们恰恰帮了她的忙，并给她带来了欢乐。

思考：

1.如果你打算买房，应该了解哪些情况？

2.有关房屋的信息应该从哪里搜集？

项目三

商务谈判开局

项目概述

良好的开端是成功的一半。商务谈判中，由于谈判开局是双方刚开始接触的阶段，其恰当与否对谈判能否顺利进行关系极大。它不仅决定着双方在谈判中的力量对比、采取的态度和方式，同时也决定着双方对谈判局面的控制，进而决定着谈判的结果。商务谈判开局包括商务谈判开局气氛营造和谈判开局策略实施两个方面。

项目结构

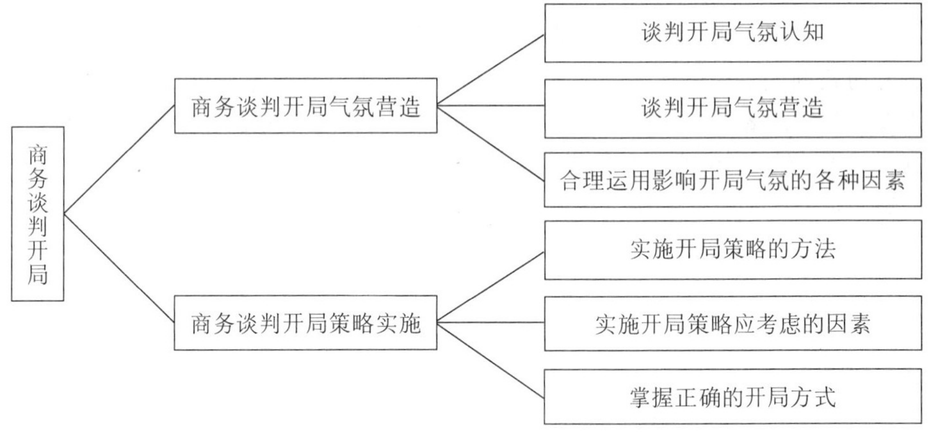

任务一　商务谈判开局气氛营造

【任务目标】

● 知识目标：明确谈判开局气氛营造的方法。
● 能力目标：通过学习训练，能够根据实际情况正确营造开局气氛并予以实施。

【任务导入】

美日双方关于生产线的谈判

背景与情境：

一家美国公司向一家日本公司推销一套先进的机器生产线，双方都派出了技术力量很强的谈判小组进行谈判。美国方面的热情非常高，摆出一副志在必得的架势。谈判一开始，美方代表就喋喋不休地大谈他们的生产线是如何先进，价格是如何合理，售后服务是如何周到。在美方代表高谈阔论的时候，日方代表一声不吭，只是埋头记录，将美方代表所谈的每一个问题都详细地记了下来。美方代表兴致勃勃地讲完以后，问日方代表还有什么问题。日方代表却一脸茫然的样子表示没有听懂。美方代表只得再介绍一遍，如此反复了三四遍，美方代表一开始的热情不见了，谈判场面也不像谈判刚开始时那么热火朝天了。整个谈判气氛随着日本代表的表现进入了一种低沉的状态。日本代表看到时机已经成熟，便"冷冰冰"地向美方代表提出一连串问题，问题的尖锐程度是美方代表始料不及的，美方代表顿时被弄得手忙脚乱。最后，日本方面把价格压低到了美方可以承受的极限。

其实，日本方面从一开始就听明白了美方代表所谈及的每一个问题。但是，他们注意到当时的谈判气氛完全被美方代表所控制，如果他们当时就提出自己的问题，那么，美方代表可能会趁着兴头对这些问题进行回击，那时自己很可能会被对方所控制，谈判结果可能对自己极为不利。于是，日方代表避开美方代表的锋芒，采取"疲劳战术"，逐渐控制了谈判气氛，使谈判向有利于自己的方向发展。

思考：

分析美日双方在谈判开局阶段的谈判气氛及其对谈判双方的影响。

学一学

开局在任何谈判中都是最重要的部分之一，它将给接下来的谈判定下基调。按照谈判的惯例，双方在开局阶段一般不进行实质性谈判，只是见面、介绍、寒暄以及谈一些非关键性问题。

一、谈判开局气氛认知

谈判开局气氛对整个谈判过程起着相当重要的影响和制约作用。可以说，哪一方控制了谈判开局气氛，就相当于掌握了谈判的主动权。谈判开局气氛是指出现在谈判开局

阶段的气场或情势。

谈判开局气氛是由参与谈判的所有谈判者的情绪、态度与行为共同制造的，任何谈判个体的情绪、态度与行为都可能影响或改变谈判开局气氛；与此同时，任何谈判个体的情绪、思维也都要受到谈判开局气氛的影响，呈现出不同的状态。因此，营造一种有利的谈判开局气氛，从而控制谈判开局和谈判对手，就成为谈判开局阶段实施的一种有效策略。根据所出现的气场或情势的强弱，通常可以把谈判开局气氛分为三种情形，即高调气氛、低调气氛和自然气氛。

由于谈判没有固定的形式，因此，人们还要猜测面谈持续的时间以及对方对重大问题的判断标准。如果谈判的一方占据主动有利的地位，他们一般不会感到不安和忧虑，他们能控制谈判的程序，谈判的时间也由他们把握；而谈判被动的一方则会急于确立自己的形象，竭力避免给对方留下不好的印象，往往按照自己的愿望去理解对方的“指示”，这样很可能导致思想交流的失败。被谈判开局气氛所左右的被动一方往往会受到以下不良影响：①被动一方可能只听到对方讲话的一半内容，就过多地把精力集中于回答问题以及做出良好反应上。②被动一方不能正确理解所听到的内容，往往按照自己的愿望理解对方讲话的内容，因而与其本意相差甚远。③在对方讲话的时候，对不愿意接受的那部分内容听不进去。这可能是由紧张或者单凭主观的标准来判断所致的。

为了克服上述障碍，消除紧张因素，洽谈的双方必须事先做好充分的准备，并且运用一定的技巧。

【教学互动3-1】

互动内容：

结合案例说明谈判开局气氛营造的重要性。

互动要求：

（1）结合案例发表自己的见解，也可以小组讨论后回答。

（2）教师对学生的回答进行点评。

二、谈判开局气氛营造

（一）营造高调气氛

高调气氛是谈判情势比较热烈，谈判双方情绪积极、态度主动，愉快因素成为谈判情势主导因素的谈判开局气氛。通常在以下情况下，谈判一方应努力营造高调的谈判开局气氛：己方占有较大优势，价格等主要条款对自己极为有利，己方希望尽早与对方达成协议。在高调气氛中，谈判对手往往只注意到自己的有利方面，而且对谈判前景的看法也倾向于乐观，因此，高调气氛有利于促进协议的达成。营造谈判开局高调气氛通常有以下几种方法：

1.感情攻击法

感情攻击法是指通过某一特殊事件来引发人们心中的感情因素，使这种感情迸发出来，从而达到营造热烈、积极气氛的目的。

例如，由法国、德国和英国合资经营的“空中客车”飞机制造公司成立于20世纪70年代，由于当时世界经济萧条，各国航空公司营业均不景气，而“空中客车”公司是个才起步的新公司，要想打开局面，搞好外销工作，更是难上加难。公司想向印度销

售一批飞机，但印度政府初审后未予批准，能否挽回局面、改变印度政府的决定，就要看谈判人员的技巧了。贝尔那·拉弟埃受命于危难之机。拉弟埃稍做准备就飞往印度首都新德里，面对接待他的印航主席拉尔少将，拉弟埃开口第一句话是："我真不知道该怎样感谢您，因为您给了我这样的机会，使我在生日这一天又回到了我的出生地。"通过开场白，他告诉拉尔少将，他出生于印度并深爱这片国土。随后拉弟埃解释，他出生时，父亲是作为法国企业家的要员被派驻印度的，这些话拉近了他与拉尔少将的距离，削弱了对手的敌对情绪，逐渐创造出和谐、融洽的谈判气氛。紧接着，拉弟埃又从包中取出一张珍藏已久的照片，神色庄重地呈给拉尔少将："少将，请看这张照片。""啊，这不是圣雄甘地吗！"拉尔少将无限崇敬地感叹道。众所周知，甘地是印度人民衷心爱戴的一代伟人，在印度可说是妇孺皆知。拉弟埃正是投其所好，一步一步赢得拉尔少将的好感，以营造良好的谈判气氛。"请少将再看看，圣雄甘地旁边的小孩是谁？"少将注意到伟人身边那个天真的小男孩，但他端详许久，未能认出。"那就是我呀！"拉弟埃满怀深情地说，"那时我才3岁半，随父母离开贵国返回欧洲，途中，有幸与圣雄甘地同乘一艘船，并合影留念。"拉弟埃无限幸福地回忆着往事。拉尔少将完全被感动了。至此，拉弟埃成功地营造起积极、和谐、融洽的谈判气氛，最终水到渠成，难题不攻自破，圆满完成了此行谈判任务，这笔生意顺利成交，达成协议。

2.称赞法

称赞法是指通过称赞对方来削弱对方的心理防线，从而激发出对方的谈判热情，调动对方的情绪，营造高调气氛。采用称赞法时应该注意以下几点：

①选择恰当的称赞目标。选择称赞目标的基本原则是：投其所好，即选择那些对方最引以为豪的，并希望己方注意的目标。例如，东南亚某国的华人企业要为日本一著名电子公司在当地做代理商，双方几次磋商均未达成协议。在最后一次谈判中，华人企业的谈判代表发现日方代表喝茶及取放茶杯的姿势十分特别，于是他说："从您喝茶的姿势来看，您十分精通茶道，能为我们介绍一下吗？"这句话正好点中了日方代表的兴趣所在，于是他滔滔不绝地讲述起来。结果，后面的谈判进行得异常顺利，那个华人企业终于拿到了其所希望的地区代理权。又如，中国一家汽车生产企业准备从德国引进一条生产线，于是与德国一家公司进行了联络。双方分别派出了一个谈判小组就此问题进行谈判。谈判那天恰逢2014世界杯决赛第二天，双方谈判代表刚刚就座，中方的首席代表（副总经理）就站了起来，他对德国代表说："在谈判开始之前，先恭喜一下远道来的德国客人，昨天晚上德国1：0打败阿根廷，第四次赢得世界杯冠军，追平了意大利的夺冠纪录。恭喜！恭喜！"此话一出，中方职员纷纷站起来向德国代表道贺。德国代表听此也非常自豪，纷纷站起来回贺。整个谈判会场的气氛顿时高涨起来，谈判进行得非常顺利，中方企业以合理的价格顺利地引进了一条生产线。②选择恰当的称赞时机。如果时机选择得不好，称赞法往往适得其反。③选择恰当的称赞方式。称赞方式一定要自然，不要让对方认为你是在刻意奉承他，否则会引起其反感。

3.幽默法

幽默法是指用幽默的方式来消除谈判对手的戒备心理，使其积极参与到谈判中来，从而营造高调谈判开局气氛。采用幽默法时要注意以下几点：①选择恰当的时机；②采

取适当的方式，③要收放有度。

4.问题挑逗法

问题挑逗法是指提出一些尖锐问题诱使对方与自己争论，通过争论使对方逐渐进入谈判角色。这种方法通常在对方谈判热情不高时采用，有些类似于“激将法”。但是，这种方法很难把握好火候，在使用时应慎重，要选择好退路。

（二）营造低调气氛

低调气氛是指谈判气氛十分严肃、低落。谈判的一方情绪消极、态度冷淡，不快因素构成谈判情势的主导因素。通常在下面这种情况下谈判一方应该努力营造低调的谈判开局气氛：己方有讨价还价的砝码，但是并不占有绝对优势。低调气氛会给谈判双方都造成较大的心理压力。在这种情况下，心理承受力弱的一方往往会妥协让步。因此，在营造低调气氛时，己方一定要做好充分的心理准备并要有较强的心理承受力。营造谈判开局低调气氛通常有以下几种方法：

1.感情攻击法

这里的感情攻击法与营造高调气氛的感情攻击法性质相同，即都是以情感诱发作为营造气氛的手段，但两者的作用方向相反。在营造高调气氛的感情攻击中，是激起对方产生积极的情感，使得谈判开局充满热烈的气氛；而在营造低调气氛时，是要诱发对方产生消极情感，致使一种低沉、严肃的气氛笼罩在谈判开局阶段。

2.沉默法

沉默法是以沉默的方式来使谈判气氛降温，从而达到向对方施加心理压力的目的。注意这里所讲的沉默并非是一言不发，而是指己方尽量避免对谈判的实质问题发表议论。采用沉默法要注意以下两点：①要有恰当的沉默理由。通常人们采用的理由有：假装对某项技术问题不理解；假装不理解对方对某个问题的陈述；假装对对方的某个礼仪失误表示十分不满。②要沉默有度，适时进行反击，迫使对方让步。

3.疲劳战术

疲劳战术是指使对方对某一个问题或某几个问题反复进行陈述，从生理和心理上疲劳对手，降低对手的热情和谈判情绪。采用疲劳战术应注意以下两点：①多准备一些问题，而且问题要合理。每个问题都能起到疲劳对手的作用。②避免激起对方的对立情绪，致使谈判破裂。

（三）营造自然气氛

自然气氛是指谈判双方情绪平稳，谈判气氛既不热烈，也不消沉。自然气氛无需刻意地去营造，许多谈判都是在这种气氛中开始的。这种谈判开局气氛便于对对手进行摸底。因为，谈判双方在自然气氛中传达的信息比在高调气氛和低调气氛中传出的信息要准确、真实。当谈判一方对谈判对手的情况了解甚少，对手的谈判态度不甚明朗时，谋求在平缓的气氛中开始对话是比较有利的。

营造自然气氛要做到以下几点：①注意自己的行为、礼仪。②要多听、多记，不要与谈判对手就某一问题过早发生争论。要多准备几个问题，询问方式要自然。要想获得信息，你就应当提问，但在实际谈判中，谈判者可能往往只顾陈述自己的观点，而完全忘记提问，专业谈判者听的时间比说的时间要长。③运用中性话题开场，缓和谈判气

氛。④尽可能正面回答对方的提问。如果不能回答的，要采用恰当方式进行回避。

【教学互动3-2】

互动内容：

设计谈判主题及谈判背景资料，据此营造开局气氛以及掌握开局气氛营造的方法。

互动要求：

（1）分组设计谈判主题及谈判背景资料。

（2）各组现场模拟谈判开局气氛的营造。

（3）教师对模拟情境进行点评。

三、合理运用影响开局气氛的各种因素

谈判应是互惠的，一般情况下双方都会谋求一致，为了达到这一目的，洽谈的气氛必须具有诚挚、合作、轻松和认真的特点。要想营造这样一种洽谈气氛，需要有一定的时间，不能在洽谈刚开始不久就进入实质性谈判。因此，要花足够的时间，利用各种因素，协调双方的思想或行动。

（一）气质

一个人具备什么样的气质，对其精神面貌有很大的影响。气质是指一个人稳定的个性特点、风格和气度。良好的气质，是以人的文化素养、教育程度、思想品质和生活态度为基础的。在现实中，有相当多的人只注意穿着打扮，并不注意文化素养和思想品质，所以，往往精心打扮却不能给人以美感，反而显得庸俗做作。气质美首先应当表现在丰富的内心世界上，理想则是内心世界的一个重要内容。品德是气质美的又一重要方面，为人诚恳、心地善良是不可缺少的。文化水平在一定程度上对气质起着很大的影响作用。气质美看似无形，实为有形。它通过一个人的态度、个性、言语和行为等表现出来，举手投足、待人接物皆属此列。

（二）风度

风度是气质、知识及素质的外在表现。风度美包括以下几个方面的内容：①饱满的精神状态。一入场就神采奕奕、精力充沛、自信而富有活力，这样能引起对方的好感，活跃会场的气氛。②诚恳的待人态度。不管是谁，一入场就应对所有的对手表现出诚恳而坦率的态度。应端庄而不矜持冷漠，谦逊而不矫揉造作，热情而不轻佻。③受欢迎的性格。性格是表现人的态度和行为方面较稳定的心理特征。性格是通过行为表现出来的，与风度密切相关，要使自己的风度得到别人的赞美，就应加强性格修养。要大方、自重、认真、活泼和直爽，尽量克服性格中的弱点，诸如轻佻、傲慢及幼稚等。④幽默文雅的谈吐。美的风度在语言上体现在：言之有据，言之有理，言之有物，言之有味。语言是风度的窗口，出言不逊，满口粗话，就一点风度也谈不上了。⑤洒脱的仪表礼节。一个人仪表秀美整洁，俊逸潇洒，就能使人乐于亲近。这种魅力不仅在于长相和衣着，更在于人的气质和仪态，这是人的内在品格的自然流露。⑥适当的表情动作。人的神态和表情，是沟通人的思想感情的非语言交流工具，是社会交往风度的具体表现方式，所以一定不可忽视表情动作——哪怕是细小的表情动作也一定要注意。

（三）服饰

服饰包括配色、款式等方面的内容：①服装配色。色调是构成服装美的重要因素之

一。衣服面料各种色调的协调固然重要，但更重要的是与环境、穿着者的年龄以及职业相协调。对服装的色调来说，协调就是美。②服装款式。服装的新颖款式可以给人增添魅力，能使自然美和气质美更加突出，也能使原有的体型、气质上的不足得到弥补。谈判人员的服装是影响谈判人员形象的重要因素。服装的色调与整洁状况，反映着谈判人员的心理特征、审美观点和对对方的态度。一般来说，谈判人员的装束应当美观、大方和整洁，但由于服饰属于文化习俗范围，不同的文化背景也就会有不同的要求。如在法国谈判或对方是法国人，就应穿着整洁的深色服装；如果是在丹麦或美国谈判，衣着的问题就无足轻重了，只要干净整齐即可，穿便服或运动装也未尝不可。

（四）中性话题

在谈判进入正式话题之前该谈些什么问题呢？一般来说，选择中性话题最为合适，这些话题轻松而具有非业务性，容易引起双方共鸣，有利于创造和谐气氛。中性话题的内容通常有下述几种：①各自的旅行经历，如游览活动、旅游胜地等；②文体新闻，如电影、球赛等；③私人爱好，如骑马、钓鱼等业余爱好；④对有过交往的老客户，可以叙谈双方以往的合作经历和取得的成功。

（五）姿态

在闲谈中，双方就已经开始传递无声信息了。人的姿态作为人体语言的一种重要形式，与有声语言一样，具有很强的感染力。它可以反映出人是信心十足还是优柔寡断，是精力充沛还是疲惫不堪，是轻松愉快还是剑拔弩张。反映这些情绪的敏感部位是头部、背部和肩膀。姿态运用要特别注意脸上的表情，下述几点要予以重视：①面无表情，会使魅力与信用降低。②脸上的表情，只有善变和用得恰当，才可能产生正确的交流作用。③脸上的表情务必率真、自然。④脸上表情的表达关键在于眼睛的变化。当然除了眼睛之外，唇部的变化，脸部肌肉变化，也自然会改变脸上的表情。

（六）座位安排

谈判时座位安排是有学问的。例如，面谈中主动一方像考官一样，背对窗户与阳光，坐在一把大椅子上，面前摆着一张大写字台，而被动的一方则在远离大写字台的一张小椅子上。这种座位安排显然使被动的一方处于不利的地位。阳光直射他的眼睛，使他感到很不自在；大写字台不仅给被动的一方造成了心理压力，而且是双方地位不平等的标志；椅子的大小差异则强调了主动一方的权力。这种安排方式说明主动者一方丝毫不懂得交流的技巧，从而一开始就使对方处于不快的状态当中。最好的办法是撤掉写字台这个障碍物，把被动者的位置安排在主动者的一侧，使被动的一方避开刺眼的阳光同时增强亲近感。有的人为了消除桌子所显示的“权力”，干脆搬掉桌子一类的东西；有的谈判者把放文件或杯子的桌子摆在双方的身后或旁边。然而，有些较为保守的人对这种位置安排不以为然，他们认为面前没有桌子或类似的东西就有一种失落感。为了不使他们感到不适，可以在前面摆上桌子，两人谈判应尽量避免面对面地坐着。安排面谈不仅要摆放好桌椅，而且要适时适量地提供一些茶点、冷饮等，另外要尽量避免电话或来访者的干扰。

【教学互动3–3】

互动内容：

结合实例说说谈判者形象对谈判开局气氛营造有哪些影响。

互动要求：

(1) 各组根据实际情况设计不同的谈判者形象，有针对性地予以说明。

(2) 教师对学生的回答进行点评。

案例解析3-1

克莱斯勒巧妙争取银行贷款

背景与情境：

在克莱斯勒破产风波中，虽然公司获得了政府的支持和贷款担保，但银行界却一直持否定态度，要想争取贷款给公司的400家银行同意延期收回6.55亿美元的到期债款，十分困难。公司董事会委托杰里·格林沃尔德和史蒂夫·米勒与各银行协调处理这一问题。同银行的谈判十分复杂。起初，史蒂夫分别找一家家银行谈。后来，他发现这个办法行不通。于是，改成把大家召集在一起谈，效果好一些。如果银行家们在这次会议上还达不成协议，那么，后果将不堪设想。因为，当时全国经济衰退形势已很严重，如果克莱斯勒宣布破产，很可能意味着一个更为可怕的经济灾难即将来临。

当4月1日全体成员都到会时，史蒂夫宣布会议开始。他的开场白实在让人震惊："先生们，昨天晚上，克莱斯勒董事会举行了紧急会议。鉴于目前的经济衰退，公司的严重亏损，利率的节节上升——更不要说银行家的不支持态度——公司决定今天9点30分宣布破产。"整个会议室里鸦雀无声，空气异常沉闷。这时，杰里目瞪口呆。他是董事会成员之一，他到现在才知道这件事，这么重要的会议，怎么没有让他参加呢？接着，史蒂夫补充说："也许我应提醒诸位，今天是4月1日。"大家大大松了口气。

这是史蒂夫在开会前5分钟想出来的一条奇谋。它有很大的冒险性，但结果证明很灵验。它使会场中的每一个人都把焦点集中在一幅更大的可怕图景中，想象不达成协议可能产生的后果。而史蒂夫制订的让步计划也终于为全体与会者所接受：6.55亿美元到期贷款延期收回；克莱斯勒在4年内以5.5%的利率支付40亿美元贷款的利息。

思考：

(1) 该案例中的谈判气氛属于哪种类型？其营造方法是什么？

(2) 依据案例，分析史蒂夫是如何获得谈判成功的。

做一做

【谈判训练3-1】

微波炉采购谈判开局气氛营造

一、实训目的和要求

根据谈判的实际情况，营造一种有利的谈判开局气氛，在某种程度上达到控制谈判

局面的目的。

二、场景设计

中国广东格兰仕（集团）公司与英国家乐福公司关于微波炉（V尚系列）买卖的谈判。通过对采购方英国家乐福公司的了解以及初步接触，制订了此次商务谈判的谈判计划，安排了此次谈判的议程。现在面临的问题是：如何根据实际情况，营造恰当的谈判开局气氛，使谈判顺利进行。

三、训练步骤

第一步，收集整理所有关于谈判对手的信息，为谈判开局做准备。

根据已收集的信息，分析双方的实力，了解这次谈判对双方的重要程度、英方与我方合作的态度，以及如果谈判失败，对各自会产生什么样的影响。

根据前期与英方的接触，以及近两天英方在参观企业及微波炉生产线、游览顺德等活动过程中的言谈举止，对英方谈判代表的性格特征、为人处世风格、语言表达习惯、处理问题方式、决策权限等进行判断。

第二步，营造恰当的谈判气氛，掌握开局主动。

通过彼此介绍谈判组成员、谈论一些中性话题等，进一步了解、观察对方谈判人员的组成以及各成员的身份、地位、性格、爱好及谈判经验，首席代表的能力、权限、其在谈判中的特点以及对谈判的态度倾向等，以便迅速修正我方的信息资料，以此决定采取什么样的谈判策略和技巧。

英国人感情不外露，较难采用察言观色的方法，可以从他们的文化和饮食习惯方面展开心理攻势，以轻松、愉快的语气营造一种高调的谈判气氛。

四、效果评价

根据出勤、课堂讨论发言、谈判开局模拟情况进行评定。小组成员共同初评出个人成绩档次（优秀、良好、中等、及格、不及格），教师和各小组长共同综合评出各小组成绩，在此基础上给出个人最终成绩。

个人最终成绩=20%×表3-1成绩+80%×表3-2成绩

表3-1　**小组成员个人成绩评价表**

小组成员个人成绩 / 小组成员姓名	优秀	良好	中等	及格	不及格

注：考评满分为100分，60分以下为不及格；60～69分为及格；70～79分为中等；80～89分为良好；90分以上为优秀。

表3-2　　**谈判开局模拟评价表**

评价内容	分值（分）	评分（分）
收集确定开局策略的影响因素	30	
营造谈判开局气氛	15	
实施谈判开局策略	15	
制定谈判议程	15	
判断对方的需求与诚意	15	
把握时机结束谈判开局阶段	10	
谈判开局模拟总体评价	100	

注：考评满分为100分，60分以下为不及格；60～69分为及格；70～79分为中等；80～89分为良好；90分以上为优秀。

任务二　商务谈判开局策略实施

【任务目标】

● 知识目标：掌握商务谈判开局策略实施的方法及相关知识。

● 能力目标：通过学习训练，能够有效根据实际情况，正确实施开局策略，保证谈判朝着预期目标发展。

【任务导入】

土地转让谈判开局陈述

背景与情境：

A公司是一家实力雄厚的房地产开发公司，在投资的过程中相中了B公司所拥有的一块极具升值潜力的地皮，而B公司正想通过出卖这块地皮获得资金以将其经营范围扩展到国外。于是，双方精选了久经沙场的谈判干将，对土地转让问题展开磋商。

A公司代表说："我们公司的情况你们可能有所了解，我们是由×公司、××公司（均为全国著名的大公司）合资创办的，经济实力雄厚。近年来在房地产开发领域业绩显著，在贵市去年开发的××花园收益就很不错。听说你们的周总也是我们的顾客啊。贵市的几家公司都在谋求与我们合作，想把其手里的地皮转让给我们，但我们没有轻易表态。你们的这块地皮对我们很有吸引力，我们准备把原有的住宅拆迁，重新开发一个居民小区。前几天，我们公司的业务人员对该地区的住户、企业进行了广泛的调查，基本上没有什么阻力。时间就是金钱啊，我们希望以最快的速度就这个问题达成协议。不知你们的想法如何?"

B公司是一家全国性公司，在一些大中城市设有办事处；除了A公司之外，还有C

公司、D公司等与之洽谈。

思考：

1.A公司代表的开场陈述如何？向对方表达了什么意图？

2.如果你是B公司的代表，你将如何进行开场陈述？

学一学

谈判开局策略是谈判者谋求谈判开局中有利地位和实现对谈判开局的控制而采取的行动方式或手段。任何商务谈判都是在特定的气氛中开始的，因此谈判开局策略的实施也要在特定的谈判开局气氛中进行，谈判开局的气氛会影响谈判开局策略，而谈判开局策略也会反作用于谈判开局气氛，成为影响或改变谈判开局气氛的手段。所以，当对方营造了一种不利于己方的谈判开局气氛时，谈判者可以采用适当的开局策略来改变这种气氛。

一、实施开局策略的方法

在商务谈判策略中，涉及谈判开局的具体策略是很多的。这里介绍几种基本的典型的谈判开局策略。

1.协商式开局策略

协商式开局策略，是指在谈判开始时以“协商”“肯定”的方式使对方对自己产生好感，创造或形成对谈判“一致”的感觉，从而使谈判双方在愉快友好的气氛中不断将谈判引向深入。

运用协商式开局策略的具体方法很多。例如，可以在谈判开始时，以一种协商的口吻来征求谈判对手的意见，然后对其意见表示赞同或认可，并按照其意见进行工作。运用协商式开局策略应该注意的是，拿来征求对手意见的问题应是无关紧要的问题，即对手对该问题的意见不会影响到本方的实际利益。另外，在赞成对方意见时，态度不要过于献媚，要让对方感觉到自己是出于尊重，而不是奉承。协商式开局策略的运用还有一种重要途径，就是在谈判开始时以问询方式或补充方式诱使谈判对手按照你的既定安排在双方间达成一种一致和共识。所谓问询方式，是指将答案设计成问题来询问对方。例如，“你看我们把价格及付款方式问题放到后面讨论怎么样?”所谓补充方式，是指借以对对方意见的补充，使自己的意见变成对方的意见。采用问询方式或补充方式使谈判步入开局，由于是在尊重对方要求的前提下，形成一种建立在本方意愿基础上的谈判双方间的共识，因而这种共识容易为对手接受和认可。

协商式开局策略可以在高调气氛和自然气氛中运用，但尽量不要在低调气氛中使用，那样易使自己陷入被动。协商式开局策略如果运用得好，可以将自然气氛转变为高调气氛。

2.保留式开局策略

保留式开局策略是指在谈判开局时，对谈判对手提出的关键性问题不作彻底、确切的回答，而是有所保留，从而给对手造成神秘感，以吸引对手步入谈判。例如，有一家

日本公司想要在中国投资加工乌龙茶，然后返销日本。日本公司与我国福建省一家公司进行了接触，双方互派代表就投资问题进行了谈判。谈判一开始，日方代表就问道："贵公司的实力到底如何我们还不十分了解，能否请您向我们介绍一下以增强我方进行合作的信心?"中方代表回答道："不知贵方所指的实力包括哪几方面，但有一点我可以明确地告诉您，造飞机我们肯定不行，但是制茶我们是内行，我们的制茶技术是世界第一流的。福建有着丰富的茶叶资源，我公司可以说是'近水楼台'。贵公司如果与我们合作的话，肯定会比与其他公司合作更满意。"

采用保留式开局策略时不能违反商务谈判的道德原则，即以诚信为本，向对方传递的信息可以是模糊信息，但不能是虚假信息；否则，会将自己陷入非常难堪的局面之中。

保留式开局策略适用于低调气氛和自然气氛，而不适用于高调气氛。保留式开局策略还可以将其他的谈判气氛转为低调气氛。

3.坦诚式开局策略

坦诚式开局策略是指以开诚布公的方式向谈判对手陈述自己的观点或想法，从而为谈判打开局面。采用这种开局策略时，要综合考虑多种因素，如自己的身份、与对方的关系、当时的谈判形势等。

例如，北京门头沟一位党委书记在同外商谈判时，发现对方对自己的身份持有强烈的戒备心理，这种状态妨碍了谈判的进行。于是，这位党委书记当机立断，向对方说道："我是党委书记，但也懂经济、搞经济，并且拥有决策权。我们摊子小，实力不大，但人实在，愿真诚地与贵方合作。咱们谈得成也好，谈不成也好，至少您这个外来的'洋'先生可以交一个我这样的中国'土'朋友。"寥寥几句肺腑之言，一下子就打消了对方的疑虑，使谈判顺利地向纵深进行。

坦诚式开局策略可以在各种谈判气氛中应用。这种开局方式通常可以把低调气氛和自然气氛引向高调气氛。

4.进攻式开局策略

进攻式开局策略是指通过语言或行为来表明己方强硬的姿态，从而获得谈判对手必要的尊重，并借以制造心理优势，使得谈判顺利地进行下去。采用进攻式开局策略一定要谨慎，通常多在对方会制造低调气氛时运用，用以扭转对己方不利的局势，保护己方的切实利益。

例如，日本一家著名的汽车公司刚刚在美国"登陆"时，急需找一个美国代理商来为其推销产品，以弥补他们不了解美国市场的缺陷。当日本公司准备同美国的一家公司就此问题进行谈判时，日本公司的谈判代表因路上塞车迟到了。美国公司的代表抓住这件事紧紧不放，想要以此为手段获取更多的优惠条件。日本公司的代表发现无路可退，于是站起来说："我们十分抱歉耽误了您的时间，但是这绝非我们的本意，我们对美国的交通状况了解不足，所以导致了这个不愉快的结果。我希望我们不要再因为这个无所谓的问题耽误宝贵的时间了，如果因为这件事怀疑到我们合作的诚意，那么，我们只好结束这次谈判。我认为，以我们所提出的优惠代理条件是不会在美国找不到合作伙伴的。"日本代表的一席话说得美国代表哑口无言，他们也不想失去一次赚钱的机会，

于是谈判顺利地进行下去了。

在这个案例中，日方谈判代表就是采取了进攻式的开局策略，阻止了美方谋求营造低调气氛的企图。恰当地运用进攻式开局策略可以扭转不利于己方的局面。

【教学互动3-4】

毛泽东的谈判艺术

背景与情境：

毛泽东善于在寒暄中发挥出他独特的谈判魅力：缩短与谈判对手的心理距离，并让对方自然产生一种受到尊重的感觉。1949年4月国共和谈期间，毛泽东接见了国民党方面的代表刘斐先生。刘斐开始非常紧张。见面后，毛泽东和刘斐寒暄起来："你是湖南人吧。"刘斐回答："我是醴陵人。"醴陵与毛泽东的家乡是邻县，二人是老乡。毛泽东高兴地说："老乡见老乡，两眼泪汪汪哩。"听了这话，刘斐紧张的心情很快就放松下来，拘束感完全消失了。

互动内容：

（1）毛泽东在国共和谈中运用了什么样的开局策略？

（2）为什么要采取这种策略？

互动要求：

（1）结合案例发表自己的个人见解，也可以和你的同伴简单沟通后回答。

（2）教师对学生的回答进行点评。

二、实施开局策略应考虑的因素

1.谈判双方企业之间的关系

根据谈判双方企业之间的关系来决定营造怎样的开局气氛，采用何种策略进行交谈，具体有以下四种情况：

第一，双方企业过去有过业务往来且关系很好，这种友好关系应该作为双方谈判的基础。在这种情况下，开局阶段的气氛应该是高调的，热烈、友好、真诚、轻松、愉快占主导。开局时，本方谈判人员在语言上应该热情洋溢；在内容上可畅谈双方过去的友好合作关系，或双方企业之间的人员交往，也可适当地称赞对方企业的进步与发展；在姿态上应该是比较自由、放松、亲切的。这样，可以较快地将谈话引入实质性谈判。

第二，双方企业过去有过业务往来但关系一般，那么开局的目标是要争取创造一个比较友好、和谐的气氛。在这种情况下，本方在语言的热情程度上应该有所控制；在内容上，可以简单地聊一聊双方过去的业务往来及人员交往，也可说一说双方人员在日常生活中的兴趣和爱好；在姿态上，可以随和、自然。在适当的时候，自然地将话题引入实质性谈判。

第三，双方企业过去有过业务往来，但对对方的印象不佳，那么开局阶段的气氛应该是低调的，严肃、凝重占主导。在语言上，在注意礼貌的同时，应该比较严肃，甚至可以带一点冷峻；在内容上，可以对过去双方业务关系表示出不满、遗憾，以及希望通过本次交易磋商能够改变这种状况，也可谈论一些与谈判无关的中性话题，如体育比赛、天气情况等；在姿态上，应该注意与对方保持一定距离。在适当的时候，可慎重地

将话题引入实质性谈判。

第四，双方企业在过去没有任何业务往来，本次为第一次业务接触，那么在开局阶段，可营造一种自然气氛，淡化和消除双方的陌生感，便于双方的彼此了解，为实质性谈判奠定良好的基础。因此，在语言上，应该表现得礼貌、友好，但又不失身份；在内容上，可以选择一些中性话题和有关双方企业的一般情况的询问和交谈；在姿态上，应该不卑不亢，沉稳中不失热情，自信但不自傲。在适当的时候，可以巧妙地将话题引入实质性谈判。

2.谈判者之间的个人感情关系

谈判者之间的个人感情关系会对交流的过程和效果产生较大的影响。如果双方谈判人员过去有过接触，并且还结下了一定的友谊，那么在开局阶段即可畅谈友谊长久，也可聊一聊近来各自的情况，以增进双方的个人感情。实践证明，双方谈判人员之间有良好的私人感情，对提高谈判效率和促进谈判的顺利进行是有很大帮助的。

3.谈判双方的实力

就谈判双方的实力而言，主要有以下三种情况：

第一，双方谈判实力相当。为了防止双方戒备心理和敌对情绪的产生，造成谈判两败俱伤的局面，在开局阶段，要力求创造一种友好、轻松、和谐的气氛。谈判人员在语言和姿态上要做到轻松而不失严谨，礼貌而不失自信，热情而不失沉稳。

第二，己方谈判实力明显强于对方。为了使对方能够清醒地意识到这一点，避免在谈判中抱有过高的期望，同时，又不至于将对方吓跑，开局阶段，在语言和姿态上，既要表现得礼貌、友好，又要充分显示出己方的自信和优势。

第三，己方谈判实力弱于对方。为了不使对方在气势上占上风，从而使己方在整个谈判过程中处于被动，开局阶段，在语言与姿态上，一方面要表示出友好、积极合作的态度；另一方面要充满自信，不卑不亢，避免被对方轻视。

三、掌握正确的开局方式

1.谁先开场

对方先开场可避免我方错误地估计形势，有利于充分了解对方，进而判断对方的合作精神和竞争意识。我方先开场可获得主动，可在正式谈判开始前首先简单地谈一下谈判背景，然后请对方谈一谈他们目前的立场。

在绝大多数谈判中，第一立场对最终结局的影响要比其他后来的行动都大。我方可根据对方的态度确定适当立场，并在适当的时候回敬对方。

2.最初立场的确定

通常，提出的要求应比期望值高，而给出的回复应比期望值低。也就是说，最初立场应与期望值保持一定的距离，这样才有时间和空间为谈判目标讨价还价。

3.回应对方的最初立场

永远不要接受对方最初的建议，不管它多有吸引力。如果忽视了这种开局惯例，我方首先开出合理的要求，那么对方是不可能效仿我方的；相反，对方会驳回我方的建议，并把它作为他们谈判的起点，继续向我方“杀价”。

【教学互动3-5】

超市与供应商谈判策略

背景与情境：

美特好超市是一家大型连锁超市，分店遍布山西及周边省份。在新的一年，美特好超市准备与各乳品供应商就价格、入场、维护、促销、结款等问题展开新一轮的讨论，重新制定政策。各供应商情况如下：

(1) 伊利实业集团股份有限公司：中国乳品行业中规模最大、产品线最健全的企业，与美特好超市是长期合作伙伴。

(2) 山西古城乳业：山西省最大的集奶牛养殖、乳品加工、销售、科研、商贸于一体的乳制品专业企业，与美特好超市是长期合作伙伴，但去年3月份古城因原奶供应紧张，为保证液态奶市场，旗下的古城奶粉减产，出现了断供，三四个月后才恢复正常。

(3) 太原九牛乳业：太原一家账面资金仅有300万元的小企业，为了提高知名度准备今年入驻美特好超市。

互动内容：

(1) 谈判开局策略的选择受哪些因素的影响？

(2) 美特好超市和乳品供应商应如何选择谈判开局方式？

互动要求：

(1) 结合实际工作情境，分小组讨论后回答。

(2) 教师对学生的回答进行点评。

案例解析3-2

中美知识产权谈判

背景与情境：

当中美两国代表在谈判桌前相对而坐的时候，梅西盯着面前的吴仪，一上来就凶相毕露："我们是在与小偷谈判！"梅西冷不防地给吴仪来了这么一个下马威。

这句冷冷地甩过来的开场白，是中国代表没有想到的。应该说，这不是原本的梅西，而是一个熟练掌握了谈判技巧、善于在谈判桌前进行表演的梅西。梅西使出的这一招，与当时的谈判形势也是一致的。谈判已经处于关键时刻，美国舆论发出一片制裁喊声。"最后期限"已经来临，"定时炸弹"即将爆炸。美国人过高地估计了这种高压手段产生的影响，错误地认为中国的谈判代表已经处于慌乱之中。于是，他要在这种时候再给中方重重一击。

谈判厅里死一般沉寂。双方代表的目光一下集中在了吴仪身上，猜测吴仪可能做出的回应。然而，这种沉寂极为短暂，只不过是一刹那。几乎就在梅西的话音还未完全落下的时候，一个响亮而威严的声音掷地有声："我们是在与强盗谈判！"这是吴仪的反击。

双方代表都被这一声怒吼震住了。

谈判桌上的形势一下子扭转过来。该是梅西感到尴尬的时候了。他本来想占个便宜，没料到自讨没趣儿，本来想一开始就在气势上压倒中方，没料到反而被吴仪的回击弄得手足无措。一时，他竟显得傻愣愣的，不知道该如何回应了。他已经意识到，自己的开场白所造成的伤害是无法挽回了。他必须为自己的失礼付出代价。

吴仪继续反击："请看你们博物馆里的收藏，有多少是从中国搞过来的？据我所知，这些中国的珍宝，并没有谁主动奉送给你们，也没有长着翅膀，为什么却越过重洋到了你们手中？这不能不使人想到一段强盗的历史。"梅西哑口无言。

吴仪说："请问，你们美国市场上有没有盗版产品？难道那里就是一方净土？你们美国也曾经是世界有名的盗版大户，对欧洲的知识产权盗用了上百年。《伯尔尼公约》已经存在了近百年，你们参加这个公约才几年？"梅西仍是无言。

吴仪说："再请问，在美国，有没有盗印盗录的中国产品？据我们所知，你们的音像市场上就有未经允许私自翻录的中国录像和中国图书。"

吴仪一连串的反击真是义正词严，美方代表非常尴尬。双方都意识到，接下来的谈判将是一场势均力敌的较量。被吴仪狠狠地震慑了一下之后，梅西的态度显得乖多了。他再次表现出了高超的表演才能，一下子便收敛了刚刚还溢满在脸上的那种杀气腾腾的神色，态度顿时温和起来，甚至还露出了笑容，好像刚才那一场交锋根本就没有发生。

资料来源 毕思勇，张成山．商务谈判［M］．北京：高等教育出版社，2009.

思考：

（1）该案例中运用了什么开局策略？

（2）该开局策略在什么情况下使用？

做一做

【谈判训练3-2】微波炉采购谈判开局

一、实训目的和要求

根据谈判的实际情况，实施相应的谈判开局策略，在某种程度上达到控制谈判局面的目的。

二、场景设计

中国广东格兰仕（集团）公司与英国家乐福公司关于微波炉（V尚系列）买卖的谈判。通过对采购方英国家乐福公司的了解以及初步接触，制订了此次商务谈判的谈判计划，安排了此次谈判的议程。根据实际情况实施开局策略，使谈判顺利进行。

三、训练步骤

第一步，实施开局策略。

为了使英方对我方产生好感，开局应选择协商式的策略，以协商、肯定的方式，使双方在愉快而友好的气氛中不断将谈判引入深层次。通过畅谈微波炉在英国市场的销售前景、双方的共同利益，以及取得共识的重要性等一些比较容易引起对方认同的话题，不失时机地转入正题。例如，“很高兴能有机会与英方合作，我们先商讨一下今天的大致安排，如何?”“微波炉在英国市场有着很好的销售前景”。这些话从表面上看好像无足轻重，但这些说法往往容易获得对方的首肯，从而创造一种“一致”的感觉。在此基础上发展，有利于创造出一种“谈判就是要达成一致意见”的感觉，有了这种一致的气氛，双方就能比较容易地达成互利互惠的协议。可见，好的开局是谈判成功的一半。

第二步，制定谈判议程。

为了提高谈判效率，谈判双方需要对要讨论的问题及讨论的理由达成共识。因此，在谈判开始前，双方需要就谈判的主题、范围和目的取得一致。

先概述“程序性”问题，如为什么会面、需要多长时间、将涉及哪些问题、谁先谈、谈什么等，重点表达我方对要讨论问题的总的看法，特别要提到我方的主要切入点，同时让对方简要阐明一下观点。

第一次会面应简短一些，具有试探性，不要过早进入关键问题的讨论。要认真倾听对方为其立场所做的陈述，观察对方的表情、动作，为今后的谈判做好准备。

第三步，判断对方的需求与诚意。

英方的需求也就是英方在谈判中重点关注的内容，如果能探明英方的真实需求，我方就能够将大部分精力放在这些重点内容上，从而达到事半功倍的效果。了解英方真正的需求，就应当了解英方与我方合作的真正意图、合作的真诚度以及实现这种合作的迫切程度。

通过以上双方的接触，我方已向对方“释放”出了明确的诚意。我方需要特别留意对方的表情和语言，通过经验判断对方的诚意。如果对方没有诚意，只是想了解更多关于我方的信息作为与其他供应商谈判的砝码，那么，对我方来讲，这样的谈判就毫无意义。我方可以在不伤和气的前提下终止谈判，以便在今后条件成熟的时候重新寻找合作的机会。

第四步，把握时机，结束谈判的开局阶段。

在双方就谈判的主题、范围、目的、时间等开局的关键问题达成一致后，可根据这一良好的开端，顺利进入谈判的实质性阶段。

此时，双方可在泛泛表达对要讨论问题的看法后，暂时休会。离场前，可简单做一下小结，为谈判进入实质性阶段做好铺垫。

如果在开局阶段就已经出现较大的分歧和不和谐的气氛，并且在开局结束时未得到明显改善，此时应暂停谈判。通过其他渠道的沟通待出现实质性的转机后，再重新开始谈判。

四、效果评价

根据出勤、课堂讨论发言、谈判开局模拟情况进行评定。小组成员共同初评出个人成绩档次（优秀、良好、中等、及格、不及格），教师和各小组长共同综合评出各小组成绩，在此基础上给出个人最终成绩。

个人最终成绩=20%×表3-3成绩+80%×表3-4成绩

表3-3 **小组成员个人成绩评价表**

小组成员个人成绩 小组成员姓名	优秀	良好	中等	及格	不及格

注：考评满分为100分，60分以下为不及格；60～69分为及格；70～79分为中等；80～89分为良好；90分以上为优秀。

表3-4 **谈判开局模拟评价表**

评价内容	分值（分）	评分（分）
收集确定开局策略的影响因素	30	
营造谈判开局气氛	15	
实施谈判开局策略	15	
制定谈判议程	15	
判断对方的需求与诚意	15	
把握时机结束谈判开局阶段	10	
谈判开局模拟总体评价	100	

注：考评满分为100分，60分以下为不及格；60～69分为及格；70～79分为中等；80～89分为良好；90分以上为优秀。

思考与练习

1.关键术语

谈判开局气氛：出现在谈判开局阶段的气场或情势。根据所出现的气场或情势的高低，通常可以把谈判开局气氛分为三种情形，即高调气氛、低调气氛和自然气氛。

高调气氛：谈判情势比较热烈，谈判双方情绪积极、态度主动，愉快因素成为谈判情势主导因素的谈判开局气氛。

低调气氛：谈判气氛十分严肃、低落。谈判的一方情绪消极、态度冷淡，不快因素

构成谈判情势的主导因素。

自然气氛：谈判双方情绪平稳，谈判气氛既不热烈，也不消沉。自然气氛无须刻意地去营造，许多谈判都是在这种气氛中开始的。

谈判开局策略：谈判者谋求谈判开局中的有利地位和实现对谈判开局的控制而采取的行动方式或手段。

协商式开局策略：在谈判开始时，以“协商”“肯定”的方式，使对方对自己产生好感，创造或建立起对谈判一致的感觉，从而使谈判双方在愉快友好的气氛中不断将谈判引向深入。

保留式开局策略：在谈判开局时，对谈判对手提出的关键性问题不作彻底、确切的回答，而是有所保留，从而给对手造成神秘感，以吸引对手步入谈判。

坦诚式开局策略：以开诚布公的方式向谈判对手陈述自己的观点或想法，从而为谈判打开局面。

进攻式开局策略：通过语言或行为来表明己方强硬的姿态，从而获得谈判对手必要的尊重，并借以制造心理优势，使得谈判顺利地进行下去。

2.选择题

○ 单项选择题

(1) 开局阶段奠定谈判成功基础的关键是（　　）。

A.良好的谈判气氛　B.合理的报价　C.反复磋商　D.确定谈判目标

(2) 谈判开局阶段最常用的话题是（　　）。

A.业务话题　B.技术话题　C.中性话题　D.交易话题

(3) 通过语言或行为来表达我方强硬的姿态，从而获得谈判对手的必要尊重，这是（　　）。

A.协商式开局策略　B.保留式开局策略　C.进攻式开局策略　D.坦诚式开局策略

(4) 保留式开局策略不适用于（　　）。

A.高调气氛　B.自然气氛　C.低调气氛　D.和谐气氛

(5) 在谈判开局中，以沉默法营造气氛的目的是（　　）。

A.使谈判气氛降温　B.使谈判气氛升温

C.转移谈判话题　D.不想谈判

○ 多项选择题

(1) 在开局阶段，谈判人员的主要任务是（　　）。

A.确定报价　B.营造谈判气氛　C.作报价解释　D.作开场陈述

(2) 影响商务谈判开局气氛的选择因素有（　　）。

A.看谈判双方企业之间的关系　B.看双方谈判人员个人之间的关系

C.看双方的谈判实力　D.看谈判当天的天气情况

(3) 协商式开局策略适用于谈判开局气氛中的（　　）。

A.高调气氛　B.自然气氛　C.低调气氛　D.以上气氛均可

(4) 谈判要想取得一种融洽的气氛，要花足够的时间，利用（　　）因素，协调双方的思想或行动。

A.风度　　B.服饰　　C.气质　　D.姿态

(5) 正确的开局方式包括（　）。

A.最初立场的确定　　B.回应对方的最初立场

C.确定价格目标　　D.谁先开场

3.案例分析题

Q品牌招商谈判实录

背景与情境：

Q品牌诞生于浙江义乌，是个相对成熟的皮具品牌。2003年秋，Q牌男装正式启动上市。我当时在Q牌休闲男装所在公司任区域经理一职，负责横贯东西七省的业务。在完成市场调研后的三个月里，我始终没有出差，只是礼节性地电话回访和寄邀请函，力图获得以静制动的效果。其实在市场调研过程中，我已经拜访过了各地比较好的服饰代理商，并建立了初步友谊。

2003年11月23日，品牌发布会暨招商会正式召开。公司将会议搞得很隆重，请中央级官员来现场指导，请咨询师上课，请形象代言人宣传，还请了广东一家文化传播公司负责服饰秀。会议地点安排在邻近Y市的一家度假山庄，会议当天晚上是欢迎酒会，为意向客户接风。酒会上，很多区域经理都特意将同一个市场的意向客户座位分开，严格保密。我则相反，有意无意地将同一个区的意向客户安排在一起，并逐一介绍。从表面上看，这顿饭吃得有些尴尬，但效果出奇地好，因为第二天下午就有几位客户要与我谈代理事宜。会议第二天，进行品牌研讨、政策说明、参观公司、答谢晚宴等活动，时间非常紧张。晚饭刚过，山东的Z先生与陕西的L先生就已经站在我的商务房门前，这两个客户是我非常看好的。山东的Z先生是个天生的商人，他与L先生一见面就非常投缘，用他的话说，L先生做Q牌，他就做Q牌。到底该以什么样的方式与他俩谈判呢？我心里也没个底，只是不断思忖，希望找到良策，先拖延一下时间。泡好茶，寒暄几句，我说："我先去和其他客户打个招呼，然后我们再详谈，好不好？"征得同意后，我就去了几个重要客户那里，对每个人都说晚上有点忙，过1个小时后来详谈。大约40分钟后，我回到商务房，他们二位已经等急了。谈判很快就开始了。首先我抛出自己的想法，"我只是一个区域经理，真正有权签约者是营销副总C，我们今天只是谈谈，山东与陕西来的客户比较多，公司还是要有所选择的……当然，在我个人心目中，你们二位是最优秀的。你们做不好的市场，别人也不可能做得好。"山东Z先生说："以我们的市场经验，我们做不好的市场，恐怕别人也很难操作。今天我们也看了Q牌产品，说实话，产品缺陷还是比较大的，时尚的太前卫，常规的太保守，价格又高，而且你们的政策一点都不优惠……不过，既然我们来了，而且和您也很投缘，所以如果条件宽松，还是可以考虑做一下的。"陕西L先生马上附和，并举了两个福建品牌的例子，大致意思是条件方面应多些优惠。这次Q牌产品开发的确不是很成功，但这些都已经是不能更改的，顺着他们的话题谈下去，势必会把自己逼进死胡同。于是我岔开话题说："你们认为加盟一个品牌，是一季产品优惠政策重要，还是品牌的可持续发展重要？"他们没有话说，最后签订了对我方有利的合同。

思考：

1.谈谈此次谈判开局营造了何种谈判气氛。

2.分析该招商活动采取了什么策略？

项目四

商务谈判磋商

项目概述

开局后，商务谈判就进入磋商阶段。商务谈判磋商阶段通常是企业之间实力的较量。在谈判对抗中，双方的利益得失是随着双方的实力对比而变化的，各种策略与技巧的运用即在于加强或削弱这种力量，最终实现双赢。商务谈判磋商阶段主要包括商务谈判实力对抗、商务谈判让步策略、商务谈判僵局处理三个方面策略的实施。

项目结构

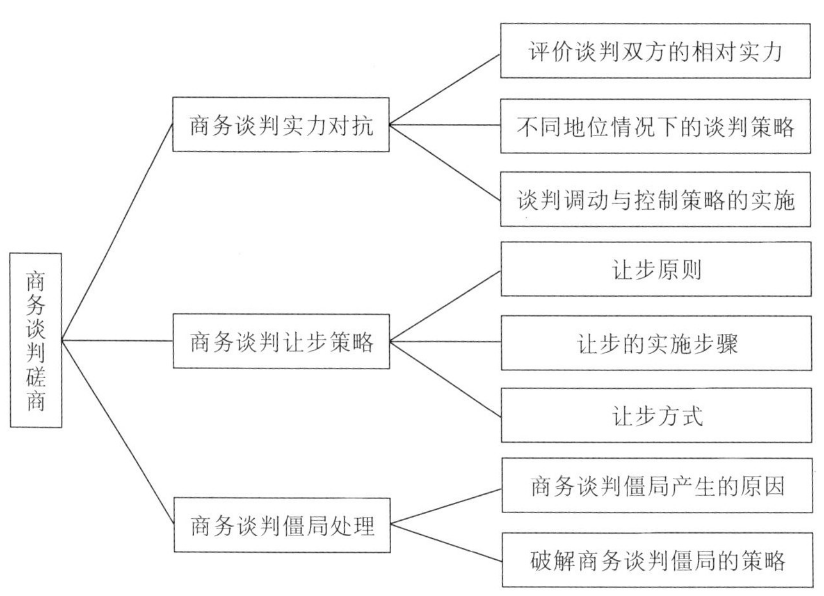

任务一 商务谈判实力对抗

【任务目标】

● 知识目标：掌握在谈判双方实力不同情况下的种种应对方法；明确信息、时间、权力优势，掌握谈判调动与控制方法。

● 能力目标：通过学习训练，能够正确评价谈判双方的相对实力，有效实施对应的谈判策略；利用信息、时间、权力优势，有效实施谈判调动与控制策略。

【任务导入】

房地产工程谈判

背景与情境：

上海某一房地产开发商准备在浦东新区建一栋写字楼，在初步招商后确定了一个承包商。在双方就细节进行谈判时，上海的房地产开发商拿出了一份他们草拟的合同交给了承包商，要求其当场进行讨论，最晚在24小时内给予答复，超过这一时限，就作退标处理。承包商在对合同进行研究之后，接受了合同所提出的各项条款，当晚就签订了合同，第二天工程便开工了。

思考：

分析谈判双方在谈判中的地位及相应采取的策略。

学一学

通常，开局后商务谈判就进入了对抗阶段。商务谈判中的对抗通常是企业之间实力的较量。在谈判对抗中，双方的利益得失是随着双方的实力对比而变化的，策略与技巧的运用即在于加强或削弱这种力量，因此，企业实力是选择和实施谈判对抗策略的基点。

一、评价谈判双方的相对实力

这里所说的企业实力不仅仅是指企业拥有的经济实力，更是在谈判中可以对对方施加的支配力或影响力。支配力或影响力可以有多种形式，如决策权威、对所谈判问题具有丰富知识、强大的财力资源、充裕的时间、决心和毅力、充分的准备、丰富的谈判经验等。在评价谈判实力时，应注意以下问题：①只有双方都认识到它的存在并对它的使用程度持有相同的看法时，支配力才发挥作用。②如果你比对方强大，但对方不知道，那么你的支配力就不能有效发挥。如果你有弱点，对方不知道，那么你就会比你想象的要强大。③如果你比对方强大，而且双方都知道，那么你在谈判中利用这种优势，就会使对方意识到不对你的建议做出让步的后果。④熟练的谈判者善于使用他的支配力来影响和说服对方，而不是利用这种支配力来击败对方。⑤相比之下，你可能是弱者，但你

不是永远都不具备支配力。⑥当你的主张确实没有希望实现时，尽量减少你的损失，而不是为你的主张辩护。⑦经验丰富的谈判者在充分利用对方的弱点之前，会再三深思。意识到一起共事的必要性，会使各方都增强谈判信心。⑧谈判技巧只能带来一时的优势，不能替代谈判实力。

二、不同地位情况下的谈判策略

受主观和客观因素的影响，谈判双方的谈判实力对比呈现出三种可能：平等地位、主动地位和被动地位。依据谈判过程中双方实力的对比情况，可以把谈判策略分为三个类型：平等地位的谈判策略、主动地位的谈判策略和被动地位的谈判策略。

（一）平等地位的谈判策略。

在双方地位平等的情况下，谈判的基本原则是平等互利，求同存异。按照这个原则，只有建立一种热情友好的合作气氛，才能融洽地进行谈判。在这种情况下，谈判的策略有以下几种：

1.察言观色策略

想要在开局阶段就洞悉谈判对手各方面的情况是徒劳的。但是，忽略对对手的窥测则更不可取。谈判对手的情绪、态度、风格以及经验等情况，都是借助他的言谈举止来体现的。如果在开局之初谈判对手就瞻前顾后、优柔寡断，显然属于犹豫型的谈判代表。如果对手在开局期间从容自若、侃侃而谈，设法调动起己方的谈判兴趣，或者巧妙地谈些中性话题，或者旁敲侧击，想方设法探测己方的实力、谈判人员的兴趣和爱好，那么很显然，肯定是行家里手。同时，还可以通过对方的目光、手势来判断谈判人员的态度和意向。

2.避免冲突策略

谈判人员在开谈之前，要明确自己的谈判意图，在思想上进行必备的准备，以创造融洽、活跃的谈判气氛。然而，谈判双方为了谋求各自的利益，必然要在一些问题上发生分歧。分歧出现以后，要防止感情冲动，保持冷静，尽可能地避免争论。因为，争论不仅于事无补，反而只能使事情变得更糟，最好的方法是采取下面的态度，进行协商：

（1）冷静地倾听对方的意见。在谈判中，听往往比说更重要。它不仅表现了谈判者的素质和修养，也表现出对对方的尊重。多听少说可以了解情况，探索并揭示对方的动机，预测对方的行动意向。谈判的要害就是要掌握对方的动机，调整自己的行为。在倾听的过程中，即使对方讲出对己方不利的话，也不要立即打断对方或者反驳。因为真正赢得优势、取得胜利的方法绝不是争论。反驳偶尔会获得优越感，却永远得不到对方的好感。所以，最好的方法是在他陈述完毕之后，首先表示同意他的意见，承认自己在某些方面的疏忽，然后提出对对方的意见进行重新讨论。这样，在重新讨论问题时，双方就会心平气和地进行，从而使谈判取得双方都比较满意的结果。

（2）委婉地提出不同意见。在谈判中，当你不同意对方意见时，切忌直接提出自己的否定意见。这样做会使对方在心理上产生抵触情绪，反而促使他千方百计地来维护自己的观点。如果要提不同意见，最好的方法是先同意对方的意见，然后再作探索性的

提议。

(3) 分歧产生之后谈判无法进行，应马上休会。如果在洽谈中某个问题成了绊脚石，使洽谈无法顺利进行。这时，聪明的办法是在双方对立起来之前休会。如果继续下去，双方为了捍卫自己的原则和利益，就会各持己见，使谈判陷入僵局。休会策略为那种固执型谈判者提供了请示上级的机会，同时，也为自己创造了养精蓄锐的机会。

3.抛砖引玉策略

在谈判中，一方主动地提出各种问题，但不提解决的办法，而让对方去解决就是抛砖引玉策略。这种策略一方面可以达到尊重对方的目的，使对方感到自己是谈判的主角和中心；另一方面可以摸清对方底细，争取主动。

但是，这种策略在两种情况下不适用：一种情况是谈判出现分歧。因为在双方意见不一致时，使用此策略会让对方认为你是故意给他出难题，这样对方会觉得你没有诚意，谈判很难成功。另一种情况是对方是一个锱铢必较的人。因为对方会乘机抓住对他有利的因素，使你方处于被动地位。

4.留有余地策略

在实际谈判中，不管你是否留有余地，对方总是认为你会留一手的。即使你的报价分文不赚，他也认为你会赚一大笔钱，总要与你讨价还价，你不做出让步，他就不会满意。因此，为了使双方利益都不受到损失，报价时必须留有余地。同样，对方提出任何要求，即使你能百分之百地满足对方，也不要一口承诺，要让对方觉得你是作了让步后才满足他的要求的，这样才能增加自己要求对方在其他方面做出让步的筹码。

这一策略从表面上看与开诚布公相抵触，但实际上二者的目标一致，都是为了达成协议，使双方都满意，只是实现目的的途径不同而已。不可忽视的是，该策略的运用要因人而异。一般说来，在两种情况下可使用该策略：一种情况是用于对付自私狡猾、见利忘义的谈判对手；另一种情况是不了解对手或开诚布公失效。如果双方对彼此的情况都很熟悉，使用此策略，反而会造成失信。

5.避实就虚策略

该策略是指我方为达到某种目的，有意识地将洽谈的议题引导到无关紧要的问题上制造声势，转移对方注意力，以求实现自己的谈判目标。具体做法是，在无关紧要的事情上纠缠不休，或在对自己来说不成问题的问题上大做文章，以分散对方在自己真正要解决的问题上的注意力，从而在对方毫无警觉的情况下，顺利实现自己的谈判意图。比如，对方最关心的是价格问题，而我方最关心的是交货时间。这时，谈判的焦点不要直接放到价格和交货时间上，而是放到价格和运输方式上。在讨价还价时，我方可以在运输方式上做出让步，而作为交换条件，要求对方在交货时间上做出较大的让步。这样，对方满意，而我方的目的也达到了。

（二）主动地位的谈判策略

1.平铺直叙策略

该策略是指在谈判内容比较简单、技术要求不高的情况下，占主动地位的一方直接向谈判对手列出所要求的各项条件，并要求他们尽快答复。应该注意的是，主动一方向

对方所列出的各项条款应为合理条款，即在正常条件下，这些条款可以使其他与谈判对手相类似的公司盈利。

2.最后期限策略

处于被动地位的谈判者，总有希望成功达成协议的心理。当谈判双方各持己见而争执不下时，处于主动地位的一方可以利用这一心理，提出解决问题的最后期限和解决条件。期限是一种时间性通牒，它可以促使对方感到如不迅速做出决定，就会失去这个机会。因为从心理学的角度来讲，人们对轻易得到的东西并不十分珍惜，而得到了本来并不容易取得的东西人们才会认为它很有价值，在谈判中采用最后期限策略就是借助这种心理定式发挥作用的。

最后期限策略既给对方造成压力，又给对方一定的时间考虑，随着最后期限的到来，对方的焦虑会不断增加。因为，谈判不成损失最大的是自己，最后期限的压力迫使人们快速做出决策。一旦他们接受了这个最后期限，交易就会很快而且顺利结束。

在具体使用最后期限策略时，应注意以下几方面问题：

（1）在采取最后期限策略时，不要激怒对方，使双方关系变得紧张甚至恶化。最后期限策略主要是一种保护性的行为，因此，当你不得不采取这种策略时，要设法消除对方的敌意。除了语气委婉、措辞恰当外，最好以某种公认的法则或习惯作为向对方解释的依据。假如你遵循的是公认习惯或行为准则，或者你有一定的法律依据，对方在接受时就不会有怨气。

（2）在采取最后期限策略时，要给对方一定的时间去考虑，使对方感到你不是在强迫他接受城下之盟，而是向他提供解决问题的方案。尽管这个方案的结果不利于他，但是毕竟是由他自己作了最后的选择。

（3）在最后的谈判中，处于主动地位的一方应在制定了最后期限之后，对原有条件也适当让步，使对方在接受最后期限时有所安慰，同时也有利于达成协议。

3.先苦后甜策略

先苦后甜策略在商务谈判中经常被人们运用。比如，买方想要卖方在价格上多打些折扣，但预计如果自己不增加数量，对方难以接受这个要求，而自己又不想在购买数量上做出让步。于是，买方在价格、数量、包装、运输条件、交货等一系列问题上提出了一个较为苛刻的方案，作为谈判的蓝本，在此基础上做出让步。在这种情况下，卖方往往会同意买方在价格上多打些折扣的要求。而事实上，这些“让步”是买方本来就打算给予卖方的。所以，先苦后甜策略可以使自己获得更多的利益，也使对方感到互有得失。

这里需要指出的是，先苦后甜策略只有在谈判中处于主动地位的一方才有资本使用。同时，在具体运用该策略时，一开始向对方提出的方案不要过于苛刻；否则，对方就会退出谈判。

（三）被动地位的谈判策略

1.忍耐策略

在谈判中，占主动地位的一方有时会以一种咄咄逼人的姿态来表现自己，这时如果

被动的一方表示反抗或不满，对方可能会更加骄横甚至退出谈判。在这种情况下，最好对对方的态度不作反应，采取忍耐策略，以我之静待“敌”之动，以我方的忍耐磨蚀对方的棱角，挫其锐气，使其筋疲力尽之后，我方再作反应，以柔克刚，反弱为强。如果被动的一方忍耐下来，那么主动一方的要求得到默认或满足之后，反而可能会通情达理，公平、合理地进行后面的谈判。同时，主动的一方要看清自己的目标，如果急于求成，反而会暴露自己的不足，进而被对方所利用。

忍耐的作用是多方面的，它可以使对方最终无法应付，也可以赢得同情和支持；可以等待时机，也可以感动他人。总之，只要合理忍耐，奇迹就有可能出现。

2.沉默策略

谈判开始就保持沉默，迫使对方先发言。沉默是处于被动地位的谈判者常用的一种策略。从涉外经济谈判的实践看，大部分美国人较难忍受沉默寡言， 他们在沉静中会感到心乱不安，最后会变得唠叨起来。这种策略主要是给对方造成心理压力，使之失去冷静，不知所措甚至乱了方寸，发言时就可能疏于思考，泄露出己方想获得的信息，同时还能干扰对方的谈判计划，从而达到削弱对方力量的目的。

运用沉默策略要注意审时度势，运用不当，谈判效果会适得其反。例如，在还价中沉默，对方会认为你方是默认。又如，沉默的时间较短，对方会认为你是慑服于他的恐吓，反而增添了对方的谈判力量。所以，运用这一策略的前提是头脑要清醒，忍耐力要强，情绪要平稳。

有效地发挥沉默策略的作用，应注意以下两个方面的问题：

（1）事先准备。首先，要明确在什么时机运用该策略。比较恰当的时机是在报价阶段。此时双方的要求差距很大，适时运用沉默策略可缩小差距。其次，要明确如何约束自己的反应。在沉默中，行为语言是唯一的反应信号，是对方十分关注的内容，所以，事先要准备好使用哪些行为语言。如果是多人参加的谈判，还要统一谈判人员的行为语言口径。

（2）耐心等待。只有耐心等待，才可能使对方失去冷静，形成心理压力。为了忍耐可以做些笔记。做笔记在这里可以起到双重作用：首先，它纯系作秀，仅仅让对方看到你在忙；其次，笔记可以帮助你记录对手讲了些什么，没有讲什么，有助于你分析对手为什么讲这些问题而不讲那些问题，使沉默发挥出作用。

3.多听少说的策略

一个处于被动地位的谈判者，除了忍耐之外，还要多听少讲。让对方尽可能多地发言，充分表明观点和说明问题，这样做既表示出对对方的尊重，也使自己可以根据对方的要求，确定自己应对的具体策略。

比如，一个推销员为了说明自己产品的特性、用途，对其产品夸夸其谈，殊不知这样做的效果适得其反。因为类似的话人们听得太多了，即便你的产品优点很多，很具特色，人们也会认为你是在自卖自夸，因而产生了一种负效应，即引起了听者的逆反心理。因此，这种方法是不足取的。最好的办法是让对方先讲，以满足对方要求为前提，尽量调动对方的积极性，尽可能让对方多谈自己的观点和要求，待对方陈述完毕后，再对自己的产品进行介绍，指出产品的特色和优点，以及能给对方带来什么样的好处和便

利。这样，可以大大减少对方的逆反心理和戒备心理。让对方多谈，对方就会暴露过多，回旋余地较小，而己方很少曝光，可塑性较强。二者的处境，犹如一个站在灯光下，一个站在暗处。他看你一团模糊，你看他一清二楚，这样己方其实更为主动。

4.情感沟通策略

如果与对方直接谈判的希望不大，就应采取迂回的情感沟通策略。所谓情感沟通策略，就是先通过其他途径接近对方，彼此了解，联络感情，情感沟通好了之后，再进行谈判。人都有七情六欲，情感和欲望的满足是人的一种基本需求。因此，在谈判中利用感情的因素去影响对方是一种可取的策略。

灵活运用该策略的方法很多，可以有意识地利用空闲时间，主动与对方一起谈论其感兴趣的话题，组织娱乐活动，也可以馈赠小礼品，提供交通、食宿等生活方面的便利，还可以通过帮助解决一些私人的疑难问题，达到增进了解、联络感情、建立友谊、从侧面促进谈判的顺利进行的效果。

【教学互动4-1】

背景与情境：

甲方（买方）：山西省财政税务专科学校。其坐落在山西省省会太原市，是一所培养高等财经应用型人才的全日制高等专科学校，是首批国家示范性高等职业院校。

乙方（卖方）：深圳市某科技有限公司。其位于深圳市高新技术产业园区，是专业的教育培训软件与服务提供商。该公司致力于国内高等院校、职业技术院校模拟实验室建设，提供包括工商管理、市场营销、电子商务、人力资源和创业训练等教育培训软件，为经管类大学生实训与实习提供全套的解决方案。他们与国内著名IT公司和高等院校合作，拥有资深的行业顾问、教育顾问和软件开发团队。结合国外先进的技术和管理理念，以及中国教育机构和商业运作的实际特点，开发出最适合中国国情的教育类软件，同时提供高效的实施、管理、培训及咨询服务。网络营销教学软件强调量化实验效果，仿真模拟贴近企业真实运营。

互动内容：

（1）分析谈判双方的实力。

（2）设计谈判双方的谈判策略。

互动要求：

（1）分组就该案例进行讨论。

（2）安排不同小组分别代表谈判一方进行谈判策略设计模拟。

（3）教师对各组的表现进行点评。

三、谈判调动与控制策略的实施

谈判的调动与掌控既是谈判中的一种策略，又是对谈判者的一种要求，它无处不在，贯穿于整个谈判过程的始终。从谈判的准备阶段开始，一直到谈判双方达成协议乃至协议的履行，哪一方能调动和掌控谈判对手，哪一方就能够赢得谈判的主动权并从谈判中获得巨大利益。

任何一次谈判都包括三个具有决定性作用的因素，即信息、时间和权力，它们自始

至终存在着。谈判中的任何一方要获得成功，都需要在这三个方面同时取得优势。谈判的调动与掌控策略正是通过制造信息优势、时间优势和权力优势而实施的。

（一）制造信息优势

信息主要是指涉及对方谈判需要、谈判意图的信息。制造信息优势，就是使己方在信息占有上获取优势。商务谈判的成功关键取决于对全部谈判活动情况的准确分析。如果己方能够依据所拥有的信息对谈判对手的需要和意图做出准确判断，那么己方就可以通过巧妙的安排来调动、掌控对手，使谈判朝着有利于己方的方向发展。

制造信息优势首先要全面收集谈判对手的信息。收集谈判对手的信息这一工作在谈判正式开始前就应着手进行，并应已完成大部分工作。需要注意的是，信息收集工作最好秘密进行，不要过于公开和暴露。在谈判中及时捕捉对方透露的种种信息，对于准确、全面掌握对方的信息也是非常必要的。其次要善于隐匿自己的谈判信息，即己方的谈判利益、需要以及谈判优先考虑的问题。在制造了本方的信息优势后，可以采用以下几种常用方法来调动或操纵谈判对手：

（1）向谈判对手适时地展示本方所了解的信息以及本方的信息，对谈判对手形成一种压力，使其顺从地与己方进行合作。

（2）在了解到谈判对手有可能采取不利于己方的行动时，可以适当地向其透露一些己方所掌握的信息，让其感觉到己方对他们的行动已了如指掌，从而使其行动有所顾忌，这样可以起到防患于未然的作用。

（3）在己方具有信息优势后，可以针对对方的计划制订相应的计划，并先于对方表达出来，使对方陷入己方的控制中。

（4）在了解了对方的信息渠道后，可以从这些渠道中释放某些信息，诱使谈判对手做出符合自己意图的判断和决策。

（二）制造时间优势

时间是指谈判期限（即谈判时间的长短和延续性）和谈判时效（即谈判时间利用的效果）。制造时间优势，就是使谈判对手从谈判期限、谈判时效上感到一种压力，从而与己方的时间主动权形成一种对比。在谈判中，主场方可通过对谈判日程的安排，获取时间主动权，将对手置于时间压力下的被动地位，从而控制谈判进程，达到调动或掌控谈判对手的目的。

任何商务谈判都有从开始到结束的时间期限，即谈判期限。谈判期限利用得是否高效，对于整个商务谈判的进程和最后结果有着重要的影响。在谈判中可以利用“90/10原则”来提高谈判的时效性。“90/10原则”即谈判中不是很重要的议题或不甚关键的阶段往往占去了全部谈判时间的90%，而关系全局的议题和谈判的关键阶段却可能只占全部谈判时间的10%。于是，越到谈判的关键阶段，留给对方考虑的时间就要越少，给对方形成一种无形的时间压力。而己方，由于已做好了充分的思想准备，面对时间压力，可以从容对应。

由此可见，谈判的时间因素会对谈判主体各方产生约束和影响，形成一种无形的时间压力。由于种种原因，如谈判主体的心理状态、市场行情、价格、信息和物质条件等随时间而变化的趋势，双方对于时间因素形成的心理压力会产生不同的感受，从而有可

能在谈判进程中不断地影响谈判双方的实力对比和物质利益需要的变化。因此，获取时间主动权，将对手置于时间压力的被动地位，是控制谈判进程、调动或操纵谈判对手的一个重要手段。制造时间优势，获取时间主动权应注意以下两个问题：

（1）要有足够的心理准备去故意拖延。由于多数谈判的让步和达成协议的时间都临近谈判的最后期限或者越过这个时期，所以，要有足够的心理准备。在谈判中愿意等待较长时间，而又有耐心不断探索和看起来并不急于解决问题的谈判者，总是比较成功的。在很多情况下，谈判策略的实质就在于故意拖延，以最大限度的自我克制来拖延。

（2）注意对最后期限的理解和运用。时间限制有一种无形的催眠力量，即使我们不需要，往往也会不知不觉地接受它。最后期限的压力迫使人们快速地做出决定，一旦他们接受了这个最后期限，交易就会很快地顺利完成。这也就是为什么它的效果如此之大，它常会促使对方做出你希望对方作出决定。所以，即使并非必要，最后的期限仍然常为人们所相信从而接受。

【教学互动4-2】

背景与情境：

美妙公司是一家主营圣诞礼物的专业型企业，主打产品是圣诞卡、圣诞老人及各种毛绒玩具，因为专业性强，在业界享有极高的知名度，其产品遍及市内所有中高档商场。雅贵商厦是一家著名的综合性商场，地理位置极佳且交通便利，每个重要节日都会创造极高的销售额。双方在每年的圣诞节都会有愉快的合作，各自都能达到预期的销售目标。而今年雅贵商厦提高了进店费用，这令美妙公司极为不满，因为这将增加该公司的运营成本，会影响其经营利润。于是双方进行了沟通，在十月初进行了一次失败的谈判后谁也没提出第二次会面时间，但圣诞节却越来越近了。

美妙公司认为他们是圣诞行业中无可争议的第一品牌，每年销量都在上升，消费者非常认可美妙品牌，如果在圣诞期间雅贵商厦没有该产品的销售，在经营上将造成较大的损失，所以他们计划使用时间压力策略，在最后时刻等待雅贵方的让步。

雅贵商厦认为他们有众多的固定消费群体，美妙公司是通过这个良好的平台才获得了今天的业绩，另外，雅贵商厦目前和全国优秀的供应商合作，拥有不同档次的完整产品线，即使不销售美妙公司的产品也不会造成多大的影响，所以他们也使用时间压力策略，在最后时刻等待美妙方的让步。

互动内容：

（1）分析时间压力对谈判双方的影响。

（2）设计谈判双方制造时间优势进行谈判的策略。

互动要求：

（1）分组就该案例进行讨论。

（2）安排不同小组分别代表谈判一方进行谈判策略设计模拟。

（3）教师对各组的表现进行点评。

（三）制造权力优势

权力是指谈判一方所形成的针对对方的一种威慑力，它可以产生一种心理压力使对方的思维丧失周密性和机动性，从而受制于己方的调动与控制。制造权力优势，就是设

法使己方对对方的威慑力大于对方对己方的威慑力，从而使对方在心理上承受一种压力。

权力优势是无形的，即使在一次极为简单的谈判中，置身于谈判过程中的人们也可以感觉到它的存在。权力优势的形成与谈判的心理活动相关，任何权力优势都是通过谈判主体表现出来的，因此，权力优势是可以制造出来的，即所谓造势。谈判中如何营造权力优势，并没有定式，以下是几种典型的做法：

（1）制造选择权力。制造选择权力是指通过给谈判对手制造竞争者来为己方提供更多的选择余地，从而给谈判对手制造一种威慑力。制造选择权力的一个基本原则是：尽量增大己方的选择机会，掩盖住自己的竞争者；同时，减少谈判对手的选择机会，抓住其竞争对手，适时向谈判对手施加压力。

（2）合法运用权力。谈判中的合法权力，不仅仅是指符合法律规范的要求，而且还包括符合道德规范的要求。在谈判中运用合法权力就是借助法律、道德为自己设置一道防护屏障，从而一方面防御谈判对手的攻击，另一方面借此向谈判对手施加压力。谈判中的合法权力可以说是无处不在的，谈判中的任何一方都握有这种权力。合法权力对谈判的任何一方都是平等的，即双方拥有平等的权力，关键就在于谁能够主动、适时地运用这一权力。中国古代所谓的“出师有名”“挟天子以令诸侯”实际上都是在运用合法的权力。谈判中，如果一方能够适时地运用合法权力，从而将对手置于一种“道德风险”（或法律风险）下，那么，谋求谈判向有利于己方的方向发展就是可以实现的。

（3）专业权力。专业权力是源于谈判主体的专业知识或谈判能力而形成的一种威慑力。谈判中，双方之间知识或能力的差距可以使一方对另一方尊重、敬畏甚至畏惧。当谈判一方赢得了对手的尊重甚至使对手感到畏惧时，调动或操纵谈判对手的目的就实现了，因为，你已经凭借专业知识或谈判能力在对手心理上制造了一种权力优势——专业权力优势。

谈判中可以制造的权力优势不限于上述提及的几种。制造权力优势贯穿于整个谈判的始终，如果谈判者能够将其把握好，则可以从容控制对手，操纵谈判，并取得谈判的最后胜利。

案例解析 4-1

中日农用加工机械设备买卖谈判

背景与情境：

中国某公司与一家日本公司围绕进口农用加工机械设备，进行了一场别开生面的竞争与合作的谈判。

谈判一开局，按照国际惯例，首先由卖方报价。首次报价为 1 000 万日元。这一报价比实际卖价高出许多。由于中方事前已摸清了国际行情的变化，深知日方是在放“试探气球”，于是中方直截了当地指出：这个报价不能作为谈判的基础。

日方对中方如此果断地拒绝了这个报价感到震惊。他们分析，中方可能对国际市场行情的变化有所了解，因而己方的高目标恐难实现。于是日方便转移

话题，介绍起产品的特点及产品优良的质量，以求采取迂回前进的方法来支持己方的报价。但中方一眼就看穿了对方在唱“空城计”。因为，谈判之前，中方不仅摸清了国际行情，而且研究了日方产品的性能、质量、特点以及其他同类产品的有关情况。于是中方运用“明知故问，暗含回击”的发问艺术，不动声色地说：“不知贵国生产此种产品的公司有几家？贵公司的产品优于A国、C国产品的依据是什么？”中方话未完，日方就领会了其中的含意，顿时陷于答也不是、不答也不是的尴尬境地。但他们毕竟是生意场上的老手，其主谈人为避免难堪的局面借故离席，副主谈也装作找材料，埋头不语。

过了一会儿，日方主谈人神色自若地回到桌前，因为他已利用离席的这段时间，想好了应付这一局面的对策。果然，他一到谈判桌前，就问他的助手：“这个报价是什么时候定的？”他的助手早有准备，对此问话自然心领神会，便不假思索地答道：“以前定的。”于是日方主谈人笑着解释说：“哦，时间太久了，不知这个价格是否有变动，我们只好回去请示总经理了。”老练的日方主谈人运用“踢皮球”战略，找到了退路。

第二轮谈判开始后，双方首先漫谈了一阵，调节了情绪，融洽了感情，创造了有利于谈判的友好气氛。之后，日方再次报价：“我们请示了总经理，又核实了一下成本，同意削价100万日元。”同时，他们夸张地表示，这个削价的幅度是不小的，要中方还盘。中方认为日方削价的幅度虽不小，但离中方的要价仍有较大距离，马上还盘还很困难。还盘多少才是适当的，中方一时还拿不准。为了慎重起见，中方一方面电话联系，再次核实该产品在国际市场的最新价格，另一方面对日方的二次报价进行分析。

根据分析，虽然日方表明这个价格是总经理批准的，但很可能此次降价是谈判者自行决定的。由此可见，日方报价中所含水分仍然不小，弹性很大。基于此，中方确定还盘价格为750万日元。日方立即回绝，认为这个价格很难成交。中方坚持与日方探讨了几次，但没有结果。鉴于讨价还价的高潮已经过去，因此，中方认为谈判的“时间已经到了”，是展示自己实力、运用谈判技巧的时候了。于是，中方主谈人使用了具有决定意义的一招，郑重向对方指出：“这次引进，我们从几家公司中选中了贵公司，这说明了我们成交的诚意。此价虽比贵公司销往C国的价格低一点，但由于运往上海口岸比运往C国的费用低，所以利润并没有减少。另外一点，诸位也知道我国有关部门的外汇政策规定，这笔生意允许我们使用的外汇只有这些，要增加，需要再审批。如果这样，那就只好等改日再谈。”中方主谈人接着说：“A国、C国还等着我们的邀请。”说到这里，中方主谈人把一直捏在手里的王牌摊了出来，恰到好处地向对方泄露，把中国外汇使用批文和A国、C国的电传递给了日方主谈人。

日方见后大为惊讶，他们坚持继续讨价还价的决心被摧垮了，陷入必须

"竞卖"的困境：要么压价握手成交，要么谈判就此告吹。日方一时举棋不定，握手成交吧，利润不大，有失所望；告吹回国吧，花费了不少的人力、物力和财力，最后空手而归，不好向公司交代。这时，中方主谈人便运用心理战术，根据"自我防卫机制"的文饰心理，称赞日方此次谈判人员的确精明强干，但遗憾的是中方就只能选择A国或C国的产品了。

日方掂量再三，认为成交还是可以获利，告吹只能赔本，因此最后就在中方的价格下成交了。

思考：

请分析此次谈判双方的实力和各自采取的谈判策略。

做一做

【谈判训练4-1】微波炉采购实力对抗

一、实训目的和要求

要求掌握正确判定谈判双方实力的方法，客观地根据我方处于主动地位、平等地位、被动地位的情况，采取适当的谈判技巧和策略，使谈判朝着有利于我方的方向发展。

二、场景设计

中国广东格兰仕（集团）公司与英国家乐福公司关于微波炉（V尚系列）采购的谈判。通过对谈判环境因素的分析，以及对采购方英国家乐福公司的了解和初步接触，分析谈判双方的谈判实力，实施谈判策略。

三、实训步骤

第一步，分析谈判双方的实力。

商务谈判中的对抗通常是企业之间实力的较量。在谈判对抗中，双方利益的取舍随着双方的实力对比而变化，策略与技巧的运用即在于加强或削弱这种力量。因此，企业实力是选择和实施谈判对抗策略的基点。而这里所讲的企业实力不仅仅是指企业拥有的经济实力，更重要的是企业在谈判中具有的谈判实力。谈判实力受到一系列主观和客观因素的制约和影响，如谈判者的谈判水平、谈判者掌握的信息量、谈判者的职位等属于主观因素，交易内容对各方的重要性和迫切性、经济实力、信誉、竞争状况等属于客观因素。

卖方中国广东格兰仕公司谈判实力分析：

1.公司在全球微波炉市场占绝对优势，在整个欧洲市场占有率为40%，在法国市场占有率高达50%。

2.国内外销售旺季双双到来，产品供不应求，订单已排到8月份，而V尚系列微波炉更是抢手货，V尚系列微波炉的销售量占到格兰仕微波炉销售量的40%以上。

3.广东美的集团于近日宣布对高端产品全线降价，部分产品降幅高达30%。

4.生产成本增加。一方面原材料和燃料涨价，其中钢材涨价幅度几乎翻倍，煤、电也在涨价；另一方面欧洲要取消普惠制，国家的出口退税率也已经下调。

5.公司所拥有的谈判对手的信息。英国人喜欢幽默，但他们又十分冷漠，感情从不外露，即使遇到了伤心的事情，也少有怨言，很少发脾气。英国人的饮食习惯是一日四餐，即早餐、午餐、下午茶和晚餐。而下午茶通常是下午三点到四点，英国人视其为“人权的甜品”，代表着英国的浪漫文化和生活，利用下午茶进行社交活动也是司空见惯的。

同时，英国人的厨房设备比我们丰富得多，一般的家庭在厨房内都配置大烤箱、四个灶眼的无明火电炉、洗碗机，而他们一日四餐最具代表性的食物是烧烤、三明治、烤饼等，他们一日四餐都需要微波炉。所以广东格兰仕公司的产品在英国市场上是很有发展潜力的，几乎家家户户都需要其产品，而V尚系列微波炉很可能会成为英国消费者的抢手货。

另外，公司还需要了解与谈判对手有关的政策、法规和金融条例，如所在国家的法律、法规、关税政策、外汇管理政策、银行营运情况等。

6.主场谈判可以通过安排谈判日程、谈判之余的活动来主动掌握谈判进程，并且从文化上、心理上对对方施加潜移默化的影响。同时，主场谈判免去了车马劳顿，以逸待劳，可以以饱满的精神和充沛的体力去参加谈判。

买方英国家乐福公司谈判实力分析：

1.英国家乐福公司是一家享有一定声望和信誉的跨国集团子公司，对广东格兰仕公司进一步开拓国际市场很有帮助。

2.许多厂家争相为买方提供产品，但并没有提供实质性证据。

3.英方虽然取得了国际公认的证书，但并不代表方方面面都行。因为评价一家企业不能单单从合法资格方面考虑，还要考虑其近期资本、信用、履约能力以及财务状况。

4.英国家乐福公司在英国的广告宣传力度较大，信誉较好。

5.对我方情况了解不足。

6.由于是客场谈判，英方对当地气候、风俗、饮食等方面可能会出现不适应，再加上旅途劳累、时差不适应等因素，谈判人员身体状况可能会受到不利影响。同时，在谈判场所及谈判日程的安排等方面也处于被动地位，存在心理劣势。

第二步，双方谈判地位判定。

在对双方谈判实力分析的基础上，下一步就是对双方谈判地位予以判定。

根据以上的分析可以看出，谈判双方在谈判实力上旗鼓相当，但广东格兰仕公司一方有着明显的产品优势、价格优势，并且做了较为充分的谈判准备工作，其谈判地位略胜一筹。

谈判双方的地位并不是一成不变的，具体情况还会随着谈判进程的发展而有所变化，谈判的策略也应相应地予以调整。

第三步，实施谈判策略。

谈判双方实力相当时，没有哪一方会占据谈判的绝对优势，谈判双方总是互有长短的。因此，在双方的谈判实力大致接近的条件下，能否在谈判中获取更大利益主要取决

于谁能够在谈判中扬长避短，谁能够将对方控制在自己的优势范围内。扬长避短策略是在谈判双方处于平等地位时所使用的最佳策略。扬长避短策略没有具体的步骤要求，在使用时应把握这样一个总原则，即明确己方的长处和优势所在，将对方控制在自己的优势范围内，用自己的优势迫使对方让步。

第四步，在谈判中调动与掌控谈判对手。

1.制造信息优势。

在谈判前，广东格兰仕公司做了充分的准备，对市场信息、谈判对手的资料、与谈判对手有关的政策和法规等都做了全面的收集与分析。在此基础上，其在谈判中适时地向谈判对手展示了己方所了解的信息，从而对谈判对手形成一种压力。例如，由于内外销售旺季的双双到来，1 500万台的年产量已难以充分满足全球追涨的需求，超过2/3的产品被输送到全球100多个国家和地区，白金刚、太空金刚、数码光波等高档机的外销订单已抢在国内经销商的前面，订单于8月份排起长队，而V尚系列微波炉更是成了消费者的抢手货，预计在英国市场上有很大发展潜力，需求量较大。

同时，广东格兰仕公司还要善于隐藏自己的谈判信息，即己方的谈判利益、需要以及谈判优先考虑的问题。因为从某种意义上说，信息就是实力，在谈判中向对手暴露自己的实力就等于把自己的利益奉送给谈判对手。

2.制造时间优势。

广东格兰仕公司充分利用了主场的优势来安排谈判议程，用两天的时间安排英方代表参观、游览，只用一天的时间进行实质性的谈判，从而给对方造成一种时间上的无形压力。

谈判期限：3天。

时间安排：9月27日—9月29日，为期3天。

第一天：参观本企业微波炉生产情况，观看展览品，进行初步谈判。

9:00 迎接英方代表。

9:00—10:00 参观本企业微波炉的生产情况，进行样品展示，技术人员进行介绍。

11:00—12:30 请英方代表吃地道顺德菜并且进行交流。

15:00—16:00 销售人员向英方代表介绍微波炉市场情况，利用英国人喝下午茶的习惯进行初步谈判，期间准备一些水果和茶点。

第二天：参观、游览顺德市容市貌。

9:00—11:00 请英方代表参观顺德的文化景点。

14:00—16:00 请英方代表领略顺德社会、经济等方面的发展变化（了解我国经济发展迅速的现状，有利于英方代表对我方产生信赖感）。

第三天：进行最后的谈判，达成交易。

9:00—11:00 正式谈判所拟定的议题。

14:00—16:00 最后达成协议。

18:00—20:00 晚宴。

21:00 欢送英方代表一行。

3.制造权力优势。

广东格兰仕公司一方可以通过制造选择权力来获取优势。制造选择权力是指通过给谈判对手制造竞争者来为己方提供更多的选择余地，从而对谈判对手形成一种威慑力。例如，广东格兰仕公司可以在谈判中强调，由于国内外销售旺季的双双到来，1 500万台的年产量已难以充分满足全球追涨的需求，超过2/3的产品被输送到全球100多个国家和地区，而V尚系列微波炉更是成了消费者的抢手货，V尚系列微波炉的销售量占到格兰仕微波炉销售总量的40%以上。

广东格兰仕公司还可以通过专业权力来获取优势。专业权力是源于谈判主体的专业知识或谈判能力而形成的一种威慑力。谈判中，广东格兰仕公司作为世界上最大的微波炉生产企业，在专业知识方面可以赢得对方的尊重、敬畏。当赢得了对方的尊重后，调动或掌控谈判对手的目的就很容易实现了。

四、效果评价

根据出勤、课堂讨论发言、谈判实力对抗模拟情况进行评定。小组成员共同初评出个人成绩档次（优秀、良好、中等、及格、不及格），教师和各小组长共同综合评出各小组成绩，在此基础上给出个人最终成绩。

个人最终成绩=20%×表4-1成绩+80%×表4-2成绩

表4-1 **小组成员个人成绩评价表**

小组成员个人成绩 小组成员姓名	优秀	良好	中等	及格	不及格

注：考评满分为100分，60分以下为不及格；60～69分为及格；70～79分为中等；80～89分为良好；90分以上为优秀。

表4-2 **谈判实力对抗模拟评价表**

评价内容	分值（分）	评分（分）
评价谈判双方的相对实力	30	
客观判定双方的谈判地位	15	
实施相应的谈判策略	25	
对谈判对手的调动与掌控	30	
谈判实力对抗模拟总体评价	100	

注：考评满分为100分，60分以下为不及格；60～69分为及格；70～79分为中等；80～89分为良好；90分以上为优秀。

任务二　商务谈判让步策略

【任务目标】

- 知识目标：明确商务谈判让步的原则、具体实施的步骤以及让步的方式。
- 能力目标：通过学习训练，能够根据实际情况有效实施让步策略。

【任务导入】

把让步转化为进攻手段 迂回夺势反赢大实惠

背景与情境：

有一家大型知名超市在北京开业，供应商蜂拥而至。王某代表弱势品牌的机械厂家与对方进行进店洽谈，谈判异常艰苦，对方要求十分苛刻，尤其是60天回款账期实在让厂家难以接受，谈判陷入了僵局并且随时都有破裂的可能。一天，对方的采购经理打电话给王某，希望厂家能先提供一套现场制作的设备，以吸引更多的消费者。

王某知道刚好有一套设备闲置在库房里，但却没有当即答应，他回复说："陈经理，我会回公司尽力协调这件事，在最短的时间给您答复，但您能不能给我一个正常的账期呢？"最后，他赢得了一个平等的合同，超市因为现场展示吸引了更多的客流，一次双赢的谈判就这么达成了，这其中当然不能忽视让步的技巧所起到的作用。

思考：

分析让步时机以及基本技巧对谈判最终结果产生的影响。

学一学

谈判的每一方都要明确他们追求的最终目标，同时还必须明确为了达到这个目标他们可以或愿意做出哪些让步。它体现了谈判者用主动满足对方需要的方式来换取自己需要得到满足的精神实质。

一、让步原则

从总体上说，谈判者的让步原则是，己方在局部利益上的退让不会对整体利益造成损害。也就是说，以最小的让步换取谈判的成功，以局部利益换取整体利益是己方让步的出发点。

1.整体目标价值最大化原则

商务谈判中双方追求的并非是单一的目标，而是一个目标体系。例如，买卖双方的谈判范围可能包括品名、品质、数量、包装、价格、付款方式、运输等诸多方面。谈判的过程实际上是寻求双方各自目标体系价值最大化的过程，目标体系价值的最大化不应该是也不可能是一方所有目标的最大化，所以必须在自己的目标中依照重要性和紧迫性建立优先顺序，优先解决重要及紧迫目标，在条件允许的前提下适当争取其他目标，其

中的让步策略首要任务就是保护重要目标价值的最大化，如最满意的价格、最优惠的付款方式等。

2.刚性原则

对谈判双方的任何一方而言，谈判中可以使用的让步资源都是有限的，没有一方有能力在所有交易条款上作无止境的让步，因此，谈判双方应对自己最大的让步价值有所准备。让步策略的使用是具有刚性的，而谈判对手的某些需求看上去似乎是无止境的，因此让步的刚性力度只能是先小后大，一旦让步资源耗尽，让步的刚性就应该达到最大，也就是要在此问题上坚决止步，不再退让。让步策略的运用要有限度、有层次区别，其效果也是有限的。不要期望满足对手的所有意愿，对重要问题的让步必须严格控制。要时刻对让步资源的投入与所期望效果的产出进行对比分析，必须做到让步价值的投入小于所产生的积极效益。在使用让步资源时一定要有一个所获利润的测算，需要投入多少来保证所期望的回报，并不是投入越多回报越多，而是寻求一个二者之间的最佳组合。

3.时机原则

应该在适当的时机和场合做出适当、适时的让步，使谈判让步的作用发挥到最大、最佳。在实际的谈判过程中，让步的时机非常难以把握。谈判者有时会仅根据自己的喜好、兴趣、成见、性情等因素使用让步策略，而不顾及所处的场合、谈判的进展情况及发展方向等，不遵从让步策略的原则、方式和方法。这种随意性导致让步价值缺失甚至让步原则消失，进而促使对方的胃口越来越大，导致己方在谈判中丧失主动权，进而导致谈判失败。所以在使用让步策略时，应该科学界定己方的目标价值诉求，综合考虑谈判的具体进展和发展方向，准确判断谈判对手的意图，谨慎确定让步的时机，千万不得随意为之。

4.清晰原则

在商务谈判的让步策略中，清晰原则是指让步的标准、让步的对象、让步的理由、让步的具体内容及实施细节应当准确、明了，避免因为让步而导致新的问题和矛盾产生。常见的问题有：①让步的标准不明确，使对方感觉自己的期望与你的让步意图错位，甚至感觉你没有让步而是含糊其辞；②方式、内容不清晰，在谈判中的每一次让步必须是对方所能明确感受到的，也就是说让步的方式、内容必须准确、有力度，对方能够明确感觉到你的让步，从而激发对方的积极反应。

5.弥补原则

如果迫不得已，己方再不做出让步就可能使谈判夭折，就必须把握这一原则。即这一方面（或此问题）虽然己方给了对方优惠，但在另一方面（或彼问题）须加倍地，至少均等地获取回报。当然，在谈判时，如果发觉己方若是让步在彼处有更大的好处，也应毫不犹豫地给其让步，以保持全盘的优势。

二、让步的实施步骤

第一步，确定谈判的整体利益。这一步实际上是谈判的准备阶段，在这一阶段首先要权衡利弊，确定谈判的整体利益。确定整体利益需要从以下两个方面进行：一是确

定谈判双方对失败的承受力。比较谈判双方谁对谈判失败的承受力更大，可以使用“相对损失”指标，也可以用文字描述。相对损失是谈判失败所形成的绝对损失量与企业即时的实际规模之比。二是确定可接受的谈判的最低条件，即按照这个条件同对方达成协议与谈判破裂给己方造成的结果是相同的。因此，可接受的谈判的最低条件实际上就是己方能够做出的让步的下限。如果己方无法将对方让步的要求阻止在这个界限，那么即可宣布谈判破裂。

确定谈判的整体利益时还要注意考虑外界偶发因素对谈判整体利益的影响，其中，尤其要注意竞争因素，谈判各方的竞争者在不断调节着各方的谈判利益。

第二步，确定让步方式。不同的让步方式可以传送不同的信息，起到不同的心理作用。在实际谈判中，由于交易的性质不同，双方谈判实力存在差异，让步没有固定模式，而通常表现为多种让步方式的组合，并且这种组合还要在谈判进程中根据具体情况不断进行调整。

第三步，选择让步时机。让步的时机与谈判的顺利进行程度有关。只要能满足对方的要求，促使谈判向纵深发展，什么时间都可以，既可以先于对方做出让步，也可以后于对方做出让步，还可以与对方同时进行让步，让步选择的关键是己方较小的让步能给对方带来较大的满足，以求得较大的回报。

第四步，衡量让步结果。衡量让步结果可以通过衡量己方在让步后具体的利益得失、己方在做出让步后所取得的谈判地位以及讨价还价力量的变化来进行。衡量让步结果通常是在做出让步后立刻进行。它要求谈判者思维敏捷，可以在极短的时间内对结果做出判断，并以此为依据，安排调整下一个部署。

【教学互动4-3】

互动内容：

在商务谈判中，为了达成协议，让步是必要的。但是，让步不是轻率的行为。成功的让步策略可以起到以局部小利益的牺牲来换取整体利益的作用，甚至达到“四两拨千斤”的效果。请同学们寻找相应的案例，或结合自己的实际经历，谈谈让步的必要性。

互动要求：

（1）分析让步的具体内容。

（2）说明通过让步所换取的利益，以及对整体谈判的影响。

（3）教师对学生的分析进行点评。

三、让步方式

1.让远利谋近惠的让步策略

谈判者对谈判的满足会表现为两种形式，即对现实谈判交易的满足和对未来交易的满足。对谈判人员来说，可以通过给予其期待的满足或未来的满足而避免给予其现实的满足，即为了避免给予其现实的满足而给予对方以远利。例如，当对方在谈判中要求我方在某一问题上做出让步时，我方即可通过强调保持与我方的业务关系将给对方带来长期利益，以及本次交易的成功与否对于是否能够成功地建立和发展双方之间的长期业务关系是至关重要的，从而委婉地表达出不想让步的想法。同时，如果能够有说服力地告

诉对方，远利比近利更为重要，那就更好了。

日本商人具有注重远期利益的特点，而港商往往比较注重短期的实惠。其实，对我方来讲，采取让远利谋近惠的让步策略，并未付出现实的东西，却获得了实惠。

2.互惠互利的让步策略

从本质上讲，谈判本身就是互惠互利的。双方或多方坐在一起进行商务谈判，就是希望能够达成一个对双方或多方均有利的协议，不可能是单方获利的。

所谓互惠互利的让步策略是指以本方在这个问题上的让步，换取对方别的问题上的让步，从而使双方都受益的策略。第一种情况是对方要求我方让步时，我方谈判人员首先表示在某个问题上可以让步，但这种让步是与我公司政策、规定或公司主管本次谈判的领导的意愿与指示相矛盾的，因此，对方在要求我方让步的同时应该给予我方相应的回报，以便我们在谈判结束后对公司有个交代，这也是情理之中的事情，想必对方是会接受的。第二种情况是如果双方同时要求对方做出让步，可以把我方的让步和对方的让步直接联系起来。从理论和实践的综合角度来看，能否争取到这种互惠互利的让步方式，在很大程度上取决于双方进行商谈的方式：一种是横向式商谈，这种商谈方式容易在各个不同的议题上进行利益交接，从而达到互利互惠；另一种是纵向式商谈，即先集中谈判重要的议题，之后再纵向推进其他议题。很显然，纵向式商谈比较容易使双方就某一问题纠缠、争执不休，而且可能在经过一方努力之后，会出现单方让步的局面。相应地，如果我们进行横向式商谈，把整个谈判的内容、议题集中在一起同时展开，那么双方很容易在各个不同的议题上进行利益交接，从而实现互利互惠的让步策略。

争取互利互惠的让步，不仅仅要依靠谈判议题的商议方式，还需要谈判者有开阔的思路和视野。除了某些已方必须得到的利益必须坚持以外，不要太固执于某一个问题的让步、在一个问题上卡死，要将整个谈判看成“一盘棋”，要分清楚利害关系，避重就轻，向对方阐明各个问题上所有的让步要视整个合同是否令人满意而定。因此在进行让步时，要灵活地使已方的利益在其他方面能够得到补偿。

3.丝毫无损的让步

在商务谈判实践中，任何让步都意味着要牺牲已方的一部分利益，所以需要寻找一条能够不牺牲已方的利益又达到让步效果的途径，即让对方像得到已方让步一样满意。其实，在一定条件下，人们是完全可以做到这一点的。这种策略就是已方丝毫无损的让步策略。

认真倾听，同时向对方表示已方已充分理解了对方的愿望和要求，并且认为对方的要求是具有一定的合理性的，但是根据已方目前的状况，实在难以接受对方的要求，同时向对方保证已方给对方的交易条件一定是最优惠的。

人们对自己争取某个事物的行为的评价，往往并不完全取决于最终行为结果如何，还取决于人们在争取过程中的感受，有时感受可能比结果更重要。从心理学上讲，当我们认真倾听对方的诉说和要求，肯定其要求合理性的时候，实际上是对对方的一种尊重。同时，要向对方保证给他的待遇不同于其他客户，这又进一步强化了这种受人尊敬的需求的满足。

案例解析4-2

中美知识产权谈判

背景与情境：

1994年6月30日，美国根据《贸易法》“特别301条款”再次将我国列为重点贸易观察国，扬言若调查属实，6个月后将对我国实施贸易报复。美国贸易代表坎特称中国至今不愿意主动采取措施保护美国的知识产权，美方要求中国：关闭29家CD厂，每周打击两次侵权行为并向美国报告，直到美国满意；修改民法，对涉外案件的一审期限改为与美国一样的6个月；修改诉讼费的收取办法，变按比例收取为固定收取；取消涉外商标的代理；国家版权局对国家机关使用计算机软件进行调查；向美国政府报告中国政府购买计算机软件的情况；全面市场准入，建立独资出版社、侦探所等；每季度向美国报告一次中国查处侵权的情况；立即授予各知识产权行政部门搜查、没收、销毁侵权产品和设备的权利，等等。

1994年6月30日至1994年12月31日，经过7轮谈判磋商未果，美方态度强硬，谈判破裂。

1994年行将结束时，坎特单方面宣布若1995年2月4日仍不满足其要求，将对中国进行制裁，制裁内容为对28亿美元的货物征收100%的惩罚性关税。中方随后表示若如此将进行贸易报复，包括限制对美各项贸易。

宣布报复后一个多月，双方又坐到谈判桌前。此轮谈判中方表现出极大的诚意，就专利、商标、版权等多方面的问题进行了广泛而深入的讨论。但由于美方不断提出新的要求，超出谈判范畴，即使中方表现出极大的灵活性，谈判依然无法继续，1995年2月3日，中美知识产权谈判再度破裂。

1995年2月4日，坎特公布了10.8亿美元的贸易报复清单，计划2月26日生效，我方也公布了贸易报复清单，贸易报复战一触即发。

1995年2月5日，美国贸易大使坎特致函中国外经贸部部长吴仪，邀请她赴美国华盛顿谈判，吴仪部长回复要求谈判在中国北京举行，最终双方于2月15日在北京达成协议，此时离贸易报复计划实施仅余11日。中方坚决驳回美方企图干涉中国司法、立法和国家主权方面的要求，在知识产权保护、打击侵权等方面做出重申与让步。

思考：

（1）查找资料，结合本案例内容，试分析中美双方在谈判中表现出的特点。

（2）分析谈判双方对会谈失败的承受力。

（3）结合相关知识，评价中方是如何巧妙地将坚持原则和适当让步结合起来的。

做一做

【谈判训练4-2】商务大厦设计谈判

一、实训目的和要求

通过案例分析和情景模拟，使学生理解商务谈判中让步策略的含义与原则，掌握让步技巧在谈判中的使用方式、时机与步骤。

二、场景设计

美国著名的建筑设计师杰克·鲍尔先生2002年在天津注册了“盛华联合建筑设计事务所”，经过3年的业务拓展，在天津和海外占据了一定的市场份额，成为当地较有名望的建筑设计事务所。到2005年，公司的业务情况良好，但是内地市场，特别是北京市场的开拓还没有任何实质性的进展，眼见着奥运建设项目在北京如火如荼地铺开，杰克·鲍尔先生不愿意错失这个千载难逢的大好时机，决定把进入北京市场作为当年最为重要的目标。

北京市宏泰房地产开发有限公司已经拿下了北京四环路金龙商务大厦的开发项目，总经理王永杰认为应该将金龙商务大厦建成符合国际潮流的地标性建筑，因此必须邀请具有国际化背景的设计公司进行设计，经业内人士介绍，宏泰房地产开发有限公司与盛华联合建筑设计事务所取得了联系，双方定于2005年3月16日在北京就金龙商务大厦设计方案进行谈判。

三、训练步骤

盛华联合建筑设计事务所与北京市宏泰房地产开发有限公司的谈判项目于2005年3月16日上午在北京正式开始。

第一步，确定谈判的整体利益。此次谈判对盛华联合建筑设计事务所而言，首先要做的工作就是确定设计项目的报价。根据北京市宏泰房地产开发有限公司给出的项目资料，金龙商务大厦的建筑设计面积为65 000平方米。

（1）判定谈判双方的失败承受力。

盛华联合建筑设计事务所有打入北京市场的急迫心情，承接该项目主要是为了打入北京市场，接下来通过参与更多的奥运项目提升本公司在全国的知名度，并愿意为此付出一定的利润代价，只要有适当的利润即可，盈利不是主要目的。一旦谈判失败，盛华联合建筑设计事务所将错失进入北京市场的良机。

北京市宏泰房地产开发有限公司坐拥优势项目，有很多有外资背景的建筑设计公司可以选择，但经过对各个外资背景设计公司的报价进行比较，盛华联合建筑设计事务所的报价较为实惠。如果谈判失败，北京市宏泰房地产开发有限公司将不得不选用价格较高的外资设计公司，对公司利润有一定的影响。

综合对比谈判双方的利益诉求目标，盛华联合建筑设计事务所认为己方在此次谈判中处于劣势，对谈判破裂的承受能力要小于对方北京市宏泰房地产开发有限公司。

（2）确定可接受的谈判的最低条件。

盛华联合建筑设计事务所对国外和天津的客户的设计成交价在45元/平方米，综合考虑各项经营管理费用，设计成本价为16元/平方米，考虑到此次谈判的主要目标、潜在的竞争对手和对谈判失败的承受力等客观因素，盛华联合建筑设计事务所决定将己方能够做出的让步的最下限定为20元/平方米。

第二步，确定让步方式。经过上述分析，盛华联合建筑设计事务所认为虽然己方在谈判中处于相对劣势的位置，但反过来看，己方又掌握着较为丰富的让步资源，可以通过采用互利互惠的让步策略，步步为营，为自己争取尽可能多的利益。

第三步，盛华联合建筑设计事务所以北京市市场行情50元/平方米为基础，向北京市宏泰房地产开发有限公司报价40元/平方米。此报价充分考虑了北京当地的市场行情和该事务所面临的市场竞争因素。杰克·鲍尔先生认为，该价格可以对后期谈判的顺利进行起到很好的推动作用。然而出人意料的是，北京市宏泰房地产开发有限公司认为价格依旧过高，还价10元/平方米。杰克·鲍尔先生对还价表示吃惊，对北京市宏泰房地产开发有限公司总经理王永杰表示，对方的还价不符合建筑行业的惯例，显然是没有诚意的表现，根本无法接受。接着，杰克·鲍尔先生以北京市房地产建筑设计行业近年来的行情数据为依据，证明了对方提出的还价是根本无法实现的。北京市宏泰房地产开发有限公司总经理王永杰则平静地表示，该公司的还价是有依据的，因为两家有外资背景的设计公司已经报出了相近的价格。杰克·鲍尔先生表达了公司真诚的合作愿望，同时也无奈地表示该价格实在是无法接受，只能暂时休会。

第四步，大幅度让步。经过一天的休会，双方于3月18日重开谈判。盛华联合建筑设计事务所对报价做了大幅度的调整，重新报价28元/平方米。而北京市宏泰房地产开发有限公司的王总依旧表示报价过高。杰克·鲍尔先生说道："我方已经做了大幅度的让步，本着互惠互利的原则，贵公司是否也应该拿出一些诚意来呢？否则这样下去谈判会变得毫无意义。"杰克·鲍尔先生深知谈判对手经验丰富，若不采取步步为营的方式，轻易地放弃自己的立场将会导致前面的让步统统作废。

王永杰转头和谈判组的其他成员低声商量了片刻，对杰克·鲍尔先生说："我们很感谢贵公司的坦诚，但是由于有其他竞争对手的报价作为依据，我们只能给贵公司提价到17元/平方米！"

杰克·鲍尔先生坚决地摇头道："以这个价格成交只能是赔本的买卖，我要求贵公司考虑我的竞争对手是否有恶性竞争的嫌疑。这样报价的结果，要么是他们准备在设计工作完成的期间逐步地提出各项合同之外的附加要求，要么就是最终提交一份不合格的设计方案。总之，接受如此之低的非正常报价是十分危险的，请王总经理慎重考虑！"王永杰先生考虑了一下说道："我们一定会考虑您的提议，经过这一轮谈判，我们加深了对贵公司的了解，我们对贵公司严谨的工作作风有很大的好感，这样吧，为促成双方的首次合作，我们愿意给贵公司19元/平方米的价格，请您考虑！"

杰克·鲍尔先生对此价格依旧不满意，提出己方能够接受的最低报价为25元/平方米，北京市宏泰房地产开发有限公司对此予以拒绝。为了缓和谈判气氛，杰克·鲍尔先生再次要求休会，下午再进行最后的谈判。

第五步，小幅退让，择机让步。休会期间，杰克·鲍尔会同谈判小组研究了最新的情报，认为的确有两家上海的外资公司为进入北京市场而同宏泰房地产开发有限公司进行接触，而且报价如此之低是在谈判之前没有预料到的。为了保证谈判目标的顺利达成，谈判组其他成员建议降低最低的价格底线，以促成交易。杰克·鲍尔没有同意，他希望做进一步的工作，争取顺利完成事先拟定的谈判目标，为此他决定在下午的谈判中分步进行小幅度的让步。

下午谈判开始，杰克·鲍尔先生表示愿意将报价降低1元钱，即24元/平方米，并要求对方予以回应，宏泰房地产开发有限公司经过考虑之后还价20元/平方米。杰克·鲍尔先生低头沉思良久，然后还价23元/平方米，并声称这已经是本公司的底线，他希望对方能够接受。宏泰房地产开发有限公司总经理王永杰表示，20元/平方米是己方的最高报价，但为了能够促成双方的长期合作，他愿意接受22元/平方米的价格，这个价格是最终的还价，不可能在价格上再做让步了。

第六步，衡量让步结果。3月19日，谈判继续进行。杰克·鲍尔先生事先和谈判小组仔细研究了目前的谈判进展，认为已经达到了主要谈判目标，还价可以接受，但是关于付款方式和交货日期，双方还有一些分歧。于是，杰克·鲍尔在谈判桌上提出了愿意有条件接受对方还价的要求，即接受22元/平方米的价格，但要将惯例的预付10%改为预付30%，交货期延长一个月。宏泰房地产开发有限公司认为附加条件不合理，予以拒绝。杰克·鲍尔先生遗憾地表示，如果不答应这个条件，只好以后再寻找合适的机会了，说着开始带头收拾资料文具，并示意助手准备离场。就在杰克·鲍尔一行人起身准备告辞时，宏泰房地产开发有限公司的王永杰总经理忽然说道："我公司最多接受预付15%，交货期延长两周！"

杰克·鲍尔先生忽然转身，伸出手来说道："成交！"杰克·鲍尔和王永杰的手紧紧握在了一起，一直不苟言笑的杰克·鲍尔先生，脸上第一次露出了灿烂的笑容。

四、效果评价

根据出勤、课堂讨论发言、谈判让步模拟情况进行评定。小组成员共同初评出个人成绩档次（优秀、良好、中等、及格、不及格），教师和各小组长共同综合评出各小组成绩，在此基础上给出个人最终成绩。

个人最终成绩=20%×表4-3成绩+80%×表4-4成绩

表4-3 **小组成员个人成绩评价表**

小组成员个人成绩 / 小组成员姓名	优秀	良好	中等	及格	不及格

注：考评满分为100分，60分以下为不及格；60～69分为及格；70～79分为中等；80～89分为良好；90分以上为优秀。

表4-4 **谈判让步模拟评价表**

评价内容	分值（分）	评分（分）
谈判双方特点分析	20	
谈判双方对失败的承受力分析	40	
中方是如何巧妙地将坚持原则和适当让步结合起来的	40	
谈判让步模拟总体评价	100	

注：考评满分为100分，60分以下为不及格；60～69分为及格；70～79分为中等；80～89分为良好；90分以上为优秀。

任务三 商务谈判僵局处理

【任务目标】

● 知识目标：分析商务谈判产生僵局的原因，掌握破解商务谈判僵局的策略。

● 能力目标：通过学习训练，能够采取有效策略破解商务谈判中的僵局，保证谈判顺利进行。

【任务导入】

地层测试仪的死局

背景与情境：

中海油某公司欲从澳大利亚某研发公司（以下简称C公司）引进“地层测试仪”，双方就该交易在2000—2002年举行了多次谈判。地层测试仪是石油勘探开发领域的一项核心技术，掌控在国外少数几个石油巨头公司手中，如斯伦贝谢、哈利伯顿等。他们对中国实行严格的技术封锁，不出售技术和设备，只提供服务，以此来占领中国广阔的市场，赚取高额垄断利润。澳大利亚C公司因缺乏后续研究和开发资金，曾在2000年之前主动带着他们独立开发的、处于国际领先水平的该设备来中国寻求合作，并先后在中国的渤海和南海进行现场作业，效果很好。

中方于2000年年初到澳方C公司进行过全面考察，对该公司的技术设备很满意，并就技术引进事宜进行正式谈判。考虑到这项技术的重要性以及公司未来发展的需要，中方谈判的目标是出高价买断该技术。但C公司坚持只给中方技术使用权，允许中方制造该设备，技术专利仍掌控在自己手中。他们不同意将公司赖以生存的核心技术卖掉，委身变成中方的海外子公司或研发机构。双方巨大的原则立场分歧使谈判在一开始就陷入了僵局。

中方向C公司表明了立场之后，对谈判进行“冷处理”，回国等待。迫于资金短缺的巨大压力，C公司无法拖延谈判时间，在2000—2002年，就交易条件多次找中方磋

商，试图打破僵局。由于种种原因，中澳双方最终没能达成协议，谈判以失败告终。但中海油科技工作者走出了一条自力更生的技术创新之路。

思考：

这场谈判的死局给了我们什么样的启示？

学一学

谈判进入实质性的磋商阶段以后，由于谈判各方的立场不同，对各自利益的期望值不一致，因此双方很容易形成立场和观点的对立，一时难以达成共识，而此时双方又不愿互作让步，我们把这种在商务谈判中出现的僵持不下、进退两难的情况称为“谈判的僵局”。

一、商务谈判僵局产生的原因

1.谈判一方故意制造谈判僵局

谈判一方故意制造谈判僵局即谈判的一方为了试探出对方的决心和实力而有意给对方出难题，搅乱视听，甚至引起争吵，使谈判陷入僵局，其目的是使对方屈服，迫使对方放弃自己的谈判目标而向己方目标靠近，从而达成有利于己方的交易。这是一种带有高度冒险性的谈判战略，如果运用得当会获得意外的成功；反之，若运用不当，将会导致谈判的彻底破裂。因此，除非谈判人员有较大把握和足够实力来控制僵局，否则最好不要轻易采用。

2.双方立场对立、争执导致僵局

在讨价还价的谈判过程中，如果双方对某一问题各持自己的看法和主张，意见分歧变大，那么，越是坚持各自的立场，双方之间的分歧就会越大。这时，双方真正的利益被这种表面的立场所掩盖，于是，谈判变成了一种意志力的较量，出现僵局。

3.沟通障碍导致僵局

沟通障碍就是谈判双方在交流彼此情况、观点、洽商合作意向、交易的条件等的过程中，可能遇到的由于主观与客观的原因所造成的理解障碍。文化背景差异、政治观点对立、语言沟通不顺畅等因素都有可能造成沟通障碍。

4.谈判人员的主观偏见导致僵局

偏见或成见是指由感情原因所产生的对对方及谈判议题的一些不正确的看法。由于产生偏见或成见的原因是对问题认识的片面性，即用以偏概全的认识对待对方，因而很容易使谈判陷入僵局。

5.环境因素的改变导致僵局

当谈判的外部环境，如价格、通货膨胀等因素发生变化时，谈判的一方不愿按原有的承诺签约，也会导致僵局产生。

6.谈判人员素质不高导致僵局

有时谈判人员因素质不高、言行失礼或者缺乏必要的专业知识，会与谈判对手形成感情上的强烈对立，不肯作丝毫的让步，这时谈判便会陷入僵局。

7.双方在合理利益要求上的差距导致僵局

在许多商务谈判中，即使双方都表现出十分友好、坦诚与积极的态度，但是如果双方对各自所期望的收益存在很大差距，那么谈判就会搁浅。当这种差距难以弥合时，合作必然走向流产，僵局便会产生。

二、破解商务谈判僵局的策略

1.运用回顾已有成就的方法打破僵局

（1）针对谈判出现僵局的情况，可以总结和回顾已经取得的谈判进展，以此鼓励对方继续下去，例如，可以鼓励对方："这次谈判已经进行了半个月，多少艰难的议题都已经达成了共识，就剩下这一条，如果能够顺利解决的话，我们的谈判就圆满结束了，但如果现在放弃，前面的工作就都白做了，岂不是太可惜了吗?"这种说法，看似很平常，实际上却能鼓舞人，发挥很大的作用。

（2）叙述旧情，强调双方的共同点。通过回顾双方以往的合作历史，强调和突出共同点和合作的成果，以此来削弱彼此的对立情绪，以达到打破僵局的目的。

2.转移话题，采取横向式的谈判打破僵局

当谈判陷入僵局，经过协商而毫无进展，双方的情绪均处于低潮时，可以采用避开该话题的办法，换一个新的话题与对方谈判，以等待高潮的到来。横向谈判是回避低潮的常用方法。横向谈判就是把谈判的面放宽，先撇开有争议的问题谈下一个问题，而不是盯住一个问题不放，不谈妥誓不罢休。例如，在价格问题上双方互不相让，僵住了，可以先暂时搁置一旁，改谈交货期、付款方式等其他问题。如果在这些议题上对方感到满意了，再重新回过头来讨论价格问题。由于话题和利益间的关联性，当其他话题取得成功时，再回来谈陷入僵局的话题，便会比以前容易得多，阻力就会小一些，商量的余地也就更大些，从而弥合分歧，使谈判出现新的转机。

3.运用替代法打破僵局

谈判中一般存在多种可以满足双方利益的方案，如果谈判人员简单地坚持某一方案，而这种方案不能为对方接受时，僵局就会形成。不要试图在谈判开始就确定一个唯一的最佳方案，相反，在谈判准备时期，需要构思对彼此有利的多套方案和应急措施，这样才能使谈判如顺水行舟般进行下去。一旦遇到障碍，只要及时调拨船头，就能顺畅地到达目的地。以下是常见的打破僵局的思路：

（1）提供多种平行方案化解僵局。当双方就一个问题僵持不下时，可以提供多种备选方案给对方，即使备选方案都不是对方需要的，这种方法也会体现己方的诚意，能够为化解僵局继续谈判起到润滑剂的作用。通常，最为常见的方法是将自己的交易条件进行捆绑式销售，形成所谓的"一揽子"交易。也就是在主要问题出现僵持时，向对方提出一系列谈判备选方案，这些方案都是将好坏条件搭配在一起，像卖"三明治"一样，列举出A、B、C、D几组方案，供对方选择。

（2）通过改善关联交易条件缓解焦点问题形成的僵局。当双方在一个焦点问题上僵持不下时，可以通过改善相关联的附加条件来打破僵局。例如，在价格问题上僵持不下时，卖方可以提出更加优惠的售后服务，也可以通过改变付款的方式和时限来促成价格

僵局的化解。

4.运用休会策略打破僵局

休会策略是谈判人员为控制、调节谈判进程，缓和谈判气氛，打破谈判僵局而经常采用的一种基本策略。休会既能够在生理上满足谈判人员恢复体力、精力的需求，又可以调节谈判人员的烦躁情绪，控制谈判进程，缓和谈判气氛，融洽双方关系。更重要的是，双方都可以在休会期间进行思索，客观地分析形势，统一认识，商量对策。

5.利用中间人调停打破僵局

当谈判双方陷入立场严重对峙、谁也不愿让步的状态时，找一位双方都信任的中间人来帮助调解，有时能很快使双方立场出现松动。当谈判双方严重对峙而陷入僵局时，双方的信息沟通就会遇到严重障碍，互不信任，互相存有偏见甚至敌意，但是有些谈判务必取得成果，例如索赔谈判，不能以中止或破裂结束，这时由第三方出面斡旋可以为双方保全面子，使双方感到公平，信息交流可以畅通起来。中间人在充分听取各方解释、申辩的基础上，能很明显地发现双方冲突的焦点，据此分析其背后所隐含的利益分歧，寻求解决这种分歧的途径。谈判双方之所以自己做不到，主要是“不识庐山真面目，只缘身在此山中”。

6.更换谈判人员或者由更高层领导出面打破僵局

临阵换将，把自己一方对僵局的责任归咎于原来的谈判人员身上，不管他们是否确实应该担负这个责任，还是充当了替罪羊的角色。这种策略为己方主动回到谈判桌前找到了一个借口，可以缓和谈判场上对峙的气氛。谈判双方通过谈判暂停期间的冷静思考，若发现双方合作的潜在利益要远大于既有的立场差距，那么调换人员就成了不失体面的有效策略，而且在新的谈判氛围中，在经历了一场暴风雨后的平静后，双方都会更积极、更迅速地找到一致点，以消除分歧，甚至做出必要的、灵活的妥协，这样僵局可能由此被打破。但是，必须注意两点：第一，换人时要向对方作婉转的说明，使对方能够予以理解；第二，不要随便换人，即使出于迫不得已而换，事后也要对换下来的谈判人员做一番工作，不能挫伤他们的积极性。

在有些情况下，如协议的大部分条款都已商定，却因一两个关键问题尚未解决而无法签订合同时，我方也可由地位较高的负责人出来参与谈判，表示对僵持问题的关心和重视。同时，这也是向对方施加一定的心理压力，迫使对方放弃原先较高的要求，做出一些妥协，以利于协议的达成。

7.有效退让打破僵局

达到谈判目的的途径是多种多样的，谈判结果所体现的利益也是多方面的，有时谈判双方对某一方面的利益分割僵持不下，就轻易地让谈判破裂，这实在是不明智的。其实只要在某些问题上稍作让步，在另外一些方面就很可能争取到更好的条件。这种辩证的思路是一个成熟的商务谈判者应该具备的。

当谈判陷入僵局时，如果双方的利益差距在合理限度内，可明确地表明自己已无退路，希望对方能让步，否则情愿接受谈判破裂的结局。这样做的前提是：双方利益要求的差距不超过合理限度。只有在这种情况下，对方才有可能忍痛割舍部分

期望利益、委曲求全，使谈判继续进行下去。相反，当双方利益的差距太大，只靠对方单方面的努力与让步根本无法弥补差距时，就不能采用此策略，否则就只能使谈判破裂。

8.场外沟通打破僵局

谈判会场外沟通亦称场外沟通、会下沟通等。它是一种非正式谈判，双方可以无拘无束地交换意见，达到积极沟通、消除障碍、避免出现僵局之目的。对于正式谈判出现的僵局，同样可以用场外沟通的途径直接进行解释，以消除隔阂。

9.以硬碰硬打破僵局

当对方通过制造僵局给你施加太大压力时，妥协退让已无法满足对方的欲望，应采用以硬碰硬的办法向对方反击，让对方自动放弃过高要求。比如，揭露对方制造僵局的用心，让对方自己放弃所要求的条件。有些谈判对手便会自动降低自己的要求，使谈判得以进行下去。有时也可以离开谈判桌，以显示自己的强硬立场。如果对方想与你谈成这笔生意，他们会再来找你，届时，他们的要求就会改变，谈判的主动权就掌握在你的手里了。如果对方不来找你也不可惜，因为如果继续谈判，只能使自己的利益降到最低点，这样谈成还不如谈不成。

当谈判陷入僵局而又实在无计可施时，以硬碰硬策略往往成为最后一个可供选择的策略。在做出这一选择时，我们必须做好最坏的打算，否则就会显得茫然失措。切忌在毫无准备的条件下盲目使用这一做法，因为这样只会吓跑对手，结果将一无所获。另外，如果由于运用这一策略而使僵局得以突破，我们就要兑现承诺，与对方签订协议，并在日后的执行中充分合作，以保证谈判协议的顺利执行。

【教学互动4-4】

背景与情境：

小许前几天已经与天成电子公司采购部李经理就电子元器件采购事宜进行了两次谈判，由于李先生一直要求小许给15万元底货做周转，但是公司从来没有这方面的先例，小许向李先生做了多次解释也没用，双方谈判陷入了僵局。

虽然小许私下里也向其他与天成公司合作的厂家了解到，有些厂家的确给了天成公司底货，但也有许多厂家没给。小许也向公司汇报了天成公司的要求与其他厂家的做法，公司同意支付5万元周转底货。李经理能不能接受，如何解开他和李经理的僵局？

互动内容：

（1）分析双方产生僵局的原因。

（2）如何破解双方的僵局。

互动要求：

（1）按供货方、采购方分组就该案例进行讨论。

（2）供货方小组、采购方小组分别站在自己的立场上进行问题分析。

（3）教师对各组的表现进行点评。

做一做

【谈判训练4-3】优质大理石销售谈判

一、实训目的和要求

通过案例分析和情景模拟，使学生理解商务谈判中僵局出现的原因，掌握商务谈判中僵局处理的基本思路、方法和技巧。

二、场景设计

山东西部某乡村盛产优质大理石，其品质之优足可以同进口大理石相媲美，该村的大理石由村办企业蒙岭石料公司统一收购和销售。由于该村出产的大理石材质优异，并且生产、运输成本低廉，因此多年来一直被济南兴城房地产集团包销。

近年来，建筑材料持续上涨，而蒙岭石料公司供应给济南兴城房地产集团的大理石料却一直没有涨价，为此，蒙岭石料公司向济南兴城房地产集团提出将现有石料的产地收购价格提高40%，济南兴城房地产集团不愿接受如此之大的涨幅，双方展开了几轮磋商谈判，蒙岭石料公司最后提出，必须将产地收购价格提高35%，这是该公司的底线，如不答应这个要求，他们将不再向济南兴城房地产集团供货。

三、训练步骤

第一步，分析僵局产生的原因。

在谈判陷入僵局之后，济南兴城房地产集团谈判小组的成员对谈判对手的表现进行了如下分析：蒙岭石料公司在价格谈判中态度强硬，显然想要凭借自身产品具有的品质优良、花色独特、生产运输成本低的优势，故意制造谈判僵局，试探兴城房地产集团的决心，以期在价格谈判上占据有利地位。兴城房地产集团谈判小组进一步分析，由于近几年原材料价格持续上涨，而本企业的收购价格却没有相应提高，导致双方在合理利益要求上形成了较大的差距，这是僵局出现的根本原因。兴城房地产集团有意对石料的产地收购价格进行合理调整，但蒙岭石料公司的要价实在是太高了。

第二步，评估自身在谈判中的地位。

经过评估，济南兴城房地产集团谈判小组认为，本公司采购蒙岭石料公司的产品有三大好处。首先，价格便宜，品质优良，其收购价格比市场价格便宜20%。其次，蒙岭大理石花纹独特，深受各阶层人士的喜爱，采用这种大理石使得本集团的房地产项目独具特色，增加了开拓房地产销售市场的砝码。最后一点就是运输距离短，能够保障供货，这为集团的房地产开发项目按期完成提供了很好的保障。从这个意义上说，本公司对蒙岭大理石的依赖性较强，在谈判中处于不利地位。

再来分析对手蒙岭石料公司。该公司产品具有品质优良、花色独特、生产运输成本低的优势，且近年来大理石建材市场需求旺盛，因此在谈判中处于较为有利的地位。但是，该公司也有不足之处，首先是长期依赖兴城房地产集团这一单一的销售渠道，自身缺乏销售能力。其次，该公司资金实力较为薄弱，而兴城房地产集团以多年合作积累的信任为基础，常年为其提供预付货款。如果蒙岭石料公司真的下决心甩掉兴城房地产集团另起炉灶，在短期内很难保障销售渠道的畅通，也很难有陌生的企业愿意冒险和蒙岭

石料公司做预付款生意。

经过谨慎的综合评估，济南兴城房地产集团谈判小组认为，虽然本公司在谈判中处于不利地位，但是蒙岭石料公司也有许多顾忌，他们故意制造僵局的目的在于提价，目前还没有考虑新的合作伙伴。

第三步，利用中间人，将蒙岭石料公司重新拉回谈判桌。

为了化解僵局，济南兴城房地产集团老总孙虹钢亲自出马，到蒙岭村找到老村长黄万福。孙虹钢和老村长是多年的朋友，而老村长是蒙岭石料公司的创始人，现任经理黄建国也是他当年一手提拔起来的。孙虹钢心里十分清楚，只要老村长出马，黄建国就不得不回到谈判桌边，而这种僵局化解的结果就是，蒙岭石料公司抛出的涨价35%的底线被突破，为后续谈判提供了回旋余地。经过孙虹钢耐心、细致的工作，老村长果然出面调停，双方的谈判终于得以继续进行。

第四步，通过叙述旧情，强调双方的共同点寻找价格突破口。

在谈判中，孙虹钢回顾了双方以往长达15年的合作历史，强调了双方公司是唇齿相依的兄弟关系，只有互相合作，才能进一步发展壮大。如此一来，的确缓解了彼此的对立情绪，黄建国代表蒙岭石料公司做出了一定的退让，即至少提价30%。然而这个结果与兴城房地产集团提价不超过15%的预期相差甚远，于是提出涨价10%的要求。但是黄建国并不示弱，一直把提价幅度紧紧咬在30%这个坎上再不松口，而且志在必得。他十分清楚，如果兴城房地产集团忽然失去了石料的供应来源，将一时无法找到可以替代的石料，若用进口大理石，价格和运费都十分昂贵，正在施工的建筑项目将面临中途停工，这些建筑项目若不能如期竣工，收回投资，银行借款的还本付息压力更是无法承受的。几经较量，年轻的农民企业家依然维持着僵局，寸步不让。

第五步，通过改善关联交易条件缓解焦点问题形成的僵局。

济南兴城房地产集团老总孙虹钢意识到，谈判中出现的这个新的僵局很难通过固执己见、寸步不让的方式来打破，要寻找新的思路，才能使局势峰回路转。他打听到蒙岭石料公司一直在筹划大理石工艺品厂的事宜，他们计划选择少量珍品大理石材料，将其制作成工艺品销售，以提升产品的附加价值，但是苦于资金不足，工艺品厂项目一直没有实质性进展。孙虹钢决定对症下药，在己方原有条件的基础上提出新的关联条件：大理石建材的产地收购价提高10%，同时兴城房地产集团承诺在一年内陆续投资100万元，与蒙岭石料公司共同合资在原料产地建设大理石工艺品厂，加工厂利润双方按照比例分配。

第六步，以硬碰硬打破僵局。

在提出附带优惠关联条件的出价之前，济南兴城房地产集团紧急联系外地厂家，准备一旦谈判破裂能够保障大理石建材的供应。在谈判的最后一天，济南兴城房地产集团老总孙虹钢抛出了最后的交易条件：其一，大理石建材的产地收购价提高10%；其二，投资100万元，与蒙岭石料公司合资建设大理石工艺品厂。

兴城房地产集团老总孙虹钢声明，该条件是济南兴城集团的最后底线，如此优惠的条件若是蒙岭石料公司还不接受的话，济南兴城集团将放弃与蒙岭石料公司的合作，重新寻找大理石建材供应商。

第七步，谈判成功，达成交易。

蒙岭石料公司经过考虑，同意了兴城集团的交易条件，双方签订有效期为5年的长期购销协议。

三、效果评价

根据出勤、课堂讨论发言、谈判僵局处理模拟情况进行评定。小组成员共同初评出个人成绩档次（优秀、良好、中等、及格、不及格），教师和各小组长共同综合评出各小组成绩，在此基础上给出个人最终成绩。

个人最终成绩=20%×表4-5成绩+80%×表4-6成绩

表4-5　　**小组成员个人成绩评价表**

小组成员个人成绩 / 小组成员姓名	优秀	良好	中等	及格	不及格

注：考评满分为100分，60分以下为不及格；60～69分为及格；70～79分为中等；80～89分为良好；90分以上为优秀。

表4-6　　**谈判僵局处理模拟评价表**

评价内容	分值（分）	评分（分）
评估谈判双方在谈判中所处的地位	20	
谈判中买卖双方僵持不下的具体原因分析	40	
己方在打破僵局方面运用的策略解读	40	
谈判僵局处理模拟总体评价	100	

注：考评满分为100分，60分以下为不及格；60～69分为及格；70～79分为中等；80～89分为良好；90分以上为优秀。

思考与练习

1.关键术语

受主观和客观因素的影响，谈判双方的谈判实力对比呈现出三种态势：平等地位、被动地位和主动地位。

任何一次谈判都包括三个具有决定性作用的因素，即信息、时间和权力，它们自始至终存在着。谈判中的任何一方要获得成功，都需要分别在这三个方面同时取得优势。谈判的调动与掌控策略正是通过制造信息优势、时间优势和权力优势而实施的。

谈判者的让步原则是己方在局部利益上的退让不会对整体利益造成损害。也就是说，以最小的让步换取谈判的成功，以局部利益换取整体利益是己方让步的出发点。

谈判进入实际的磋商阶段以后，由于谈判各方的立场不同，对各自利益的期望值不一致，因此双方很容易形成立场和观点的对立，一时难以达成共识，而此时双方又不愿互作让步，我们把这种在商务谈判中出现的僵持不下、进退两难的情况称为“谈判的僵局”。

2.选择题

○ 单项选择题

(1) 谈判一方处于主动地位时，一般应采取（　　）谈判策略。

A.最后期限　　B.合理报价

C.反复磋商　　D.确定谈判目标

(2) 从总体上说，谈判者的让步原则是（　　）。

A.以较大的让步换取谈判的成功

B.己方在局部利益上的退让不会对整体利益造成损害

C.以整体利益换取局部利益的取得

D.对方让我就让

(3) 处理僵局的基本原则不包括（　　）。

A.尽可能实现双方的真正意图　　B.不带个人情绪

C.努力做到双方都不丢面子　　D.坚持各抒己见

(4) 对于僵局的特征，错误的描述是（　　）。

A.谈判最困难、紧张的阶段

B.进入实质性问题的洽谈，明确自己的要求、意图、目标，提出问题，回答问题

C.交流更多的信息，核心是明确“利益”

D.真正的对抗和实力较量，交锋可能会有多次，对立是谈判的命脉

(5) 在谈判中，制造信息优势不正确的做法是（　　）。

A.向谈判对手适时地展示本方底线

B.在了解到谈判对手有可能采取不利于己方的行动时，可以适当地向其透露一些己方所掌握的信息，让其感觉到己方对他们的行动已了如指掌

C.在己方具有信息优势后，可以针对对方的计划制订相应的计划，并先于对方表达出来，使对方落入己方的控制中

D.在了解对方的信息渠道后，可以从这些渠道中释放某些信息，诱使谈判对手做出符合自己意图的判断和决策

○ 多项选择题

(1) 处于被动地位的谈判策略应该是（　　）。

A.忍耐策略　　B.最后期限策略

C.沉默策略　　D.先苦后甜策略

(2) 采取谈判调动与控制策略应该制造（　　）优势。

A.信息优势　　B.时间优势

C.价格优势　　D.权力优势

(3) 以下（　　）属于让步原则。

A.刚性原则　　B.时机原则　　C.对方让步原则　　D.清晰原则

(4) 产生谈判僵局的原因有（　　）。

A.外部环境发生变化　　B.沟通障碍

C.存在偏见或成见　　D.谈判中滥施压力和设置圈套

(5) 妥善处理谈判僵局的最佳时机方面的技巧和方法有（　　）。

A.有效退让　　B.休会

C.争取主动，先发制人　　D.幽默

3.案例分析题

玻璃生产设备采购谈判

背景与情境：

我国福建省某集团公司下属的一个玻璃厂就玻璃生产设备的采购事项，与德国艾肯自动化生产线公司进行谈判。

5月12日上午9点，谈判在中方玻璃厂（厦门）举行，在谈判过程中，双方就全套设备同时引进还是部分引进的问题发生分歧，中方代表因为公司资金和外汇额度有限，希望引进部分关键设备，其余附加设备由于技术含量不高，准备在国内以较便宜的价格定制。而德方一向都是成套设备出口，如果仅仅出口关键设备，将会大大影响公司的整体利润。双方代表各执一端，互不相让，德方首席谈判代表库克先生坚持整套设备出售，否则宁愿不卖，而中方首席谈判代表、玻璃厂厂长张强则认为德国人固执己见、高高在上，那种傲慢的态度简直令人无法接受，于是拍案而起，把德国人晾在谈判桌上扬长而去。德国代表团也很生气，决定购买机票于5月14日经上海返回法兰克福。

一场刚刚开始的谈判已经到了濒临破裂的边缘。当天中午，中方集团公司领导召开紧急会议商讨对策，谈判小组和公司有关专业人士共同分析了公司掌握的有关各国供应商的材料，结论是德国艾肯自动化生产线公司的生产设备工艺先进，而且价格实惠，最符合本公司需要，其余各国供应商的产品不是报价过高，就是工艺过于复杂，或者设备维护费用昂贵。因此，集团公司领导层决定继续启动谈判，为了打破僵局，决定临时由集团公司的营销副总裁韩涛先生担任中方首席谈判代表。中方在德国代表团订购飞机票前将他们拉回了谈判桌，并且通知对方，由于前任首席谈判代表不能适应此次谈判工作，已由公司高层领导韩涛副总裁接任。

中方的做法获得了德国代表团的谅解，他们愿意就出口玻璃生产线事宜与中方重开谈判。中方在新一轮谈判开始，就提出了两套不同的方案供对方选择：A方案，中方同意购买整套进口设备，但是出价极低；B方案，中方选择进口生产线中的关键设备，作为回报，中方给出较为优惠的价格。德方经过考虑，愿意就A方案与中方展开磋商，经过几轮商谈，双方终于达成了协议。

中方在这次谈判中表面上是做了很大的让步，没有坚持只进口部分核心设备，但是

按照A方案的最后谈判结果，综合算下账来，中方需要支付的外汇资金还略小于进口部分关键设备和在国内定制其余设备所需资金。

思考：

(1) 评估谈判双方在谈判中所处的地位。

(2) 分析谈判中买卖双方僵持不下的具体原因所在。

(3) 中方在打破僵局方面运用了哪些策略？

项目五

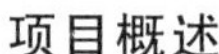

价格谈判

项目概述

价格谈判是商务谈判的核心，是谈判主体用于衡量需要与利益的满足程度的重要标准，任何商务谈判最终都将归结到价格谈判这个核心上来。价格谈判实质上就是买方或卖方给出报价，最后双方进行价格磋商，最终得到双方都能接受的成交价格。价格谈判主要从商务谈判报价、价格磋商等方面进行。

项目结构

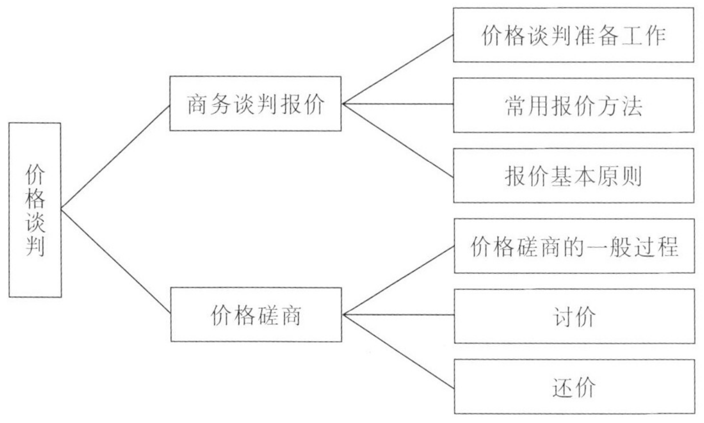

任务一　商务谈判报价

【任务目标】

● 知识目标：明确商务谈判报价原则，掌握常用的报价方法。
● 能力目标：通过学习训练，能够根据实际情况做好价格谈判的准备工作，进行有效的报价。

【任务导入】

爱迪生的胜利

背景与情境：

爱迪生发明了电报以后，西方联合公司表示愿意买下爱迪生的这个新发明。爱迪生对这个新发明究竟应该要多少价疑惑不决，他的妻子建议开价2万元。“这么高！”爱迪生听了目瞪口呆。他觉得妻子把这个新发明的价值看得太高了，不过到了谈判的时候他还是打算照妻子的建议要价。

谈判是在西方联合公司的办公室进行的。“爱迪生先生，你好！”西方联合公司的代表热情地向爱迪生打招呼，接着就直率地问爱迪生，“对你的发明，你打算要多少钱呢？”

爱迪生欲言又止，因为2万元这个价格实在高得离谱，很难说出口，但究竟开个什么价比较好呢，他陷入了思考。办公室里没有一点声响，对方在等待，爱迪生虽然有点着急，但还是沉默着。

随着时间的推移，沉默变得十分难熬，西方联合公司的代表急躁起来，然而爱迪生仍然没有开口。场面十分尴尬，西方联合公司的代表失去了耐心，终于按捺不住试探性地问：“我们愿意出10万元买下你的发明，你看怎么样？”

这大大出乎爱迪生的意料，因为他和妻子在讨论时觉得能卖2万元已经很不错了。于是爱迪生当场答应交易。

思考：

爱迪生用了一个什么报价策略？如何正确认识报价的先后？

学一学

一、价格谈判准备工作

1.分析产品成本对价格的影响

产品的生产成本和销售成本是销售价格的决定性因素，质优价廉的原材料、先进的生产工艺、较高的生产效率和物流效率都会大大降低生产成本，为报价谈判增加更大的空间。

2.市场行情和竞争态势分析

市场行情是指该谈判标的物在市场上的一般价格及波动范围。市场行情是对市场供求状况的反映，是价格磋商的主要依据。如果谈判的价格偏离市场行情太远，谈判成功的可能性就很小。因此谈判者必须掌握市场信息，了解市场的供求状况及趋势，从而了解商品的价格水平和走向。只有这样，才能取得价格谈判的主动权。

竞争态势是指谈判标的物在市场上或者行业中的现有竞争对手、潜在进入者等诸多因素组成的动态环境。价格谈判的目标体系的制定必须充分考虑到现有国内外市场环境中的主要竞争因素。

3.多渠道了解判断谈判对手的战略意图和价格目标

由于谈判者的战略意图与利益需求不同，他们谈判时的底线也就不同。如某公司从国外一厂商进口一批货物，由于价格目标不同，则谈判结果可能有三种：①国外厂商追求的是盈利最大化，某公司追求的是填补国内空白，谈判结果可能是高价；②国外厂商追求的是尽快占领我国市场，某公司追求的是盈利最大化，谈判结果可能是低价；③双方都追求盈利最大化，谈判结果可能是妥协后的中间价，也可能是谈判失败。

4.考虑交货期因素对价格谈判的影响

商务谈判中，如果买方迫切需要购进，或者卖方急于出售，都可能会导致在谈判中忽视价格的高低。另外，如果某一方只注重价格的高低，而不考虑交货期的长短，也会对价格谈判的最终结果产生影响。所以，在价格谈判中充分了解对手对于交货期的敏感程度将有利于谈判者灵活运用谈判技巧，增加谈判成功的砝码。

5.分析产品的内在因素对价格的影响

（1）产品整体价值。形式产品价值和外延产品价值是顾客购买产品时所获得的全部附加服务和利益，属于产品整体概念的一个部分。在价格谈判中产品整体价值指谈判标的物可以给顾客带来的附加利益和心理满足感，主要有售后服务、质量保证、品牌信誉、企业形象等。人们往往愿意“多花钱，买放心”或“多花钱，买便利”，因此，这些附带条件和服务能够淡化标的物整体价格水平在人们心目中的地位，起到缓冲价格谈判阻力的作用。

（2）产品的复杂程度。产品结构、性能越复杂，制造技术和工艺要求越高和越精细，成本、价值及其价格就会越高。而且，该产品核计成本和估算价值就越困难，同时，可以参照的同类产品也越少，卖方价格标准的伸缩性也就越大。

6.分析交易性质对谈判结果的影响

交易性质主要指的是特定的交易商品的交易规模、期限和范围对谈判结果的影响。大宗交易、长期交易、一揽子交易，往往比小笔生意或单一买卖更能减少价格在谈判中的阻力。在规模较大、期限较长和范围较广的交易中，基于巩固长期供需关系的目的，或是为了促使一揽子贸易的各个子项目都能够顺利达成，交易双方往往忽略价格核算的精确性或不便提出异议。对于买卖双方而言，该因素到底对哪一方有利，取决于哪一方的成交欲望更加迫切。一般来说，成交欲望越迫切，在谈判中越容易处于不利的地位。如买方急需要货填补市场空白，寻找稳定的货源，或者卖方产品积压，急需销货回款等。

7.判定不同支付方式在本次价格谈判中的影响程度

商务谈判中，货款的支付方式往往会对最终的谈判结果产生较大的影响。如在国内贸易中，是现金结算还是支票转账，是货到付款还是款到发货，是一次性付款还是分期付款或延期付款等；又如在国际贸易中，是一般贸易还是易货贸易；是信誉较高的银行跟单信用证付款还是以商业信用为基础的D/P、D/A、T/T付款。这些因素都对价格谈判的结果有着重要影响，如能提出易于被对方接受的支付方式，将会使己方在价格谈判上占据优势。同理，如果对方提出了较为苛刻的支付方式，而己方为了货款的安全回收，则有可能在价格上做出让步。

8.确定价格谈判的目标体系

无论何种形式的价格谈判，买卖双方都应该设立由“最满意的价格目标”和“最保守的价格目标”组成的价格目标体系。具体来说，卖方应事先确立一个可以承受的价格底限，同时确立一个最满意的价格上限；而相应的买方也应设立一个可以承受的价格上限，同时确立一个最满意的价格下限。对于买卖双方而言，这个界限不应该只是停留在主谈人意识中的模糊印象，应该事先将其具体化、数量化、目标化。必须指出的是，买卖双方必须以商品成本为基础，综合考虑上述各类影响因素后制定出合理的价格目标体系，过分脱离实际、一厢情愿的报价得不到对方的响应。

二、常用报价方法

1.西欧式报价术

西欧式报价术又称发盘，按照发盘人的不同，西欧式报价可以分为两个类型。

（1）卖方西欧式报价术。卖方报出较高的，有一定伸缩余地的销售价格，这个价格就卖方的“最满意的价格目标”。买卖双方以此为依据，结合其他交易条件，如付款方式、品质售后保障、佣金折扣等条件作为平衡价格谈判的砝码进行反复磋商，其特点和一般规律是价格越谈越低，直至最终达成交易。卖方西欧式报价是该种报价术的主要形式。

（2）买方西欧式报价术。买方提出较低的，但有一定伸缩余地的采购价格，也就是买方的“最满意的价格目标”。买卖双方以此为依据，结合其他交易条件，如付款方式、品质售后保障、佣金折扣等条件作为平衡价格谈判的砝码进行反复磋商，其特点和一般规律是价格越谈越高，直至最终达成交易。

实践证明，西欧式报价术适合大多数国家商人的商业习惯和商业思维，谈判成功率较高。在国际商务谈判中，西欧式报价术是最为常见的报价方法。

2.日本式报价术

日本式报价术的特点和西欧式报价术正好相反。一般是报价人先报出一个令受盘人感到十分有吸引力的价格，以此为诱饵吸引受盘人的注意，同时附加一些有利于报价人的其他交易条件。如提出对报价人最为有利，而同时对受盘人最为不利的付款方式等。受盘人在接到此类报价后，一般会为了改善于己不利的其他交易条件而同意在价格上做出适当让步。

（1）卖方日本式报价术。卖方报出最低的销售价格吸引买家注意，同时规定买方获

得该优惠价格的前提条件——对卖方最为有利的其他交易条件（如全额预付款或是其他对卖方最为有利的交易条件）。若买方要求改善这些较为苛刻的交易条件，则卖方就会相应提高销售价格。卖方日本式报价术的特点和一般规律是价格越谈越高，直至最终达成交易。卖方日本式报价是该种报价术的主要形式。

（2）买方日本式报价术。买方报出最高的采购价格吸引卖方注意，同时规定卖方获得该价格的前提条件是同意对买方最为有利的其他条件（如延期付款或是其他对买方最为有利的交易条件）。若卖方要求改善这些较为苛刻的交易条件，则买方就会相应压低采购价格。买方日本式报价的特点和一般规律是价格越谈越低，直至最终达成交易。这种报价方法在实践中较为少见。

日本式报价术不是当前主流的报价方法，因为它看上去更像一个价格阴谋。这种报价方法不太符合商人的商业思维和习惯，并且在遇到业内行家或是谈判高手时，很容易被对方看穿。但是日本式报价术也并非一无是处，在竞争激烈、竞争对手众多时，采用日本式报价术很容易吸引对方的注意，能够为最终的成交增加机会。

【教学互动5-1】

背景与情境：

新成立的A公司准备要购买10台办公用的台式电脑给新招进来的员工使用，向社会进行采购。没多久就收到好几家公司的报价，每家的报价都是3万元到3.5万元之间。

但收到的B公司报价竟是2.5万元，明显比其他公司的报价要低很多，便邀请B公司前来商定，B公司谈判人员来到后，直截了当地和A公司的经理说，这个价格是计算机的成本价，是裸机价，一分钱没赚。A公司经理也明白这个价格的确没利润可言。B公司的谈判人员接着说："我们想贵公司采购计算机后，应该也要购置相关的软件，而软件的价格我们和市场价格一样，并不比市场价格高。"A公司经理想了一下，觉得B公司的提议也很合理，而且软件价格都差不多，自己还能省下再去采购软件的工夫。

B公司谈判人员接着说："我们现在还在做延保服务，正常保修是一年，如果要再延长一年的保修期，每台计算机只需要加60块，您也知道，现在计算机找人来修理，一次都要花个一两百块了，延保可以更长久地解决贵公司对计算机的维护要求。"A公司经理和下属商量了一下，觉得这项服务也挺好的，于是同意了这项条件。

B公司谈判人员又说："我公司每周末都在搞办公软件培训班，每人收费1 000元，包学包会，现在我们做成这交易，也是合作伙伴了，我们可以给贵公司优惠价，每人只收700元，不知道贵公司对此感不感兴趣？"A公司经理听了，觉得这项服务也不错，因为新招进来的员工也确实需要找培训机构进行办公软件的操作培训。现在一起解决了所有的问题，十分高兴。最终双方达成了满意的协议。

互动内容：

（1）B公司谈判人员采用了什么报价方式？

（2）这种报价具有什么特点？

互动要求：

（1）结合案例发表个人见解，也可以和你的同伴简单沟通后回答。

（2）教师对学生的回答进行点评。

三、报价基本原则

1.首次报价的原则

从法律意义上讲，在接到了洽谈邀请之后，买卖双方中的任意一方都可以进行首次发盘报价。但是在大多数交易洽谈中，由卖方发出的首次报价较为常见。对于首次报价而言，发盘者应该注意以下几点：

（1）如果是由卖方开始报价，则首次发盘通常应报出“最高价”，也就是上述的卖方“最满意的价格目标”，一般而言，除非报价发出之后买方针对其他交易条款提出较为苛刻的额外要求（如买方提出过长的延迟付款期限等），导致卖方迫不得已地提价来平衡己方应得利益，或者是卖方一开始就准备采用日本式报价术，否则卖方的首次报价在报出之后不得随意提高。

（2）如果是由买方开始报价，则首次的报价一般来说应该是事先确定好的“最低价”，即买方的“最满意的价格目标”。同样道理，除非卖方针对其他交易条款提出较为苛刻的额外要求（卖方提出过早的全额预付款期限），导致买方迫不得已采取压价来平衡己方应得利益，或者是买方一开始就准备采用日本式报价术，否则买方在价格报出后一般不应随意反悔压价。

2.报价必须合乎情理

卖方的首次报价应该高一些，而买方的首次报价应该低一些，但是必须结合产品的实际成本和影响价格的其他主要因素进行合理定价。买卖双方的最终成交价格一般来说应该在双方的价格目标体系的重叠区段，也就是说双方对成交价格的期望值至少应该有一个交汇点，“漫天要价，就地还钱”势必会导致成交概率下降。

3.报价内容应该明确、完整、无保留

报价态度要坚定，报价内容要清晰完整，不要吞吞吐吐，导致对方产生不信任感。一份明确、完整、无保留的报价能够体现发盘人的专业素质，比起含混不清、态度暧昧的报价更容易引起受盘人的信赖和关注。

报价时不要对我方所报价格做过多的解释和说明，因为不管我方报价多少对方都会提出质疑。如果在对方还没有提出问题之前，我方便主动加以说明，可能会使对方意识到我方最关心的问题，而这些问题有可能对方尚未考虑过。因此，有时过多地说明和解释，会使对方从中找出破绽或突破口。

上述是就一般情况而言的报价原则和策略。必须指出的是，报价在遵循上述原则的同时，必须考虑具体的谈判环境以及与对方的关系状况。如果对方为了自己的利益而向我方施加压力，则我方就必须以高价向对方施加压力，以保护本方的利益；如果双方关系比较友好，特别是有过较长时间的合作关系，那么报价就应当稳妥一点，出价过高会有损双方的关系；如果我方有很多竞争对手，那就必须把报价压低到至少能受邀请而继续谈判的程度，否则会失去继续谈判的机会。因此，实际谈判中应针对报价原则灵活地

加以运用。

案例解析5-1

快餐店易主

背景与情境：

刘先生经营一家快餐店，但他要移民了，打算把快餐店卖出去，于是在报纸上刊登了广告。这天，来了位张先生，张先生仔细地看了快餐店，很有兴趣，想和刘先生把价格给定下来。刘先生先报了价，要价20万元。张先生觉得太贵了，希望刘先生把价格减少一半。

"张先生，您先听我和你介绍一下我这家店的情况。"刘先生笑着说，"我厨房的设备是前年更新的，买的时候花了5万元，现在就算折价也能值2万5千元，其他的餐厅设备是去年买的，也花了3万元，单单是设备就值3、4万元了。我的店正对面是大型商场，每天的人流量很大，而离我这最近的同业店在街尾，在商场的另一头，每天都有很多人到我的店消费的。"刘先生顿一顿，"去年的营业额是20多万元，利润大概是8万多元。你接手下来做，也就2年左右就能收回本了，如果不是我移民，你很难能用这个价格买到像我这样的铺子。"

张先生在周边观察了一下，最终决定和刘先生签订交易合同。

思考：

刘先生用了什么策略说服张先生去签订合同？

做一做

【谈判训练5-1】焦炭产品报价

一、实训目的和要求

报价是商务谈判中的关键环节，在本任务的实训过程中，要求受训者了解影响价格的基本因素、报价的基本策略、原则和类型。掌握运用以上知识进行合理报价的基本能力。

二、场景设计

卖方：中国SX五矿进出口公司，中国较大的经营冶炼、铸造用焦炭产品的生产和出口商。

买方：印度TT贸易有限公司，印度著名的焦炭采购商之一。

印度TT公司为改善高品质焦炭货源供给，通过多种渠道获得了中国SX五矿进出口公司的资料，并通过函电表达了愿意与中国SX五矿进出口公司就冶金焦、铸造焦、增炭剂等冶金用炉料展开长期贸易合作的意向。中国SX五矿进出口公司也正好有扩大海外市场的想法，于是邀请印度TT公司的贸易代表来华进行实质性的谈判。

三、训练步骤

第一步，分析产品成本对价格的影响。

中国SX公司的工厂设在优质焦煤产地，焦煤是生产焦炭的主要原料，SX公司在产地拥有自己的煤矿，生产设备和工艺水平也均处于国际领先水平，生产效率居于同行业前列。同时，该公司生产基地处于交通枢纽位置，有铁路、高速公路连接出运港口，距离天津、连云港运输距离均在700公里之内，运输成本优势明显。公司内部统计分析证明，SX公司的一级冶金焦产品的生产成本和销售成本分别低于同行业6%和7%。

第二步，卖方进行市场行情和竞争态势分析。

1.市场行情分析。印度TT贸易有限公司指定询价的主导产品是一级冶金焦，当前该产品的国际市场价格平均为每吨550美元（中国北方主要港口离岸价格），目前供求基本平衡。但是从长期来看，由于受国内宏观调控和世界经济低迷的影响，今后一段时期，国内和国际焦炭价格或许会有下降的趋势。按照现行汇率计算，目前中国SX公司将货物发到中国北方主要港口的离岸成本价格为每吨495美元。印度目前是世界上第九大钢铁生产国，也是中国焦炭的主要消费国，中国每年大约有四分之一的出口焦炭是发往印度的，因此印度是我国焦炭的主要市场，加之中长期的价格预测对卖方不利，所以中国SX公司应该充分准备，认真对待这次谈判。

2.竞争态势分析。中国焦炭在国际市场上具有较强的比较优势，目前很少有国外的供应商能对中国焦炭企业构成威胁，所以SX公司的竞争威胁主要来自国内。从中国出口印度焦炭的情况来看，大约有6家国内出口企业对中国SX公司构成不同程度的竞争威胁。同时有迹象表明，目前国内最少有2家以前专门从事欧美市场出口的企业，因为欧美经济近期持续衰退转而对印度市场产生了浓厚的兴趣。因此，中国SX公司面临的竞争环境较为恶劣，若欲使交易顺利达成，在制定价格目标时必须充分考虑到现有市场环境中存在的不利竞争因素的消极影响。

第三步，了解和判断谈判对手的战略意图和价格目标。

1.通过正式谈判前的活动了解对手的战略意图。

为了摸清印度买家TT公司的战略意图，中国SX公司精心安排和策划了印度客人来华谈判4天的行程。SX公司安排买家第一天参观自己旗下的工厂，第二天游览，第三天才开始正式的谈判。在第一天参观工厂的行程中，SX公司的业务员发现印度客人对于产品的硫分含量和热反应性等质量指标十分关注，于是着重强调了本公司产品的质量优势，同时也暗示对方优质的背后是较高的成本投入，但是买方看上去对于高成本似乎并不敏感。于是在接下来的交谈中，中方代表有意识地把话题转向印度买家现有的海外客户和产品质量上。通过印度客户不经意的回答，中方代表得知该印度买家在乌克兰和俄罗斯有两家长期供应商，但是中方代表感觉印度买家似乎对这两家供应商的供货品质越来越不满意。

2.多渠道搜集信息，捕捉谈判对手的价格目标。

中国SX公司的谈判小组又从行业协会、中国驻印度商务机构、中国银行以及业内同行等其他渠道积极搜集买家信息，得知印度TT公司近期正在寻求成为世界最大的钢

铁公司印度米塔尔钢铁公司（MITTAL STEEL）的焦炭采购供应商，米塔尔钢铁公司对焦炭原料的质量要求显然是印度市场上最为严格的。

综合上述情况，中国SX公司得出一个结论，那就是印度TT公司此次谈判的战略意图是在中国开发新的供应商，寻找到更加优质的冶金焦产品，而并不是以最低廉的价格为目标。

第四步，考虑交货期因素对价格谈判的影响。

在正式谈判开始前的两天里，中国SX公司代表在和印度买家的交流中得知，该公司对交货期的要求十分严格。以一个交货批次两万吨为例，通常的交货期为40~45天，而TT公司的要求为最长30天。严苛的交货期将会成为影响此次成交价格的重要因素之一。必须仔细分析交货期长短对买卖双方的影响：

1.对买方有何影响。交货期长短的要求反映了买方对尽快获得货物的渴求程度。苛刻的交货期有可能成为买方迫使卖方做出价格让步的砝码，也可能适得其反。例如卖方同意尽力满足买方的要求，但同时势必会要求买方在价格上予以补偿。

2.对卖方的影响。关键问题在于卖方是否有能力满足买方的提前交货要求。如果在买方要求的交货期虽然严格，但并不违反行业内的产供销规律的情况下，卖方仍能够通过挖掘内部潜力满足客户的要求，则可能在价格谈判中占据有利地位。反之，则可能被迫在价格上做出适当让步。

中国SX公司的具体情况是：通过提高生产效率、改善物流等措施，完全有能力满足客户严苛的交货期要求。而印度TT公司为了完成对米塔尔钢铁公司的供货，则可能在价格上做出让步。

第五步，分析产品的内在因素对价格的影响。

1.产品整体价值。从产品的特征和用途分析，焦炭产品的整体价值主要体现在质量保证和企业信誉方面，中国SX公司是业内的先进企业，多年来在国际焦炭市场上享有盛誉，其产品能够为客户提高更多的无形价值和附加利益。

2.产品复杂程度。冶金焦本身算不上特别复杂的产品，但是中国SX公司拥有较为先进的生产工艺和设备，其产品在某些关键指标，如灰分、含硫量、热反应性等方面均优于国际和国内同行业平均水平，因此具备一定的讨价还价空间。

第六步，分析交易性质对谈判结果的影响。

此次交易的期限为一年，属于长期合约。交易产品以一级冶金焦为主，附带其他三个铸造焦和增炭剂品种。交易时间长，数量大，且交易品种中还有中国SX公司的滞销产品，这样一来，在价格谈判中印度买家将会占有一定程度的优势。

第七步，判定不同支付方式在本次价格谈判中的影响程度。

印度买家的支付方式向来以苛刻闻名，其支付惯例主要采用以商业信用为基础的D/P和D/A为结算方式，中国出口商需要自己垫款备货、装船之后才有可能凭装船单据取得货款，如果遇到信誉不好的印度买家，卖方在交货之后还有可能收不到货款。因此，为了争取到更加安全快捷的支付方式，SX公司有可能要在价格上做出让步。

第八步，报价评估。

下面，中国SX公司决定采用西欧式报价术，运用报价评估模型，对影响报价的有利因素和威胁因素加以评估，最终制定出合理的目标价格体系。具体评估思路：

1. 由生产、销售、财务等各方专家3~5人组成评估组。

2. 根据产品特点选取对本产品价格影响最大的关键因素，关键因素可以参照上述相关知识和分析步骤中涉及的各个方面进行筛选和适当增减，但是一般保留表5-1中的1~3项。

3. 对影响报价的关键因素进行权重分析，具体方法是每个评估人员独立对各项关键因素打分确定权重，关键因素的权重数值为0~1，评估者必须通盘考虑，权衡每个因素的分值，最后全部因素的权重之和必须为1。同时针对每个因素的影响给出相应独立的产品估价，该估价不应该受到其他因素的影响。

4. 印制好表5-1并分发给各位评估人员独立填写后，由工作人员对所有表格的各项数据进行统计计算和汇总。

表5-1　**报价评估模型**　金额单位：美元

<table>
<tr><th colspan="2">一级冶金焦</th><th rowspan="3">情况描述</th><th colspan="4">因素权重分析
(0~1)</th><th rowspan="3">加权平均价格C</th></tr>
<tr><th colspan="2" rowspan="2">关键因素</th><th colspan="2">有利因素</th><th colspan="2">威胁因素</th></tr>
<tr><th>权重</th><th>估价A</th><th>权重</th><th>估价B</th></tr>
<tr><td>1</td><td>产品成本</td><td>离岸价：每吨495美金；成本低于同行业平均水平</td><td>0.12</td><td>570</td><td></td><td></td><td>68.4</td></tr>
<tr><td>2</td><td>市场行情</td><td>离岸价：每吨550美金；供求平衡；中长期价格有下降趋势</td><td></td><td></td><td>0.10</td><td>545</td><td>54.5</td></tr>
<tr><td>3</td><td>竞争态势</td><td>6家竞争者</td><td></td><td></td><td>0.14</td><td>540</td><td>75.6</td></tr>
<tr><td>4</td><td>买家战略意图</td><td>买方不是以最低价为目标</td><td>0.15</td><td>575</td><td></td><td></td><td>86.25</td></tr>
<tr><td>5</td><td>交货期因素</td><td>较紧，但卖方可以达到</td><td>0.13</td><td>570</td><td></td><td></td><td>74.1</td></tr>
<tr><td>6</td><td>产品的内在因素</td><td>本公司是业内的先进企业，能够提供较好的品质保证</td><td>0.12</td><td>570</td><td></td><td></td><td>68.4</td></tr>
<tr><td>7</td><td>交易性质</td><td>长期的多品种交易</td><td></td><td></td><td>0.14</td><td>540</td><td>75.6</td></tr>
<tr><td>8</td><td>支付方式</td><td>支付条件较为苛刻</td><td></td><td></td><td>0.10</td><td>540</td><td>54</td></tr>
<tr><td colspan="3">算术平均价格</td><td></td><td>571.3</td><td></td><td>541.3</td><td></td></tr>
<tr><td colspan="3">加权平均价格</td><td>0.52</td><td></td><td>0.48</td><td></td><td>556.85</td></tr>
</table>

5.分析结果。

（1）以有利因素分析得出的算术平均估价A为每吨571.3美元。这个报价忽略了不利因素，因而势必显得偏高。

（2）以不利因素分析得出的算术平均估价B为每吨541.3美元。这个报价虽然考虑了不利因素。但是，应该注意的是，由于评估人员的利益归属等心理原因，该价格估算往往对困难估计不足。

（3）综合全部关键因素得出的加权平均价格C为每吨556.85美元，这个估价综合考虑了各种有利和不利因素，因而有可能是最为接近最后成交价格的估价。

第九步，确定价格谈判的目标体系。

1.调整估价。由于模型估算的局限性，加之评估人员在营销经验、市场把握、谈判风格等方面都有较大的不确定性。所以谈判价格体系的最终确定必须结合谈判的特点和千变万化的市场情况，以最有可能成交的加权平均估价C为基础，综合产品的实际成本等其他诸多因素进行最后调整。

（1）调整确立最满意价格目标。其原理是取最乐观的估价（A）和最有可能成交的估价（C）之间的平均值。

（估价A+估价C）÷2=（571.3+556.85）÷2=564.075（美元）

为便于谈判，卖方最满意价格目标调整为：中国主要港口离岸价，每吨565美元。

（2）调整确立最保守价格底限。其原理是取最悲观的估价（B）和卖方成本价之间的平均值（若估价B和成本之间较为接近，则可以直接选取估价B作为最保守价格目标，但是最保守价格目标的设立不得低于公司的最低利润限制）。

（估价B+成本价）÷2=（495+541.3）÷2=518.15（美元）

为便于谈判，并且考虑到公司对于产品利润有5%的最低限制（显然上述价格所含的利润已经低于公司限制），所以卖方最保守价格目标调整为：中国主要港口离岸价，每吨520美元。

注意事项：报价的高低不仅受到上述各方面的客观条件制约，还要考虑到公司本身对于利润的诉求原则，因此上述确立价格目标体系的方法并非唯一的范式，影响目标价格体系确立方法的主要因素是公司对利益诉求的多少。如果公司对利润的要求不高，通常也可以将公司的最低利润限制作为价格谈判当中的最保守价格目标。报价模型仅仅是一个在报价过程中的分析工具，其结果只是最后确立价格目标的参考，实际的报价工作还要综合考虑诸多的复杂因素，因此在实践中报价必须审时度势，切不可一味僵化地照搬教条。

2.确立价格谈判的目标体系。

（1）最满意价格目标：中国主要港口离岸价，每吨565美元。

（2）最希望成交的中间目标：中国主要港口离岸价，每吨556美元。

（3）最保守价格目标：中国主要港口离岸价，每吨520美元。

四、效果评价

根据学生出勤、课堂讨论发言、对影响产品报价关键因素的总结和陈述情况进行评定。小组成员共同初评出个人成绩档次（优秀、良好、中等、及格、不及格），小

组长评定出所有组员的成绩，教师和各小组长共同综合评出各小组成绩，在此基础上给出个人最终成绩。

个人最终成绩=20%×表5-2成绩+80%×表5-3成绩

表5-2　**各小组成员个人成绩评价表**

小组个人成绩 / 小组成员姓名	优秀	良好	中等	及格	不及格

注：考评满分为100分，60分以下为不及格；60～69分为及格；70～79分为中等；80～89分为良好；90分以上为优秀。

表5-3　**小组报价模拟评价表**

评价内容	分值（分）	评分（分）
总结归纳出影响生产线报价的关键因素	25	
对各个因素的权重进行合乎情理的分配	15	
对各关键因素给出合理估价，做出清楚的解释	25	
根据测试结果进行价格调整，建立价格目标体系	35	
小组报价模拟操作总体评价	100	

注：考评满分为100分，60分以下为不及格；60～69分为及格；70～79分为中等；80～89分为良好；90分以上为优秀。

任务二　价格磋商

【任务目标】

● 知识目标：掌握商务谈判价格磋商的基本方法。

● 能力目标：通过学习训练，能够根据实际情况，正确实施价格磋商的策略，有效进行讨价还价，保证谈判朝着预期目标发展。

【任务导入】

投石问路购机器

背景与情境：

杭州市余杭镇某鞋厂是一家专门生产出口地毯鞋的厂家，因扩大生产规模需要，欲购买100台缝纫机。为了能以较低的价格买到缝纫机，鞋厂聘请了几位专家一起参与采购缝纫机的谈判，专家建议该厂采用制造竞争对手策略和投石问路策略进行谈判。

为了制造竞争，为自己谋取有利的谈判地位，一开始专家们就邀请了三家规模比较大的合格供应商，并约在同一天进行首次谈判。在谈判之前首先带领厂家的销售人员参观了新的厂房，告知一楼、二楼、三楼分别要购置100台，合计300台缝纫机。参观结束之后，安排三家供应商代表分别对自己的产品和报价进行了介绍，这使专家进一步了解了每家供应商的产品特点和价格情况。因为存在竞争对手，购买的数量又比较多，所以三家供应商的初次报价都比较合理。经过比较和筛选，专家选择了其中一家作为重点谈判对象。

一周后，专家邀请对方再次来厂谈判。对方在300台的数量诱惑和竞争压力下，价格在初次报价3 680元的基础上又下降了280元，之后就不肯再让步了。下午续谈时，专家代表厂家告诉对方，厂长认为每台3 400元的价格过高，资金无法一次性到位，按照现在的价格最多只能买200台。就算200台也要70万元左右，需要三个合伙人协商好资金问题后才能同意。同时希望对方能够每台再让步100元，以减轻财务上的压力。对方说他们从没有卖过这么低的价格，需要回去向领导请示汇报。三天后，对方来电说每台最多可以再便宜60元。专家告诉对方，他会立即向厂领导汇报。第二天，专家打电话给对方，经三个合伙人协商，认为3 340元的价格可以接受。但是因为资金暂时有点紧张，一时周转不开，希望能采取分期付款的方式支付，首次支付30%的货款。对方说分期付款从无先例，绝对不行。于是专家说，既然你们在支付方式上有所顾虑，不同意分期支付，他们只好先买100台，可以在调试安装好之后全额支付。若果同意的话，可以过来谈判签约事宜，如果不能同意，他们只能考虑别的厂家。第二天，该厂家销售人员就过来签订了成交合同。

资料来源　佚名. 讨价还价策略之——“投石问路策略”[EB/OL]. [2010-07-07]. http://blog.sina.com.cn/s/blog_685ce5c90100kg9z.html.

思考：鞋厂的专家使用了什么样的讨价策略？

学一学

一、价格磋商的一般过程

价格磋商是指一方（通常是卖方）发盘报价之后，受盘方针对发盘方的报价与对方展开的沟通和还盘过程。一般来说，如果是由卖方发出的报价，则价格磋商要经过买方讨价、卖方做出价格解释、卖方重新报价、买方还盘、卖方再还盘……直至达成交易这样一个过程，其中讨价还价行为也许会多次循环往复，双方都有可能成为讨价还价的角

色扮演者。

需要提醒大家注意的是，无论是国际商会制定的《联合国国际货物销售合同公约》，还是我国的《中华人民共和国合同法》都明确规定，邀请对方报价的询盘可以由买卖双方任何一方发出，相应的报价也可以由买卖双方的任何一方发出。同样道理，接到报价后，买卖双方的任何一方都可以向对方进行讨价还价。例如，买方询盘之后由卖方应邀报价，接下来买方有可能直接接受，也有可能进行讨价，而卖方在接到讨价后，有可能直接改善价格重新报价，也有可能据理力争进行“反讨价”，针对买方的还价，卖方也可以进行“反还价”，直至发盘被对方接受。因此，价格磋商程序不是固定的，也不是一成不变的，只不过由买方发出询盘，再由卖方发出首次报价更加符合人们的思维逻辑，在实际工作中较为常见而已。

【教学互动5-2】

互动内容：

结合实例谈谈价格磋商分几个步骤？为什么？

互动要求：

（1）结合实例发表自己个人见解，也可以和你的同伴简单沟通后回答。

（2）教师对学生的回答进行点评。

二、讨价

1.讨价的含义与作用

讨价指接受发盘报价的一方针对报价做出批评，要求报价方改善报价的行为。谈判中，一般在卖方首先报价并进行价格解释之后，买方如认为离自己的期望目标太远，或不符合自己的期望目标，必然在价格评论的基础上要求对方改善报价。这也称之为“再询盘”。

这种讨价要求能够产生两方面的作用：一是有可能迫使对方降低报价；二是可能误导对方对己方的判断，改变对方的期望值，并为己方的还价做准备。

2.讨价策略

讨价策略的运用，包括讨价方式、讨价次数、讨价技巧等方面。

（1）讨价方式

讨价方式，可以分为全面讨价、分别讨价和针对性讨价三种。①全面讨价，常用于价格评论之后对于较复杂的交易的首次讨价。②分别讨价，常用于较复杂交易中对方第一次改善报价之后，或不便采用全面讨价方式的讨价。③针对性讨价，常用于在全面讨价和分别讨价的基础上，针对价格仍明显不合理和水分较大的个别部分进一步讨价。

从讨价的步骤来看，一般第一阶段采用全面讨价，因为此时正面交锋的战幕刚刚拉开，买方总喜欢从宏观的角度先笼统压价；第二阶段再按价格水分的大小分别讨价；第三阶段进行有针对性的讨价。另外，不便采用全面讨价的，第一步可以按照交易内容的具体项目分别讨价；第二步再按各项价格水分的大小分别讨价；第三步进行有针对性讨价。需要说明，在按价格水分分别讨价时，一般成功的讨价规律是：先从水分最大的那一类讨价，再讨水分中等的价，最后讨水分最小的价。否则，任意起手，往往事倍

功半。

（2）讨价次数

所谓讨价次数，是指要求报价方改善报价的有效次数，亦即讨价后对方降价的次数。讨价可以进行多次，关于讨价的合理次数，依据讨价方式及心理因素，每个单项的讨价应该以不超过三次为宜。讨价方应该围绕己方的价格目标，认真确定每次讨价的具体要求，以免因目标不明确导致讨价次数过多，给对方造成不好的印象。

（3）讨价技巧

① 举证服人。讨价是伴随着价格评论进行的，所以，应本着尊重对方和说理的方式进行。同时，讨价不是买方的还价，而是启发、诱导卖方自己降价，以便为买方还价做准备，所以，此时应该以事实为依据，列举市场行情、竞争者价格、成本因素、本公司过去的交易价格、产品质量、性能等各项具有说服力的数据，使对方难以辩驳，主动改善报价。

一般来说，在对方报价水分过多的情况下，其价格解释总会有这样或那样的矛盾，只要举证恰当，报价者大都会有所松动，并对其报价做出改善。此时，即使价格调整的幅度不是很大，或者理由也不甚合乎逻辑，作为买方，也应表示欢迎。而且，可以通过对方调整价格的幅度及其解释，估算对方的保留价格，确定进一步讨价的策略和技巧。

②相机行事。以卖方报价为例，买方做出讨价表示并得到卖方回应后，必须对此进行策略性分析。若首次讨价，就能得到对方改善报价的迅速反应，说明报价中策略性虚报部分可能较大，价格中所含虚头、水分较多，也可能表明对方急于促成交易的心理。同时，还要分析其降价是否具有实质性内容等。这样，通过讨价后对方反应的认真分析，判定或改变己方的讨价策略。

不过，一般有经验的报价方，开始都会固守其价格立场，不会轻易降价。并且往往会不厌其烦地引证那些比他报价还要高的竞争者的价格或者说明本公司产品独特的品质、功能优势，以解释其报价的合理性和表示这一报价不可改变。

③投石问路。价格谈判中，当遇到对方固守立场、毫不松动，己方似无计可施时，为了取得讨价的主动权和了解对方的情况，此时不妨“投石问路”，即通过假设己方采取某一步骤，询问对方做何反应，以此试探对方的真正意图。“投石问路”的方式有以下几种：

★买方：如果我们与贵方签订为期一年或者更长期的合同，你们的价格能优惠多少？

★卖方：如果我们保证产品的某些品质指标或者某些功能高于你的期望值，价格上能否有所提高？

★买方：如果我们买下你们的全部存货，报价又是多少？

★卖方：如果我方可以缩短交货期限，那么，成交价能否提高？

★买方：如果我方有意同时购买贵方其他系列的产品，能否价格上再优惠些？

★卖方：如果我方同意延期付款，成交价能否提高？

一般来说，试探方抛出的任何一块“石头”都或多或少地能使讨价者进一步了解对

方的真正谈判意图，而且对方在这种攻势下很难做到滴水不漏。

三、还价

1.还价的含义

还价，也称“还盘”，接到报价之后，买卖双方都可以还价，但有代表性的情况是指针对卖方的报价，由买方做出的反应性报价。另外，在接到买方还价之后，卖方也可以进行新的还价，或者叫作“反还价”，不论如何称呼，它们都具有相同的还盘性质。

还价以讨价为基础。卖方首先报价后，买方通常不会全盘接受，也不会完全推翻，而是伴随价格评论向卖方讨价；卖方对买方的讨价，通常也不会轻易允诺，但也不会断然拒绝，为了促成交易，往往会进一步对价格进行解释，并有可能做出让步。接下来买方有可能会就让步后的报价继续进行讨价或还价。如果买方的还价与卖方的目标相差较远，卖方会做出新的还价给买方。

以买方为例，在经过一次或几次讨价之后，为了达成交易，买方就要根据估算的卖方保留价格和己方的理想价格及策略性虚报部分，并按照既定策略与技巧，提出自己的反应性还价。如果说，卖方的报价规定了价格谈判中讨价还价范围的一个边界的话，那么，买方的还价将规定与其对立的另一个边界。如此，双方即在这两条边界所规定的界区内，展开激烈的讨价还价。

2.还价策略

还价策略包括还价前的筹划、还价起点的确定、还价次数、还价技巧等方面。

（1）还价前的筹划

还价策略的精髓在于“后发制人”。为此，就必须针对卖方的报价，并结合讨价过程，对己方准备做出的还价进行周密的筹划。具体思路如下：

首先，应根据卖方的报价和对讨价做出的反应，并运用自己所掌握的各种信息、资料，对报价内容进行全面的分析，从中找出报价中的薄弱环节和突破口，以作为己方还价的筹码。

其次，在此基础上认真估算卖方的保留价格和对己方的期望值，制定出己方还价方案的起点、理想价格和底线等重要的目标。

最后，根据己方的谈判目标，从还价方式、还价技法等各方面设计出几种不同的备选方案，以保证己方在谈判中的主动性和灵活性。

（2）还价起点的确定

还价的目的，绝不是仅仅提供与对方报价的差异，而应力求给对方造成较大的压力和影响或改变对方的期望，同时，又应着眼于使对方有接受的可能，并愿意向互利性的协议靠拢。因此，还价前应认真筹划，以使谈判者的谈判意图在还价过程中得以贯彻，其中，还价起点的确定是一个较为关键的问题。确定谈判起点有三个参照因素：

①对方报价中含有多少水分。在对方的报价中，会存在不同部分含水量的差异，因而，还价起点的高低也应有所不同，要通过对报价内容的分析、计算，尽其所能估算出对方报价中的水分含量，相应地制定己方的还价起点，尽量使还价的实质性改善程度同报价中的含水量相适应。

②对方报价与己方目标的差距。对方报价与己方最满意价格目标的差距，是确定还价起点的第二项因素。对方报价与己方最满意价格目标的差距越小，其还价起点应当越高（相对偏向于对方的价位），如买方还价，价格的降低幅度要小些；如卖方还价，价格的提升幅度要小些；对方报价与己方最满意价格目标的差距越大，其还价起点就应较低（相对偏向于己方的价位），如买方还价，价格的降低幅度要大些；如卖方还价，价格的提升幅度也要大些。当然，不论还价起点如何，都要高于己方准备成交的价格，以便为以后的讨价还价留下余地。

（3）还价次数

还价次数是影响还价起点的第三项因素。同讨价一样，还价也不是只允许一次，但最好不要超过三次。在每次还价的增幅已定的情况下，当己方准备还价的次数较少时，还价起点应当较高；当己方准备还价的次数较多时，还价起点就应较低。总之，通盘考虑上述各项因素，确定好还价次数，才能为价格谈判中的讨价还价范围划出有利于己方的边界。

（4）还价技巧

①吹毛求疵。以买方还价为例，在价格磋商中，还价者为了给自己制造理由，也为了向对方表明自己是不会轻易被人蒙骗的精明的内行，常常采用“吹毛求疵”的技巧。其做法通常有以下几种：

★百般挑剔。还价方针对报价，想方设法寻找对方缺点，“横挑鼻子竖挑眼”，“鸡蛋里挑骨头”，并夸大其词、虚张声势，以此为自己还价提供依据。

★言不由衷。本来满意之处，也非要说成不满意，并故意提出对方无法满足的要求，表明自己“委曲求全”，以此为自己的还价制造借口。

商务交易中的大量事实证明，“吹毛求疵”不仅是可行的，而且是富有成效的。它可以动摇卖方的自信心，迫使卖方接受买方的还价，从而使买方获得较大的利益。需要注意的是：“吹毛求疵”不能过于苛刻，应合乎情理和取得卖方的理解。否则，卖方会觉得买主缺乏诚意，甚至会被卖方识破。

②积少成多。积少成多作为还价的一种技巧，是指为了实现自己的利益，通过耐心地一项一项地谈、一点一点地争取，达到聚沙成塔、集腋成裘的效果。积少成多的可行性在于：首先，人们通常对微不足道的事情不太计较，比如对区区蝇头小利不太在乎，也不愿为了一点儿利益的分歧而影响交易，这样，还价方就可以利用这种心态将总体交易内容进行分解，然后逐项还价，通过各项获得的似乎微薄的利益，最终实现自己的利益目标。其次，细分后的交易项目因其具体性，容易寻找还价理由，使自己的还价具有针对性和有根有据，从而易于被卖方接受。

③最大预算。运用“最大预算”的技巧，通常是在还价中一方面对卖方的商品及报价表示出兴趣，另一方面又以自己的“最大预算”为由迫使卖方最后让步和接受自己的出价。例如，经过讨价，卖方已将某货物的报价由10万元降至8.5万元，买方便说：“贵方这批货物我们很想购买，但是，目前我公司总共只有7.8万元的购货款了，如果能按这个价格成交，我们愿今后与贵方保持合作关系”。这样，买方采用“最大预算”的技巧做出了7.8万元的还价，实现了交易。运用这种技巧应注意：首先，掌握还价时机。经过多次价格交锋，卖方报价中的水分已经不多，此时以“最大预算”的技法还

价，是最后一次迫使卖方做出让步。其次，判断卖方意愿。在卖方成交心切时，易于接受己方“最大预算”的还价。否则，卖方会待价而沽，“少一分钱也不卖”。最后，准备变通办法。万一卖方不管你“最大预算”真假如何，仍坚持原有立场，买方须有变通办法：一是固守“最大预算”，对方不让步，己方也不能让步，只好以无奈为由中断交易；二是维护“最大预算”，对方不让步，己方做适当让步，可以酌减某项交易内容或者后补价款，便于以此为台阶实现交易。

④最后通牒。原指一国对另一国提出的必须接受其要求，否则将使用武力或采取其他强制措施的外交文书。这是一种一方向另一方施加强大压力的手段。还价中采用“最后通牒”，即还价方最后给对方一个出价机会或期限，对方如不接受，还价方就毅然退出谈判。这种技法，经常为还价者所施行，但要取得成功须注意以下各点：首先“最后通牒”的出价应使对方有接受的可能性，一般不能低于对方的保留价格。其次，给对方“最后通牒”的时机要恰当，一般是在还价方处于有利地位或还价方已将价格提高到接近理想价格时发出“最后通牒”。第三，发出“最后通牒”前，应设法让对方已有所投入。如先就与主要问题有联系的次要问题达成协议；让对方在时间、精力、选择余地各方面先做出耗费等。这样，待对方的投入已达到一定程度时，再抛出“最后通牒”，可使其欲罢不忍。第四，“最后通牒”的依据要过硬，要有较强的客观性和不可违抗性。如可以援引有关的法律规定、政策条文、商务惯例、通行的价目表或本公司的财务制度等来支持己方的立场，使对方不好反驳。第五，“最后通牒”的言辞不要过硬，言辞太强硬容易伤害对方的自尊心，而委婉的话语较易于为对方考虑和接受。第六，“最后通牒”也要留有弹性。还价中的“最后通牒”并不是非要把对方“逼上梁山”，即要么接受条件，要么使谈判破裂，而是要对方再做让步的一种手段。此时，如果对方迫于压力做出较大让步并接近己方条件，应考虑适可而止；若经最后较量，对方仍坚守立场，为实现交易，还价方也可自找台阶，如可以说：“这个价格贵方还不能接受，最多再加2%的手续费，否则，就很难再谈下去了。”

⑤感情投资。在讨价还价中，许多谈判的顺利推进，以至于一些棘手问题的最终解决，往往凭借当事双方业已存在的感情基础和良好的关系。事实上，谈判中的人际关系因素至关重要。你想要影响对方，那么，你首先应该得到对方的认可和信任；要想使自己在谈判中提出的各种理由、各项意见能被对方认真倾听和充分接受，那么，最有效方法的是和自己的谈判对手建立起友情。从还价的角度来说，感情投资能够使还价被对方所接受铺平道路。还价中，感情投资的运用一般有以下要求：

★尊重谈判对手。整个谈判过程，要遵循平等、互利原则，从大局出发，互谅互让。要把谈判中的各种分歧视为合作的机缘，善于寻求共同利益，求同存异。同时，对于谈判对手，必须充分尊重，绝不应敌视。要做到台上是对手，台下是朋友。要注重展示自己的修养和人格魅力。

★在次要问题上主动地、适当地做出让步。对于次要问题，可不必过分计较并应主动迎合对方，使对方觉得你能站在他的角度考虑问题，从而赢得好感。

★注意利用谈判间隙培养友情。在谈判休会期间，要尽量谈论业务范围以外的对方感兴趣的话题，如体育比赛、文艺节目、时事新闻、当地的土特产、名吃、名胜古迹

等，以增加交流、增进友情。对于彼此之间有过交往的，要常叙旧，回顾以往合作的经历和取得的成功，增强此次合作的信心。

3.还价策略运用注意事项

在本书中，多数情况下是以卖方报价、买方还价为模式进行论述的。应该强调的是，报价可以由买卖双方的任何一方做出，所以还价也可以由买卖双方的任何一方进行。因此，上述的还价策略不仅适合于买方，在卖方还价的过程中，也一样可以加以运用。

【教学互动5-3】

果园里的价格磋商策略

背景与情境：

苹果熟了，果园里一片繁忙景象。一家果品公司的采购员来到果园："多少钱一公斤？""1.6元。""1.2元行吗？""少1分也不卖。"采购员只好离开了。

没过多久，又一家公司的采购员走上前来："多少钱一公斤？""1.6元。""整筐卖多少钱？""零买不卖，整筐1.6元一公斤。"采购员却不急于还价，而是不慌不忙地打开筐盖，拿起一个苹果掂量着、端详着，不紧不慢地说："个头还可以，但颜色不够红，这样上市卖不上价呀！"接着伸手往筐里掏，摸了一会儿摸出一个个头小的苹果："老板，您这一筐，表面是大的，筐底可藏着不少小的，这怎么算呢？"边说边继续在筐里摸着，一会儿，又摸出一个带伤的苹果："看，这里还有虫咬，也许是雹伤。您这苹果既不够红，又不够大，算不上一级，勉强算二级就不错了。"这时，卖主沉不住气了，说话也和气了，"您真想要，还个价吧。"双方最终以每公斤1.4元的价钱成交了。

互动内容：

（1）第一家果品公司采购员为什么价格磋商没有成功？

（2）第二家果品公司采购员为什么磋商成功？公司采购人员采用了何种策略进行还价？

互动要求：

（1）结合案例发表个人见解，也可以和你的同伴简单沟通后回答。

（2）教师对学生的回答进行点评。

做一做

【谈判训练5-2】

焦炭产品价格磋商

一、实训目的和要求

掌握价格谈判中的讨价、还价等价格磋商策略。要求受训者学会运用上述技巧与谈判对手进行有效的沟通。

二、场景设计

本谈判训练延续本项目"谈判训练5-1"中的案例，卖方中国SX五矿进出口公司按照印度TT贸易有限公司的要求，对以一级冶金焦为主的，包括其他3个铸造焦、增

炭剂产品在内的一揽子长期交易进行报价，其中一级冶金焦报价为：中国主要港口离岸价，每吨565美元。印度TT贸易有限公司认为该报价高于市场行情，要求中国SX五矿进出口公司（以下简称“中国SX公司”）再次核算，重新报价。中国SX五矿进出口公司当然不会轻易改变初始报价，它针对印度TT贸易有限公司的价格评价给出了详细的价格解释。但印度TT贸易有限公司依旧坚持己方意见。

接下来，双方的价格谈判进入细节性的磋商阶段。

三、训练步骤

第一步，卖方中国SX公司按照印度TT公司要求，做出包括主产品“一级冶金焦”和辅助产品“铸造焦”“增炭剂”的一揽子报价如下：

1.主产品：一级冶金焦，天津新港离岸价，每吨565美元。

2.辅助产品：铸造焦，天津新港离岸价，每吨680美元。

3.辅助产品：增炭剂，天津新港离岸价，每吨650美元。

针对中国SX公司报价，印度TT公司进行了细致的研究，认为卖方报价水分较大，可能要经过多次讨价还价，并迅即对卖方的报价做出相应的反应，印度TT公司认为，中方的一揽子报价严重偏离了目前的市场行情，根本没有谈判的余地，要求中国SX公司大幅度全面降低报价。

第二步，针对买方的价格评论，卖方中国SX公司对己方报价做出解释。中方认为，己方报价是建立在优质优价的基础上的，中国SX公司随即列举出中国市场主要出口企业一级冶金焦的实际供货质量指标，指出己方产品与同类产品相比，具有灰分低、含硫量低，使用效率高的优点，可以大大减少炼钢过程中的焦炭消耗量，提高冶炼效率。所以，本着优质优价的原则，己方报价是合情合理的。

印度买方对中方的解释不予认同，他们列举出己方历年从乌克兰进口同类产品的价格，认为中方的报价显然大大高于国际市场行情。中方认为，印度客户从乌克兰进口，虽然货物价格有些优势，但是要付出更多的运输成本，况且乌克兰产品在质量上绝对不占据任何的优势。印度买方第二次讨价之后，中国SX公司依旧坚守阵地，寸步不让。

第三步，买方对中方的两次回应进行了策略性分析，认为中方虽然始终坚持原有报价，但是每次对买方的价格评论都相当重视，价格解释过于详细，回应速度也过于迅速，由此可以看出，卖方摆出的坚决不降价的立场应该只是谈判的策略而已，应该坚持进一步讨价。于是印度买方仔细研究了中方在价格解释中的矛盾，要求中方予以详尽的解释。另外买方还专门强调了焦炭中长期市场价格趋于下降这个因素，与中方据理力争。在磋商讨价过程中，印度买方专门指出了价格水分最大的铸造焦产品报价，他们列举了大量的铸造焦市场平均成交价、原材料成本等数据，认为中方的报价过高，应该大幅度改善，同时以此为理由，证明主要交易产品“一级冶金焦”的价格也存在相同的虚高问题。中方在印度买方的几轮磋商攻势之下，认为如果始终坚持原有报价寸步不让的话，将会导致谈判过早陷入僵局，甚至破裂。于是，中方决定适时地小幅度改善报价。中方改善后的报价如下：

1.主产品：一级冶金焦，天津新港离岸价，每吨563美元。

2.辅助产品：铸造焦，天津新港离岸价，每吨675美元。

3.辅助产品：增炭剂，天津新港离岸价，每吨645美元。

第四步，印度买方接到中方的改善报价后，认为中方的报价与前报价相比并没有实质性的改善，与己方的成交目标相差甚远。于是询问中方："如果我方把采购数量增加30%，合同期限延长半年，你方价格能否有较大幅度的降低?"中方代表立即表示，如果订货量大幅度增加，中方完全可以考虑做出较大的价格让步。印度TT公司据此推断卖方的价格依旧有较大水分可挤压，同时考虑到，如果依旧继续进行讨价，不仅不会取得实质性的进展，还会导致中方的厌倦和反感。于是，决定直接进行还价。印度买方在谈判前也制定了自己的价格目标体系，其中主产品"一级冶金焦"的最满意成交价格为每吨515美元，最有可能成交的中间价格为每吨540美元。最大忍受的价格上限为每吨555美元。

第五步，由于双方在最满意的成交价方面存在较大的差距，因此买家还价时决定依旧采取大幅度压价的方法，以改变中方的价格预期。买家以历年从乌克兰进货价格和中国几家公司的报价大大低于中国SX公司等情况为理由，还价如下：

1.主产品：一级冶金焦，天津新港离岸价，每吨515美元。

2.辅助产品：铸造焦，天津新港离岸价，每吨600美元。

3.辅助产品：增炭剂，天津新港离岸价，每吨585美元。

中方对印度TT公司的还价做出强烈反应，他们列举了中国市场冶金焦的原材料价格、生产成本、经营管理成本、运输费用等详细资料，证明买家的还价远远低于卖方的生产成本，是绝对不可以接受的价格。至此，买卖双方的价格谈判的范围已经基本确定：

1.主产品：一级冶金焦，天津新港离岸价，每吨515~563美元。

2.辅助产品：铸造焦，天津新港离岸价，每吨600~675美元。

3.辅助产品：增炭剂，天津新港离岸价，每吨585~645美元。

第六步，中方还价。中方分析，从现有情况来看，买卖双方的目标价格差距较大，但是从谈判前掌握的情况来看，印度买家此次来华的目的在于寻找到一个供货稳定而品质优良的焦炭供应基地，以满足自身大客户的常年需求，因此其成交价格应该还有较大的商榷余地。同时考虑到辅助产品的供应量只占到此次交易的8%，因此决定还价策略为：对主产品一级冶金焦报出相对较高的价格，而对辅助产品铸造焦、增炭剂进行较大幅度的减让，以平衡谈判的砝码。

1.主产品：一级冶金焦，天津新港离岸价，每吨558美元。

2.辅助产品：铸造焦，天津新港离岸价，每吨650美元。

3.辅助产品：增炭剂，天津新港离岸价，每吨620美元。

第七步，买方对中方的价格改善表示欢迎，但是认为中方的报价依旧偏高。同时进行第二次还价。在本次还价中，买方仔细分析了中方产品质量的优势，认为这些指标上的改善将会使得己方的供货质量保持一个较高的水准，并令己方的最终买家十分满意。但是买家在接下来的谈判中却违心地指出，中方声称的优质产品一级冶金焦的三项指标虽然优于同行业水平，但是对于TT公司而言，这种指标的改善并不会有实质性的好处，而且在焦炭生产中很容易做到，并且说买家对这种品质的改善并不会导致货物价格产生如此之大的提高，况且买家声称自己注重的焦点在于成本，希望采购到性价比最高的货物，而非质量最好的货物。但是，为了表示己方愿意和中方长期真诚合作的愿望，

己方愿意做出一些牺牲和让步，希望中方认真考虑买方的报价：

1.主产品：一级冶金焦，天津新港离岸价，每吨525美元。

2.辅助产品：铸造焦，天津新港离岸价，每吨625美元。

3.辅助产品：增炭剂，天津新港离岸价，每吨600美元。

第八步，中方研究了印度买家的还价，意识到自己面对的是具有丰富谈判经验的国际买家，必须巧妙运用还价技巧，审时度势仔细应对。于是中方建议买方先将争议最大的一级冶金焦价格谈判暂时搁置，先把铸造焦和增炭剂价格逐一谈妥。买方表示同意，于是卖方接着确认了买方对于铸造焦的还价天津新港离岸价，每吨625美元，同时要求将增炭剂的价格提高5美元即可成交。买方认为增炭剂价格在整个谈判中地位不重要，只占到合同总金额的3%，而且卖方的讨价接近己方的最满意成交价格，于是欣然予以接受，一揽子交易的三种产品至此已有两种尘埃落定，即双方已经确认：

铸造焦，天津新港离岸价，每吨625美元

增炭剂，天津新港离岸价，每吨605美元

接下来，问题的焦点又一次集中到主要交易产品“一级冶金焦”上来。

第九步，中方认真评估了己方在谈判前确立的最有可能成交的中间价格：每吨556美元。认为预估价格基本合理，但是略有偏高，根据此时的情况判断，最有可能在545~550美元之间成交，于是询问印度买家支付方式和交货期问题。果然不出所料，买家的交货期、支付方式要比一般的行业惯例严苛得多：交货期较惯例缩短了15天，即交货期为30天。支付方式为货到后90天付款。中方认为，此时应该果断出击，将不利因素转化为有利因素。迅即报价：

一级冶金焦，天津新港离岸价，每吨545美元。支付方式：收到预付货款后卖方开始生产，45天内交货。并且声明，该报价已经接近生产成本，以此成交卖方并无多少利润，并且该价格已经低于目前的市场行情价，中方不大可能再做出价格上的让步，如果买家对该价格还不满意的话，中方只能表示遗憾。

第十步，买方接到报价后，认为中方的报价已经接近己方的成交目标，并且认为中方的态度十分坚决，似乎很难再次杀价。另外中方提出的支付方式和交货期限显然不符合己方的要求，如果再次压价，同时再要求修改支付方式，外加缩短交货期限，显然有些狮子大张口的意味。于是，印度TT公司决定接受中方SX公司的一级冶金焦报价：天津新港离岸价，每吨545美元。但是要求修改支付方式为货到目的地后90天内付款，并且要求交货期限提前15天。

第十一步，中方认为，印度买方的这一回复正好落入己方布置好的圈套之中，于是立即回复印度TT公司，认为买家的交易条件过于苛刻，并以行业内的平均生产效率和惯用结算方式作为佐证材料，说明达到上述苛刻条件的难度。印度TT公司回复说，同意每吨545美元的前提条件就是上述较为严格的支付方式和交货期限，否则该价格无法成立。接到买方的回复后，中方故意拖延了一阵时间，像是在论证接受印度买家苛刻条件的可能性，然后中国SX公司告知印度TT公司的谈判代表，中方可以答应缩短交货期15天的苛刻要求，也可以答应货到后90天付款，但是这样一来，中方为了努力达到上述条件势必导致生产成本上升和资金占用增加，为了弥补上述损失，必须将原有报价

调整为每吨552美元。

第十二步，印度买家没有料到中方会痛快地答应自己的两个如此苛刻的交易条件，更没有想到中方会以完成己方额外的苛刻条件为由，将报价调升到每吨552美元。经过仔细斟酌后，印度TT公司还价548美金。中方接到还价后表示不能接受，中方代表拿出了最新的关于中国海关预计在近期内调高焦炭出口关税的通知，告知关税的升高将使卖方无利可图甚至亏本。并且暗示每吨552美元是中方可以忍受的最低价格，很可能是本次谈判最后的还价，中方在价格上不会再做让步，并恳请印度TT公司代表不要急于答复，一定要认真考虑。

接下来的时间，中方不再安排正式的谈判，而是不停地邀请印度客人游览观光。印度TT公司原定的4天谈判行程已经变成了7天，看样子还有继续拖延下去的趋势，印度谈判代表每天都要面对总公司的催促和质询，情绪越来越焦躁。另外，中国SX代表在观光游览活动中对印度客人照顾得体贴入微，时间不长，双方的谈判代表就成了无话不谈的好朋友。印度谈判代表坦言了自己走又走不得，谈又谈不下去的困境。中方代表也开诚布公地表明己方已经尽最大努力配合对方，为了表示合作的诚意，中方愿意做出最后的让步，每吨再减让2美金，即接受每吨550美元的还价，接受货到90天付款、提前15天交货的苛刻交易条件，并保证供应货物主要质量指标高于行业平均水平10%。

第十三步，印度TT公司谈判代表认为中方已经表示出极大的诚意，于是向总部汇报了谈判详情，并建议按照中方最后报价成交。总部认为，此次和中方的合作是为了保证己方新近开发的重量级最终用户米塔尔钢铁公司的供货需要，为了保持和米塔尔钢铁公司的业务联系，稳定及时的货源供给和可靠的供货品质是最为重要的，虽然目前中方的最后报价距离己方准备成交的540美元价格有一定差距，但是权衡利弊之后，还是同意授权谈判代表接受中方报价。至此，中国SX公司和印度TT公司就中国原产一级冶金焦等三种产品的一揽子交易谈判圆满结束。

四、效果评价

根据学生出勤、课堂讨论发言、对价格谈判模拟各个环节的评价情况进行评定。小组成员共同初评出个人成绩档次（优秀、良好、中等、及格、不及格）；小组长评定出所有组员的成绩；教师和各小组长共同综合评出各小组成绩，在此基础上给出个人最终成绩。

个人最终成绩=20%×表5-4成绩+80%×表5-5成绩

表5-4　**各小组成员个人成绩评价表**

小组个人成绩 小组成员姓名	优秀	良好	中等	及格	不及格

注：考评满分为100分，60分以下为不及格；60～69分为及格；70～79分为中等；80～89分为良好；90分以上为优秀。

表5-5　　　　　　　　　　**小组报价模拟评价表**

评价内容	分值（分）	评分（分）
1.说明本步骤处于价格磋商的哪个环节，并且能够准确评价买方使用的讨价技巧	12	
2.解释报价方不肯降价的原因，并能够为买方进一步讨价提出合理化建议	12	
3.能够简述在“第三步”买方主要采用的讨价技巧及其作用	10	
4.能够简述在“第四步”中买方采用的讨价技巧；对中方的回答做出简评	12	
5.能够简述在“第七步”中买方采用的还价技巧其作用	10	
6.能够简述在“第八步”中卖方采用的还价技巧其作用	10	
7.能够综合本模块中两个实训任务中的相关知识点，分析本任务“第九步”至“第十二步”的具体问题	17	
8.总结卖方在“第十二步”和“第十三步”分别采取了哪些还价技巧，并给出简评	17	
小组报价模拟操作总体评价	100	

注：考评满分为100分，60分以下为不及格；60～69分为及格；70～79分为中等；80～89分为良好；90分以上为优秀。

思考与练习

1.关键术语

西欧式报价术：又称发盘，按照发盘人的不同，西欧式报价可以分为两个类型。

（1）卖方西欧式报价术。卖方报出较高的，有一定伸缩余地的销售价格，这个价格就是卖方的“最满意的价格目标”。

（2）买方西欧式报价术。买方提出较低的，但有一定伸缩余地的采购价格，也就是买方的“最满意的价格目标”。实践证明，西欧式报价适合大多数国家商人的商业习惯和商业思维，谈判成功率较高。在国际商务谈判中，西欧式报价是最为常见的报价方法。

日本式报价术：一般是报价人先报出一个令受盘人感到十分有吸引力的价格，以此为诱饵吸引受盘人的注意，同时又附加了一些有利于报价人的其他交易条件。

（1）卖方日本式报价术。卖方报出最低的销售价格吸引买家注意，同时规定买方获得该优惠价格的前提条件。

（2）买方日本式报价术。买方报出最高的采购价格吸引卖方注意，同时规定卖方获得该价格的前提条件是同意对买方最为有利的其他条件。

价格磋商：一方（通常是卖方）发盘报价之后，受盘方针对发盘方的报价与对方展开的沟通和还盘过程。

讨价：接受发盘报价的一方针对报价做出批评，要求报价方改善报价的行为。讨价策略的运用，包括讨价方式、讨价次数、讨价技巧等方面。

还价：也称“还盘”，接到报价之后，买卖双方都可以还价。还价策略包括：还价前的筹划、还价方式、还价起点的确定、还价技巧等方面。

2.选择题

○ 单项选择题

(1) 报价的基础是（　　）。

A.掌握行情　　B.口才好　　C.头脑灵活　　D.工作作风

(2) 以下不属于报价应遵守的基本原则（　　）。

A.由卖方开始报价，则首次发盘通常应报出“最高价”

B.报价必须合乎情理

C.报价时要对本方所报价格进行解释和说明

D.报价内容应该明确、完整、无保留

(3) 分别讨价一般不超过（　　）次为宜。

A.一　　B.二　　C.三　　D.四

(4)（　　）是建立在科学的计算、精确的分析基础上的。

A.还价起点　　B.还价时机

C.还价技巧　　D.还价策略

(5) 如果对方的报价超出双方谈判的价格临界点和争取点之间的范围时，我方必须（　　）。

A.让对方另行报价　　B.暂缓还价

C.拒绝还价　　D.分别讨价

○ 多项选择题

(1) 报价影响谈判的实质性进展，卖方的报价水平应是（　　）。

A.最高　　B.高到对方难以接受的地步

C.高到卖方难以找到理由的地步　　D.卖方期望的目标

(2) 报价的原则包括（　　）。

A.对卖方来讲，开盘价必须是“最高的”

B.开盘价必须合乎情理

C.报价应该坚定、明确、完整，不加解释和说明

D.报价不要报整数

(3) 在“谈判训练5-2”的第一步中，买方针对中国SX公司的报价做出反应，你认为此时价格磋商进入了（　　）阶段。买方对卖方报价做出评论，并且要求全面降价，买方采用了（　　）的讨价方式？

A.还价；后发制人　　B.还价；百般挑剔

C.讨价；吹毛求疵　　D.讨价；全面讨价

(4) 在“谈判训练5-2”的第二步中，印度买方讨价，中国卖方坚持不肯降价对此（　　）。

A.应认为中方是有经验的报价者，不会轻易降价

B.抓住价格解释的矛盾，盯住不放

C.变换讨价方式，分别讨价和针对性讨价

D.投石问路，进行各种试探

(5) 讨价技巧包括（　　）。

A.以理服人讨价　　　　B.相机行事讨价

C.投石问路讨价　　　　D.针对性讨价

3.案例分析题

洗碗机生产线价格谈判

背景与情境：

土耳其YST公司急需进口一套洗碗机生产线，该套设备由内胆装配线、门装配线、中段装配线、测试线等十余套自动化设备组成。鉴于土耳其国内的消费水平不高，加之自有资金的限制，该公司无法在采购时为卖方提供较为优惠的支付方式，大多数情况下都采取延期半年付款，或者是先赊销，后以产品补偿生产线货款的方式。所以YST公司的采购目标是一套价格较低，中等技术水平、质量较好、售后服务好的设备。在经过广泛的市场调查之后，YST公司发现，日本、欧洲、美国和中国都有洗碗机生产线出售，日本和欧美的设备自动化程度高、技术领先，但是价格昂贵，只有中国的产品比较适合土耳其市场的需要。

因此土耳其YST公司通过各种渠道与中国温州恒达工业自动化设备有限公司取得了联系，希望就订购一整套洗碗机生产线事宜与中国恒达公司展开贸易洽谈。中国恒达公司是浙江省内较大的生产工业自动化生产线的专业制造企业，在国内处于领先地位，少有企业能够与之竞争。在国际上，恒达公司的产品虽然在技术工艺上落后于欧美、日本的产品，但是价格却比欧美、日本产品便宜40%左右，具备极其明显的价格优势。除了产品质优价廉之外，恒达公司还为客户提供3年的免费保修，以及价格低廉的终身维护。其产品不仅在国内，而且在拉美、中东也有一定的市场份额。目前来看，国内和国际供求关系趋于稳定，由于近期国际经济前景黯淡，钢铁等原材料冲高回落，洗碗机生产线的市场价格有缓慢下降的趋势，卖方为保持企业销售额稳定增长，急于开拓海外市场，稳定销售和货款回收。洗碗机生产线属于成套设备，供应期限较长，交货批次分散，机械部件繁杂、功能数据众多，很难有一个精确的市场行情。目前，土耳其YST公司洽购的同等水平和功能的生产线，市场平均价格为210万美元左右（中国主要港口装船价格，即离岸价）。中国恒达公司的离岸成本为170万美元，公司产品销售的最低利润限制为8%。

思考：

(1) 以3～5人分组，扮演中国恒达公司谈判代表团，总结出影响该套洗衣机生产线报价的关键因素，最少总结出六点。

(2) 以评估专家的身份评估各个关键因素影响报价高低的程度，为每个关键因素确定权重，并相应给出在每个因素影响下的报价。最后填写报价评估模型，见表5-6。

表 5-6 **报价评估模型**

<table>
<tr><td colspan="2">品名</td><td rowspan="3">情况描述</td><td colspan="4">因素权重分析
（0~1）</td><td rowspan="3">加权平均价格
C</td></tr>
<tr><td colspan="2" rowspan="2">关键因素</td><td colspan="2">有利因素</td><td colspan="2">威胁因素</td></tr>
<tr><td>权重</td><td>估价
A</td><td>权重</td><td>估价
B</td></tr>
<tr><td>1</td><td></td><td></td><td></td><td></td><td></td><td></td><td></td></tr>
<tr><td>2</td><td></td><td></td><td></td><td></td><td></td><td></td><td></td></tr>
<tr><td>3</td><td></td><td></td><td></td><td></td><td></td><td></td><td></td></tr>
<tr><td>4</td><td></td><td></td><td></td><td></td><td></td><td></td><td></td></tr>
<tr><td>5</td><td></td><td></td><td></td><td></td><td></td><td></td><td></td></tr>
<tr><td>6</td><td></td><td></td><td></td><td></td><td></td><td></td><td></td></tr>
<tr><td>7</td><td></td><td></td><td></td><td></td><td></td><td></td><td></td></tr>
<tr><td>8</td><td></td><td></td><td></td><td></td><td></td><td></td><td></td></tr>
<tr><td colspan="3">算术平均价格</td><td></td><td></td><td></td><td></td><td></td></tr>
<tr><td colspan="3">加权平均价格</td><td></td><td></td><td></td><td></td><td></td></tr>
</table>

（3）制定出谈判的目标价格体系。

项目六

商务谈判语言沟通

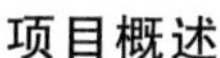

项目概述

语言是传递信息的媒介，是人与人之间进行交际的工具。商务谈判是谈判者运用语言传达意见、交流观点的过程。因此，语言表达方式是否恰当往往决定了谈判的成败。商务谈判语言沟通主要体现在谈判中叙述、提问、答复和说服等各项技巧方面。

项目结构

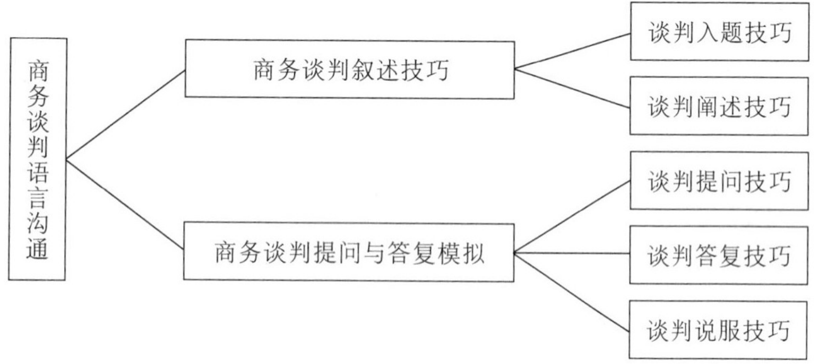

任务一　商务谈判叙述技巧

【任务目标】

● 知识目标：明确谈判中的叙述技巧、叙述原则和运用要点。
● 能力目标：通过学习训练，能够在谈判中根据实际情况采取恰当的叙述语言。

【任务导入】

巧妙的开场白

背景与情境：

有一次，汤平难得有机会去拜访一个重要客户，到了对方的办公室，他发现墙上挂着一副字，写着“正德厚生 臻于至善”。

汤平指着这副字说：“这字写得好呀！”

客户说：“这是我们公司的核心价值观。”

“这两句话阴阳平衡，有龙马之气啊！”汤平说。

“哦，这话怎么说？”客户来了兴趣。

“‘正德厚生’，是要对人、对社会有宽厚关爱之心，是社会责任，正是‘地势坤，君子以厚德载物’之意啊，这是阴。而‘臻于至善’是‘大学之道，在明德，在亲民，在止于至善’，正是‘天行健，君子当自强不息’啊，这是阳。两句话在一起正是阴阳平衡，乾坤之道，龙马精神啊！”汤平进一步解释。

客户听了大为喜悦，对汤平的解说赞不绝口，无形中拉近了双方的距离。

思考：

分析汤平与客户交谈的开场采用了什么语言技巧？

学一学

叙述就是介绍己方的情况，阐述己方对某一个具体问题的看法，从而使对方了解自己的观点、方案和立场。谈判过程中的叙述大体包括“入题”和“阐述”两个部分。

一、入题技巧

谈判双方刚进入谈判场所时难免会感到拘谨，尤其是谈判新手，在重要谈判中，往往会产生忐忑不安的心理。为此，必须讲求入题技巧，采取恰当的入题方法。

（一）迂回入题

为避免谈判时单刀直入，过于直白，影响谈判的融洽气氛，谈判可以采用迂回入题的方法，如：先从题外话入题，从介绍己方谈判人员入题，从“客套话”入题，从介绍本企业的生产、经营、财务状况入题等。

①从题外话入题。通常可将有关季节或天气情况作为话题，将目前流行的事务作为

话题，以及有关社会新闻、旅行、艺术、社会名人等作为话题。通过上述题外话入题，要做到新颖、巧妙，不落俗套。同时要注意，在采用这种方法时，不得涉及以下问题：

个人隐私。不要询问对方的年龄、收入、婚姻状况。不要根据对方的外貌对别人的健康状况妄加评论，除非你是在赞美对方。例如“我觉得你的气色不太好，是不是肾脏有毛病啊？我们中医很神奇的，我可以介绍给你一个偏方……”诸如此类的中国式关怀切忌在国际商务谈判场合使用。

敏感的政治话题。不要提及双方都敏感的话题，如双方国家在历史上的战争敌对行为、领土纠纷、军事秘密以及两国在当代国际问题上的不同见解等敏感话题。

行业内幕。不要议论同行的是非，包括己方的同行和对方的同行。当然，在谈判过程中，为了加重己方的砝码，难免会涉及同行，这是一种谈判中的攻防策略。我们在此强调的是不要无端地在背后议论同行的是非，以免对方对你的人品产生怀疑。

过于庸俗无聊的话题。国际明星、政治人物的绯闻，一些未经证实的小道消息等无聊内容要避免涉及，以免对方对你的学识和修养产生不好的印象，进而影响谈判的顺利进行。

②介绍己方谈判人员入题。通常可简略介绍自己一方人员的职务、学历、经历、年龄等，既打开了话题，消除了忐忑心理，又充分显示了一方强大的阵容。这种做法既能够给对方造成适度的心理压力，又能够使得对方对己方的专业水平产生信赖感。

③以客套话入题。可以从不同角度出发，一是尽量赞美或者关心对方，这种方法的切入点很多，如可以赞美对方的国家（或是城市）、文化，或者是风景名胜，也可以询问对方此次出行的感受、说些欢迎来访之类的话等等。二是介绍本地风景名胜、文化特色，希望客人对本次行程留下美好的印象。这种入题方法一般可以和其他入题方法综合使用。

使用“以客套话入题”时要特别注意，如果对方是国内客人，并且是在我方所在地谈判，可以谦虚地表示各方面照顾不周，可称赞对方的到来使我处蓬荜生辉，或者谦称自己才疏学浅、缺乏经验，希望通过谈判建立友谊等等之类的客套话。但是自谦要适度，否则，将会被对方认为你是虚伪而缺乏诚意。另外，在进行国际贸易洽谈时，使用这种入题方法时，谈话内容的选择更要谨慎，由于中外文化的差异，上述很多中国式的客套话会使对方感到困惑不解，此时应该把话题集中在询问旅行感受、欢迎来访、预祝谈判成功等无关痛痒却又凸显主人热情的话题上。

④介绍己方基本情况。以自己一方的生产、经营、财务上的优势入题，可先声夺人，提供给对方一些必要的资料，充分显示己方雄厚的财力、良好的信誉和质优价廉的产品等基本情况，从而坚定对方谈判的信心。

（二）先谈细节，后谈原则性问题

围绕谈判的主题，先从洽谈细节问题入题，条分缕析，丝丝入扣，待各项细节问题谈妥之后，也就自然而然地达成了原则性的协议。此类方法多用于中小规模、细节简单的贸易谈判。

（三）先谈一般原则，后谈细节问题

一些大型的商务谈判，由于需要洽谈的问题千头万绪，双方高级谈判人员不应该也

不可能介入全部谈判，往往要分成若干等级进行多次谈判，这就需要以先谈原则问题，再谈细节问题的方法入题。一旦双方就原则问题达成一致，那么洽谈细节问题也就有了依据。

【教学互动6-1】

互动内容：

请结合一次模拟谈判情境，列举几个入题预案。

互动要求：

（1）结合一次具体的模拟谈判情境，小组讨论，每人列举一个入题话题。

（2）教师对学生列举的话题进行点评。

二、阐述技巧

（一）开场阐述

①开场阐述的要点。一是开宗明义，明确本次会谈所要解决的主题。以集中双方注意力，统一双方的认识。二是表明我方通过洽谈应当得到的利益，尤其是对我方至关重要的利益。三是表明我方的基本立场，可以回顾双方以前合作的成果，说明我方所享有的信誉；也可以展望或预测以后双方合作中可能出现的机遇或障碍；还可以表示我方可采取何种方式为双方共同获得利益做出贡献等。四是开场阐述应是原则性的，而不是具体的细节，应尽可能简明扼要。五是表达方式要轻松。开场阐述的目的是让对方明白我方的意图，以创造协调的洽谈气氛，因此，阐述应以诚挚而轻松的方式来表达。

②对待对方开场阐述的反应。一是认真耐心地倾听对方的开场陈述，弄懂对方开场阐述的内容，思考和理解对方阐述的关键问题，以免产生误会。二是如果对方开场阐述的内容与我方差距较大，不要打断对方的阐述，更不要立即与对方争执，而应当先让对方说完，认同对方之后再巧妙地转开话题，从侧面进行反驳。

（二）鼓励对方首先阐述

在商务谈判中，当对市场态势和产品价格最新变化不太了解，或者没有被授予谈判的决定权时，一定要让对方首先进行阐述，然后再审慎地表达意见。有时即使对市场态势和产品定价比较了解，心中有明确意图，而且有足够的决定权时，也不妨让对方先阐述利益要求，然后再在此基础上提出自己的看法和要求。这种后发制人的方式，常能收到奇效。

（三）坦诚相见

谈判中应当提倡坦诚相见，不但将对方想知道的情况坦诚相告，而且可以适当透露我方的某些动机和想法。坦诚相见是获得对方信赖的好方法，人们往往对坦率诚恳的人有好感。

不过，应当注意的是，与对方坦诚相见难免要冒风险。对方可能利用我方的坦诚逼我方让步，我方可能因为坦诚而处于被动地位。因此，坦诚相见是有限度的，并不是将一切和盘托出，总的来说，谈判中的坦诚相见只是一种策略，应该以既赢得对方信赖又不使自己陷于被动或丧失利益。

（四）正确使用语言技巧

①通俗易懂。在谈判过程中，所使用的语言要规范，要通俗，要使对方很容易听得明白。如有时确需使用某些专业术语，则应以简明易懂的惯用语加以解释。一些特别生僻难解的行话，应坚决弃用。一切语言均要以达到双方沟通，保证洽谈顺利进行为前提。

②简明扼要，突出重点。由于人们有意识的记忆能力有限，对广大量的信息，在短时间内只能记住有限的、具有特色的内容，所以，我们在谈判中一定要用简明扼要而又有条理性的语言来阐述自己的观点。这样，才能在洽谈中收到事半功倍的效果。反之，如果信口开河，不分主次，零零散散地讲了一大通话，不仅不能使对方及时把握要领，而且还会使对方产生厌烦的感觉，这是应当引以为戒的。

③表述准确。在谈判过程中，当对方要我方提供资料时，我方第一次就要说准确，不要模棱两可，含混不清。如果我方对对方要求提供的资料不甚了解，应延迟答复，切忌脱口而出。对于己方要表达的原则性问题，更要陈述清楚，不可含糊。

④语言风格因对手而异。谈判过程中所使用的语言，应当丰富，灵活，富有弹性。对于不同的谈判对手，应使用不同的语言。如果对方谈吐优雅，很有修养，我方语言也应十分讲究，做到出语不凡。如果对方语言朴实无华，那么我方用语也不必过多修饰。如果对方语言爽快，直露，那么我方也不要迂回曲折，语言晦涩。总之，要根据对方的学识、气质、性格，修养和语言特点，及时调整我方的洽谈用语。这是迅速缩短谈判双方距离，实现平等交流的有效方法。

⑤发言紧扣主题。任何经贸洽谈的双方，都是怀着一定的目的，肩负着一定的使命来到谈判桌前的，这便决定了每次谈判必须有一个主题。由于时间有限，在谈判中双方都要紧紧围绕主题进行阐述，与谈判主题无关的意见不要发表，以免使对方产生困惑和疑虑。同时，在谈判中，对于己方的立场问题也不要转变抹角，态度暧昧，以免给谈判带来障碍。

⑥措辞得体，不走极端。在谈判过程中，有时难免会发生尖锐、激烈的争论。但即使在这种情况下，也要尽量以和缓的语言表达自己的意见，不仅语调要温柔，而且措辞要得体，适合场面需要。最好不说过于极端的语言，如过分强调自我（如“毫无疑问，贵公司根本不可能找到比我公司更好的供应商”）或过分地强调对抗以免易刺伤对方自尊（如“我公司的产品从来就不讲价，这一点你应该听说过吧”），以免引起对方反感，带来尴尬场面，影响谈判进展。还有些情绪化的、带有不满情绪的话语，可能会使对方对你的谈判诚意产生怀疑，致使谈判走上歧途或者中断，也是少说为佳。

⑦注意语调、语速、声音、停顿和重复。不同的语调可赋予同一句话以不同的含义，也可以表达说话者不同的思想感情。例如：“这价格不错”，若以平常的语调讲，则是一个肯定的评价，表达了说话者对这一价格的同意或赞赏。若以高调带拖腔的方式讲出，则是一个带有否定性的评价，表达了说话者对这价格的不满。谈判者应通过语调的变化显示自己的信心决心、不满疑虑和遗憾等思想感情。同时，也善于通过对方不同的语调来洞察对方肯定、赞赏、否定、不满等感情变化。

语速要适中，不宜太快，尤其是在进行翻译的情况。谈判者说活的目的是让对方听

懂记住。如果说得太快，对方既听不清、也记不住，不仅达不到说话者预期的目的，还可能使对方产生不被尊重感觉。因此，如果想让对方注意你的谈话，就要把速度放平稳，慢慢地流畅地说。当然，速度也不要太慢，更不要长时间地、一个个地吐单字。

谈判者声音的高低强弱，也是影响谈判效果的重要原因之一。声音过高过响，震耳欲聋，无法使人感到亲切；声音过低过弱，嗫嗫嚅嚅，无法使人感到振奋。因此，应当合理使用声音的强弱，最好有高有低，抑扬顿挫，犹如一幕戏，有高潮、低谷，还有收尾，让对方感到自然舒适。

在谈判中，当你滔滔不绝地阐述观点、发表意见时，突然停顿或者有意识地重复某几句话，能起到意想不到的作用。它可以引导听者对停顿前后的内容和重复的内容进行回顾和思考，从而加深双方的理解和沟通，停顿还能给对方机会，使之抒发己见，打破沉默，活跃谈判气氛。

⑧注意转折迂回，避免一泻千里。转折迂回是指在谈判过程中转换话题，放弃对某些问题的讨论或绕弯子说服对方的技巧。这种技巧的运用，是掌握谈判主动权的必然要求。转折迂回技巧一般适用于下列场合：想避开对自己一方不利的话题；不同意某些观点，但又不便于直接否定对方；想拖延对某些问题做出决定的时间；想把问题引向对自己有利的方面；想转移角度阐述问题一说服对方等等。

转折迂回的技巧主要表现在：当遇到对我方不利的问题时，主动避开对方谈锋，将谈话重点撤回到对我方有利的问题上来，答非所问或不直接回答对方的问题，统弯子解释或提出新问题；谈一些题外话题，冲淡一下主题，或有意识地谈些意思不清的话，鼓励我方人员作不相关的交谈；改变原定排序和计划，忽然提出一个令对方不能马上接受的方案；提议某些问题要调查后再讨论；否认某些问题的存在等等。

有时遇到特大的难题或突然出现新问题，致使谈判无法继续进行，也可于谈判暂停后采取下列相应措施：提出更换新的谈判负责人，重新调整谈判班子；提出更重要的或全新的问题，提出扩大交易范围；提供更详细的资料，使对方难于决断，尽量拖延，接口要向上级汇报；借助新闻界的力量帮助我方宣传；提出改变商谈的场所；有意识地与对方的竞争者频繁接触等等。

使用转折迂回技巧应当慎重，要区别轻重缓急。如在遇到对方无理纠缠，同时我方又不希望谈判破裂时，可适当采用上述折冲迂回技巧；在谈判比较正常地进行时，可经常使用“可是……”“但是……”“虽然如此……”“不过……”“然而……”等比较和缓的转折用语达到转折迂回，使问题向有利于我方的方向转化的目的。

⑨使用解围用语。谈判出现困难，无法达成协议时，为了突破困境，给自己解围，并使谈判继续进行，可使用下列解围用语：

“真遗憾，只差一步就成功了。”

“就快要达到目标了，真可惜了。”

“行百里者半九十，最后的阶段是最难的啊。”

“这样做，肯定对双方都不利！”

“既然事已至此，懊恼也没有用，还是让我们再做一次努力。”

“我相信，无论如何，我们都不希望前功尽弃！”

使用这种解围用语，有时确能产生较好的效果。只要双方都有谈判诚意，对方可能会欣然接受你的意见，从而促进谈判的成功。

⑩积极评价每一次阶段性的谈判结果。不要以否定性的语言结束谈判，从人的记忆习惯来说，在某一场合他所听到的最后一句话，常常能留下很深的印象。所以，在谈判重要注意，不能以否定性的语言来结束谈判。假如你忽视了这一条，以否定性的话语结束会谈，那么，这句话将会给对方造成一种不愉快的感受，并且使其印象深刻。对下一轮谈判将会带来不利影响，甚至危及上一轮谈判中谈妥的问题或达成的协议。所以，在谈判终了时，最好能给谈判对手正面评价，并可稳健中肯地把谈过的议题予以归纳。例如："您在这次谈判中表现很出色，给我留下深刻的印象"，"您处理问题大刀阔斧，钦佩，钦佩"，"今天会谈在某问题上达成一致，但在某方面还要再谈"，"对贵方某要求，将予以研究，待下次会议再谈。"

不论谈判结果如何，对参与谈判的人来说，每一次谈判都是双方的一次合作，因此，一般情况下要在谈判结束时对对方的合作表示谢意，对对方的出色表现给予肯定，或者简要概括一下谈判的效果，既是谈判者应有的礼节，对今后的谈判也是有益的。

案例解析6-1

赞美——迂回入题的魅力

背景与情境：

美国华克公司承包了一项建筑工程，在费城建立一座庞大的办公大厦。不料就在接近完工阶段，负责供应内部装修用铜器的承包商忽然宣布无法如期交货。这样一来，整个工程将要延期，并要向发包方支付大笔罚金。于是，长途电话不断，铜器承包商是一个脾气暴躁的人，面对华克公司直截了当的指责，他大发脾气，双方为此争吵不休，一次次电话交涉都没有结果。最后华克公司只好派高先生前往纽约面见铜器承包商。

高先生一走进那位铜器承包商的办公室，就微笑着说："你知道吗？在布洛克林巴，有你这个姓氏的人只有一个。哈！我一下火车就查找电话簿想找到你的地址，结果巧极了，这个姓氏只有你一个人！"

铜器承包商的表情由初始的冷漠逐渐缓和，"是吗？我一直没有注意到呢！"，他一边说着，一边兴致勃勃地翻阅起电话簿。"嗯，不错，果真是一个不平常的姓氏！"铜器承包商骄傲地说："我的家族是从荷兰移居纽约的，几乎有200年历史了！"

铜器承包商继续滔滔不绝地讨论他的家族和祖先，高先生一直饶有兴趣地倾听着，当他终于说完之后，高先生道："所以说，只有拥有这样高贵的姓氏的人，才能拥有像这样一座大规模的工厂！"。铜器承包商很有成就感地说："这座工厂是我花了一生的心血建立起来的事业，我为它感到骄傲，你愿不愿意到车间参观一下？"

高先生欣然前往，参观中，高先生一直对工厂的组织管理、机器设备、厂

房环境赞不绝口，铜器承包商更加高兴了，他还专门介绍了其中的一些机器，说它们还是自己发明的呢！高先生立即很有兴趣地请教承包商这些机器如何操作……就这样一直到了中午，铜器承包商坚持要请高先生吃饭，他对高先生说："现在到处都有人需要铜器，但是很少有人像你这样对这一行如此感兴趣的！"

直到这时，高先生一次也没有提及此次访问的真正目的。午餐之后，铜器承包商说："现在，我们谈谈正事吧！当然，我早就知道你此次来访的目的，但是我没有想到我们的谈话会是如此的愉快。你可以带着我的保证回费城去，我保证你们急需的材料会如期运到。虽然这样做会给我另外一笔生意带来损失，不过，我认了！"

思考：

结合案例分析"迂回入题"技巧在谈判中的作用。

做一做

【谈判训练6-1】焦炭产品买卖谈判叙述

一、实训目的和要求

本实训着重训练谈判者运用语言传达意见、交流观点的基本能力。让受训者初步掌握商务谈判中的叙述技巧、原则和运用要点。

二、场景设计

本环节，我们继续沿用项目五"谈判训练5-1"中的谈判案例，从语言沟通角度进行分析和训练。

卖方：中国SX五矿进出口公司，中国较大的经营冶炼、铸造用焦炭产品的生产和出口商。

买方：印度TT贸易有限公司，印度著名的焦炭采购商之一。

印度TT公司为改善高品质焦炭货源供给，通过多种渠道获得了中国SX五矿进出口公司的资料，并通过函电表达了愿意与中国SX五矿进出口公司就冶金焦、铸造焦、增炭剂等冶金用炉料展开长期贸易合作的意向。中国SX公司也正好有扩大海外市场的想法，于是邀请印度TT公司的贸易代表来华进行实质性的谈判。

谈判标的：1. 中国原产冶金焦，20 000吨/月。

2. 中国原产铸造焦，1 500吨/月。

3. 中国原产增炭剂，1 000吨/月。

谈判性质：会晤谈判。

谈判地点：中国SX五矿进出口公司2号会议室。

中方SX公司谈判小组成员：

李维扬先生：碳素分公司经理，卖方主谈人。

韩涛先生：生产技术部工程师，技术代表。

冯晓玲女士：财务部会计，财务代表。

张娜女士：公司办公室秘书，翻译兼书记员。

印度TT公司谈判小组成员：

潘迪特·辛格：TT公司进口部经理，买方主谈人。

拉尔·巴哈杜尔·夏斯特里：TT公司谈判助理。

特里帕蒂·德布拉：TT公司谈判助理。

三、训练步骤

第一步，入题阶段。第一轮谈判于2008年10月12日早上9点30分在中国SX五矿进出口公司2号会议室准时开始。中方主谈人李维扬先生首先对依次落座的中方代表进行了简要的介绍，双方谈判小组成员互换名片，彼此熟悉对方的姓名、相貌和背景。

李维扬先生面带微笑，用流利的英语说道："首先，我代表中国SX五矿进出口公司，热烈欢迎以辛格先生为首的TT公司客人"。印度人名较长，一般分为两至三节，前一至两节为名，后一节为姓，按照印度习惯，直接称呼姓氏即可。

辛格先生也微笑着应答："谢谢李先生，谢谢SX公司！我们也很荣幸来到贵公司，认识您我很高兴。"

李维扬接着说道："我们也很高兴能够结识来自TT公司的朋友，我们知道印度TT公司是行业内知名的买家，在国际炉料采购界享有很高的声誉，能够和这样一个公司进行长期的业务合作一直是我公司所期待的。我公司从2003年以来，一直是中国原产冶金焦的最大出口商，我们的冶金焦产品在北美、欧洲和亚洲的大部分市场都有很好的市场表现，因为我公司的充足生产能力和优良货物品质一直为世界大多数买家所称道。就我本人来说，由于公司业务的全球化，我有幸结识了世界各地很多实力雄厚、诚实守信的买家，并且通过愉快的长期业务合作，我和他们都慢慢变成了好朋友。印度和中国一样，是一个拥有着悠久历史和灿烂文化的国家，我本人十分热爱印度文化，希望通过贵我两公司的真诚合作，我本人也能和辛格先生成为好朋友！"

在开场白的客套话中李维扬首先热情地称赞了对方，同时又巧妙地掺入了对己方公司的简单介绍，辛格先生听了感到很高兴，他答道："我们在谈判之前对贵公司就已经有一定的了解，听了李先生的介绍，我们对贵我两公司今后的长期合作更加充满信心，而我本人是第一次来到中国，我喜欢这个充满了古老的神秘感，同时又不断焕发着全新活力的伟大国家。我希望今后能够经常的访问中国，也更加希望能够有幸成为李先生的好朋友！"

李维扬点点头表示感谢："谢谢辛格先生，希望在接下来的几天里，我们不仅能够圆满地完成此次谈判，而且有时间邀请诸位尽情游览本地的风景名胜，希望你们的中国之行过得愉快！"。

中方的技术代表韩涛用中文友好地对辛格的谈判助理道："夏斯特里先生和德布拉先生也是第一次来中国吗?"，张娜很快将韩涛的话翻译成英文。

TT公司的两个谈判助理友好地点了点头，夏斯特里先生道："我们也是第一次到中

国，中国很大、很美，我们都非常喜欢”……

韩涛答道：“谢谢您的赞美，印度客人的到来使我公司蓬荜生辉，我本人一直从事焦炭生产有关的技术科研工作，本人才疏学浅，对外贸更是缺乏经验，希望通过这次谈判从您那里学到更多的东西！”韩涛说完之后把目光转向翻译张娜。张娜显然是在翻译韩涛的话时遇到了一些问题，她知道蓬荜生辉的原意是一句中国式的谦语，指由于贵客的光临为自己的贫贱之家增加了光彩，但是她一时想不出如何把这句话翻译得恰到好处，既让印度客人听懂，又不产生歧义。

李维扬注意到了张娜的困惑，连忙抢先翻译道：“韩先生说他本人是一名从事焦炭技术研究的资深工程师，很高兴能够成为此次谈判小组的成员之一。他希望能够利用自己的技术专长帮助此次谈判取得圆满成功，并且希望通过这次谈判向诸位学习更多的贸易谈判知识。”印度客人听了李维扬的话纷纷客气地点头。张娜在一旁禁不住悄悄地舒了口气。

在李维扬的巧妙调节之下，中印双方的谈判气氛由陌生、拘谨变得渐渐活跃起来，正当李维扬准备进入正式谈判阶段时，忽然听到己方技术代表韩涛突兀地问了辛格先生一句没头没脑的题外话：“听说你们印度的海军里早就配备了西方退役的航空母舰？据说你们还在制造另外三艘，这个消息属实吗？”

印度客人愣了一下，显然他们没有想到韩涛会忽然冒出这样一个与谈判内容毫不相干的问题来。只见辛格先生有些僵硬地答道：“很抱歉，我们公司并不隶属印度军方，所以无法准确回答您的问题。”韩涛听了辛格先生的回答也感到有些尴尬，双方忽然冷了场。辛格先生不解地追问道：“我们TT公司是一家纯粹的私营贸易公司，和政府、和军方都没有任何联系，也从来不带有任何政治偏见，不知贵公司忽然提出这个问题是什么意思？”

李维扬连忙笑着道：“辛格先生一定是误会了，韩先生是个军事迷，他对各国的武器装备都十分感兴趣，我猜韩先生只是想知道辛格先生是不是和自己有共同的爱好而已。可以肯定的是，航空母舰也绝对不在本公司的业务范围之内！我想韩先生更愿意把这个问题留给美国总统去讨论，而我们的谈判内容恐怕只能是大家的老本行——焦炭国际贸易！”会议室里传出一阵会心的笑声。

第二步，开场阐述。李维扬见会谈气氛已经恢复正常，随即抓住机会进入正式的开场阐述。李维扬对印度客人道：“下面我想谈谈本次谈判的议题和大致的议程，这只是我公司的单方面想法，如果辛格先生觉得需要调整的话，欢迎提出意见！”

辛格先生点头同意，李维扬继续阐述道：“本次谈判是涉及包括冶金焦、铸造焦和增炭剂三个产品的长期订单。对中国SX公司而言，印度TT公司是我们打开印度市场的最重要的桥梁，而对贵公司来说，中国SX公司将成为TT公司最稳定、最优质的货源基地。中国SX公司十分重视此次谈判，我公司希望通过此次合作成为TT公司的长期业务伙伴，以真诚的合作实现双方的共赢。由于这是一个一揽子贸易谈判，所以我方建议先在第一轮谈判中把三种商品的价格确定下来，然后再谈其他交易条件，不知道贵方认为如何？”

辛格与同事交流看法后同意了中方的议程安排，随后辛格先生要求中方正式报价。

李维扬先生随即递交了SX公司打印好的产品报价单。

1.主产品：一级冶金焦，天津新港离岸价，每吨565美元

2.辅助产品：铸造焦，天津新港离岸价，每吨680美元

3.辅助产品：增炭剂，天津新港离岸价，每吨650美元

印度客人看完报价之后低声耳语了片刻，然后由夏斯特里先生发言道："我们认为贵公司的报价严重虚高，完全背离了现行的市场价格，我们非常想知道，贵公司的报价依据是什么？我们希望贵公司进行大幅度修正之后重新报价！"夏斯特里的表情十分平静，但是措辞却很严厉。

中方技术代表韩涛听了有些生气，立即用中文大声答复道："我们之所以敢报出这样的价格，当然是有原因的，如果没有金刚钻，我们绝对不敢揽这个瓷器活。这是我方的产品质量指标，这是同行业一级冶金焦的平均指标，你们可以对比一下，我方的产品在灰分、含硫等主要指标上远远好于同行业的数据，我想贵方不至于连优质优价的道理都不懂吧？"韩涛是个心直口快的人，他一边激动地说着，一边把相关的技术数据资料递交给三位客人。

张娜将韩涛的话原样翻译出来，但是省略了"如果没有金刚钻，我们绝对不敢揽这个瓷器活。"这一句，因为她一时找不到合适的翻译方法。即便如此，印度客人看着韩涛慷慨激昂的表情，听着他那高亢激烈的语气，依旧显得很不高兴，辛格轻轻地推开摆在自己面前的资料，十分不快地对李维扬道："我现在不想看什么数据和材料，我只知道贵司的报价距离市场行情和我们的要求都相距甚远，所以如果你方不能改善报价的话，我们会认为你们缺乏合作的诚意。"

李维扬还是一副波澜不惊的样子，他依旧微笑着用英语解释道："SX公司渴望与贵司长期合作的诚意是毋庸置疑的，我想我们最大的问题在于缺乏沟通，您能不能谈谈贵公司对产品价格的具体期望？"

辛格依旧阴沉着脸答道："我们希望在中国采购到价格公道，质量过硬的产品，就是这些，贵公司目前的报价似乎根本不符合我们的要求，更何况据我所知，贵公司强调的那些优异的产品质量指标，在任何一个中国焦炭企业都是可以做到的，把这些作为强调优质优价的理由显然并不是什么很好的借口。"老练的辛格并不急于说出己方的价格目标。

中方财务代表冯晓玲女士忍不住解释道："辛格先生认为我们的产品价格有什么不合理的地方？如果你认为报价不合理，那么合理的价格应该是多少？我公司的报价是严格按照中国的行业惯例，也就是按照三高三低的法则制定出来的……"

辛格先生忽然打断了冯晓玲的话："尊敬的冯女士，请原谅我冒昧地打断您，我不清楚也不想知道你们中国的行规，我只是想知道，贵公司有没有改善报价的打算？"

第三步，鼓励性总结陈述。

李维扬见谈判进入了僵局，如果这时自己再加入辩论势必导致谈判过早进入僵局。于是连忙圆场道："辛格先生，我看这样好不好？现在已经接近午餐时间，我们安排工作人员带诸位到宾馆进餐，并略作休息。很遗憾我们中午不能陪诸位一起进餐了，因为

改善报价是一件大事，我们必须将报价方案紧急提交总公司批准，以便保证我们下午三点的谈判准时开始，您看这样安排是否合适？”

辛格耸了耸肩膀道：“目前这也许是最好的方法了！但是我不得不坦率地说一句，我们整个上午都在浪费时间，如果贵公司还要延续这种做法的话，我想谈判不会有任何的进展。”

李维扬道：“对于这一点，我倒有些不同的意见，起码我们双方在这一阶段的谈判里阐明了各自的立场，互相增进了了解。并且，您应该看到我们的诚意：我方的谈判小组将牺牲午餐时间与上级紧急磋商有关改善报价事宜，这一切不都是我们上午谈判的成果吗？辛格先生是一位经验丰富的谈判专家，我想您一定同意我的看法，尽管谈判的过程不是一帆风顺，但是我们终究会达成合作意向的，不是吗？”

……

紧张的谈判气氛再次得到了缓解，双方谈判成员有说有笑地走出了会议室。

注意事项：商务谈判虽然有很多种叙述技巧，但是由于每个谈判者在性格、修养、文化背景等各个方面存在很大的差异，因此形成了迥然相异的叙述风格，因此在运用不同叙述技巧和方法进行叙述训练时应因人、因事而异，切不可一味生搬硬套、哗众取宠。要知道，良好的谈判叙述风格的养成，除了恰如其分地运用谈判叙述方法和技巧之外，个人文化修养、表达能力文明礼貌等方面的素质养成是至关重要的基础，受训者必须针对以上方面进行长期不懈的努力。

四、效果评价

根据学生出勤、课堂讨论发言情况进行评定。小组成员共同初评出个人成绩档次（优秀、良好、中等、及格、不及格）；小组长评定出所有组员的成绩；教师和各小组长共同综合评出各小组成绩，在此基础上给出个人最终成绩。

个人最终成绩=20%×表6-1成绩+80%×表6-2成绩

表6-1 **各小组成员个人成绩评价表**

小组个人成绩 / 小组成员姓名	优秀	良好	中等	及格	不及格

注：考评满分为100分，60分以下为不及格；60～69分为及格；70～79分为中等；80～89分为良好；90分以上为优秀。

表 6-2　　小组报价模拟评价表

评价内容	分值（分）	评分（分）
（一）有关“三、训练步骤”中的问题思考		
1.在谈判的入题阶段，李维扬采用了哪些入题技巧？	10	
2.解释李维扬运用了何种迂回入题技巧，让印度客户了解本公司的行业地位和实力？	10	
3.请分析在入题阶段，中方代表韩涛在与夏斯特里先生的谈话中所犯的第一个错误。	10	
4.请分析在入题阶段，中方代表韩涛在与辛格先生的谈话中犯的第二个错误。	10	
5.试分析李维扬是如何为韩涛解围的。	10	
6.在开场阐述阶段，中方技术代表韩涛针对印度客人的价格评论，以技术代表的身份做了一番阐述，你认为他的阐述有什么问题？	10	
7.中方财务代表冯晓玲在最后的阐述中存在什么问题？	10	
8.在临近中午的时候，谈判又一次陷入僵局，请你分析一下中方代表是采用什么样的语言技巧化解僵局的。	10	
（二）案例分析		
1.结合案例分析“迂回入题”技巧在谈判中的作用。	10	
2.总结谈判中“迂回入题”技巧有哪些切实可行的具体方法。	10	
叙述模拟操作总体评价	100	

注：考评满分为100分，60分以下为不及格；60～69分为及格；70～79分为中等；80～89分为良好；90分以上为优秀。

任务二　商务谈判提问与答复模拟

【任务目标】

● 知识目标：掌握谈判中的提问、答复以及说服的技巧。

● 能力目标：通过学习训练，能够在谈判中根据实际情况恰当的提问、答复与说服。

【任务导入】

周恩来巧答记者提问

背景与情境：

一位西方记者曾经讥讽地问周恩来总理一个问题："请问，中国人民银行有多资金？"周总理深知对方是在讥笑中国的贫困，如果实话实说，自然会使对方的计谋得逞，于是答道："中国人民银行货币资金嘛，有十八元八角八分。中国银行发行面额为十元、五元、二元、一元、五角、二角、一角、五分、二分、一分的十种主辅人民币，合计为十八元八角八分。"

思考：

请分析周恩来采取了什么技巧答复记者提问。

学一学

一、提问技巧

谈判中常运用提问技巧作为摸清对方真实需要、掌握对方心理状态、表达自己意见观点进而通过谈判解决问题的重要手段。这样可以获得自己不知道的信息、不了解的资料；也可以传达自己的感受，引起对方的思考；还可以控制谈判的方向，使话题趋向结论。

（一）提问的类型

1.封闭式提问

封闭式提问是指在一定范围内引出肯定或否定答复的提问。例如："您是否认为售后服务没有改进的可能？"这种提问，可使提问者获得特定的资料，而一般情况下答复者也不需要太多的思考过程和时间即能给予答复。当然，这种提问有时会产生一定的压力。

2.开放式提问

开放式提问是指在广泛的领域内引出广泛答复的提问。这类提问通常无法以"是"或"否"等简单字句答复。例如："请问您对我公司的印象如何？""您对当前市场销售状况有什么看法？"由于开放式提问不限定答复的范围，所以答复者可以畅所欲言，提问者也可以得到广泛的信息。

3.婉转式提问

婉转式提问是指在没有摸清对方虚实的情况下，采用婉转的语气或方法，在适宜的场所或时机向对方提问。这种提问，既能避免被对方拒绝而出现难堪局面，又可以自然地探出对方的虚实，达到提问的目的。例如，谈判一方想把自己的产品推销出去，于是便试探地问："这种产品的功能还不错吧？您能评价一下吗？"如果对方有意，他定会接受；如果对方不满意，他的拒绝也不会使我方难堪。

4.澄清式提问

澄清式提问是指针对对方的答复重新措辞，使对方证实或补充原先答复的一种提

问。例如，“您刚才说对目前正在进行的这宗生意可以作取舍，这是不是说您拥有全权与我进行谈判？”澄清式提问不仅能确保谈判双方在同一语言层面上沟通，而且可以从对方处进一步得到澄清、确定的反馈。

5.探索式递进提问

探索式递进提问是指围绕谈判焦点问题，利用其他次要条件举例试探，在假设前提下，做出连续的小幅度虚拟让步，通过每一次虚拟让步换取谈判对手的答复，层层推进，直至达到主要目标的一种提问方法。例如，“我们想增加购货量，价格能否更优惠些？”在得到对方肯定的答复后继续试探，“那如果我们可以提前预付款，价格能不能进一步优惠一些？”探索式递进提问不仅可以探测到对方对某一问题的进一步的意见，而且可以发掘更多的信息。

6.借助式提问

借助式提问是指借助权威人的观点、意见影响谈判对手的一种提问。采用这种提问方式时应当注意，所借助的人或单位应是对方所了解的、能对对方产生积极影响的，如对方不了解借助人，或对他有看法，就可能引起反感，效果适得其反。

7.强迫选择式提问

强迫选择式提问是一种将自己的意志强加给对手，并迫使对方在狭小范围内进行选择的提问。例如，“付佣金是符合国际贸易惯例的，我们从其他供应商那里一般至少可得到3%~5%的佣金，我想贵方这样的大公司应该也不例外吧？”按理说，在提出这类问题之前，发问者至少应先取得给付佣金一方的承诺。但是，这种提问却把这一前提去掉，直接强迫对手在给出的狭小范围内进行选择，可谓咄咄逼人。当然，运用这种提问方式要特别慎重，一般应在我方掌握充分主动权的情况下使用。否则，很容易使谈判出现僵局，甚至出现破裂。

8.引导式提问

引导式提问指以客观事实或者双方都承认的观点为依据，运用正确的逻辑推理，引导对方逐步走向己方坚持的观点，等对方醒悟时，已经无法辩驳。引导式提问具有强烈的暗示性。例如，“您刚才也说过，经销这种商品，行业内的平均利润应该在5%对吗？可按照你方给我们的现价，我们只能平进平出，没有任何利润对吧？那么如果你方的折扣达不到5%的话，我方很难承受，这一点您是能够理解的对吗？”这类提问几乎使对方毫无选择地按发问者所设计的提问作答。

9.协商式提问

协商式提问，是指为使对方同意自己的观点，采用商量的口吻向对方发出的提问。例如，“你看给我方的折扣定为3%是否妥当？”这种提问语气平和，对方容易接受。而且，即使对方没有接受你的条件，但是谈判的气氛仍能保持融洽，双方仍有继续合作的可能。

（二）提问的时机

1.在对方发言完毕之后提问

在对方发言的时候，一般不要急于提问，因为打断别人的发言是不礼貌的，容易引起别人的反感。当对方发言时，要认真倾听。即使你发现了对方的问题，很想立刻提

问，也不要打断对方，可先把发现的和想到的问题记下来，待对方发言完毕再提问。这样，不仅体现了自己的修养，而且能全面地 、完整地了解对方的观点和意图，避免操之过急，曲解或误解了对方的意图。

2.在对方发言停顿、间歇时提问

如果谈判中，对方发言冗长，或不得要领，或纠缠细节，或离题太远，影响谈判进程，那么，你可以借他停顿、间歇时提问。这是掌握谈判进程、争取主动的必然要求。例如：当对方停顿时，你可以借机提问："细节问题我们以后再谈，请谈谈您的主要观点好吗？"或者，"第一个问题我们听明白了，那第二个问题呢？"

3.在自己发言前后提问

在谈判中，当轮到自己发言时，可以在谈自己的观点之前，对对方的发言进行提问。这时提问，不必要求对方回答，而是自问自答。这样可以争取主动，防止对方接过话茬，影响自己发言。例如："您认为仅仅降价2%能够起到促进销售的作用吗？我认为这个幅度是远远不够的"。

4.在议程规定的讨论时间提问

大型商务谈判，一般要事先商定谈判议程，设定讨论的时间。在双方各自介绍情况时一般不进行讨论，也不向对方提问。只有在讨论时间里，双方才可自由地提问，进行讨论。在这种情况下提问，要事先做好准备，可以设想对方的几种答案，针对这些答案考虑己方对策，然后再提问。在讨论前的几轮谈判中，要做好记录，归纳出谈判桌上的分歧，再进行提问，不问则已，一问就要问到点子上。

（三）提问的其他注意事项

1.注意提问的速度

提问时说话速度太快，容易使对方感到你不耐烦，甚至有时会认为你是在用审问的口气对待他，容易引起对方反感。反之，如果说话太慢，则容易使对方感到沉闷、不耐烦，从而也降低了你提问的力度。因此，提问的速度应该快慢适中，既让对方听懂你的问题，又不要使对方感到拖沓、沉闷。

2.注意对手的心境

谈判者受情绪的影响在所难免。谈判中，要随时留心对手的心境，在你认为适当的时候提出相应的问题。例如，对方心境好时，常常会轻易地满足你所提出的要求，而且还会变得粗心大意，很容易吐露一些相关的信息。此时，抓住机会，提出问题，通常会有所收获。

3.提问后，给对方以足够的答复时间

提问的目的是让对方答复，并最终收到令我方满意的效果。因此，谈判者在提问后，应该给对手以足够的时间答复。同时，自己也可利用这段时间对对手的答复以及下一步的提问进行必要的思考。

4.提问应尽量保持问题的连续性

在谈判中，双方都有各种各样的问题。同时，不同的问题存在着内在联系，所以，提问时，如果是围绕着某一事实，则提问者应考虑到前后几个问题的内在逻辑关系。不要正在谈这个问题，忽然又提一个与此无关的问题，使对方无所适从。同时，这种跳跃

式的提问方式也会分散谈判对方的精力，使各种问题纠缠在一起，没办法理出头绪来。在这种情况下，你的提问必然不会获得对方的圆满的答复。

二、答复技巧

在谈判中，答复问题是一件十分重要的工作。因为谈判者的回答是一种承诺，谈判者要为自己回答的每一句话负责任。因此，通常在谈判过程中，回答问题的人难免要承受一定的精神负担和压力。一个谈判者水平的高低，很大程度上取决于其答复问题的水平。

一般情况下，在谈判中面对谈判对手提出的较为规范的问题，应实事求是地正面回答。但是，由于商务谈判中的提问往往千奇百怪，五花八门，形式各异，其中有一些是对方处心积虑、精心营造的圈套，如果对所有的问题都正面提供答案，可能会提前泄露己方的最终意图，有时候还会落入对方的陷阱中进退两难。所以，在答复一些刁钻古怪，或者别有用心的问题时也必须运用一定的技巧。

1.大问小答

回答某些敏感问题的细节时应将提问者所提问题的范围缩小后回答，或者不作正面答复而仅对答复的前提或者结果加以修饰和说明。例如对方要求我方介绍专利生产工艺细节，以证明我方独特的生产工艺对产品质量提高的影响时，我方不必详细介绍保密的工艺细节，只需简要回答通过工艺创新使得产品质量的哪些方面得以提高即可。只谈效果，不谈如何做，能够让对方形成我方质量很好的印象才是目的。

2.有的放矢

有时，提问者为获取谈判对手更多的信息，有意识地含糊其辞，使所提问题模棱两可。此时，如果答复者没有摸清提问者的真实心理，就可能在答复中露出破绽，使对方有机可乘。因此，答复者在遇到这种情况时，一定要先进行认真分析，探明对方真实心理，然后再有的放矢地进行有效回答。在使用该技巧时要注意，一定要通过反问尽量定位对方的问题实质，不能轻易透露自己一方的真实意图。

如对方一上来就严肃地提出一个模糊笼统的问题："你方给出的交易条件过于苛刻，你方能够在哪几个方面尽快做出实质性的改善?"这时答复的一方一定要弄清楚对方的真实意图，因为提问方的真实目的或许有很多种，有可能是在全面试探你提出的诸多交易条件中哪些水分大些，也有可能只是嫌价格过高，也有可能是对付款方式、产品功能、包装交货时间等其余条件不满。如果贸然回答对方，很有可能暴露己方交易条件的薄弱环节。因为提问方或许只是对价格不满，而你却心虚地对己方的付款条件大加解释，这样很容易让对方意识到你方在付款条件上还有让步的空间，进而揪住这个问题不放。遇到这样含糊其辞的提问，最好的办法是反问对方，要求对方将提问的范围缩小，以利于自己有针对性地进行回答。

3.含糊其辞，借势反问

在谈判中，有时会遇到一些很难答复或者不便立即确切答复的问题，你可以采取含糊其辞，模棱两可的方法作答，也可利用反问把重点推移。这样，既避开了提问者的锋芒，又给自己留下了一定的余地，实为一箭双雕之举。例如，当对方询问我方产品价格

最低底线在哪里时，如果此时双方的谈判刚刚展开，对方意图不明，我方还未到抛出价格底线的时候，就可以这样答复："价格的确是双方都非常关心的问题，不过，我方产品的质量和我们的售后服务是一流的，相信贵方在了解了我方产品优异的品质和丰富的功能之后，会对价格有一个公道的评价。另外，我也想知道，贵方对这样好的产品愿意出多少钱?。"

4.降低提问者追问的兴致

提问者如果发现了答复者的漏洞，往往会刨根问底地追问下去。所以，答复问题时要特别注意不让对方抓住某一点继续发问，假如你在答复问题时真出现了漏洞；也要设法降低对方追问的兴致，有时，也可用这样的答复堵住对方的口："这个问题容易解决，但现在还不是时候。""现在讨论这个问题为时还早，是不会有什么结果的。""这是一个暂时无法回答的问题。"

5.三思而后答

一般情况下，谈判者对问题答复的好坏与思考的时间成正比。正因为如此，有些提问者会不断地催问，迫使你在对问题没有进行充分思考的情况下仓促作答。在这种情况下。作为答复者一定要保持清醒的头脑，沉着稳健，谨慎从事，不追求"对答如流"，也不必顾忌谈判对方的催问，而是告诉对方你必须进行认真思考，因而需要充分的时间。

6.礼貌地拒绝不值得答复的问题

谈判者有回答问题的义务，但并不等于说谈判者必须回答对方所提的每一个问题。特别是对某些不值得回答的问题，可以礼貌地加以拒绝。例如，在谈判中，对方可能会提些与谈判主题无关的问题，回答这种问题不仅是浪费时间，而且会扰乱你的思路。甚至有时对方有意提一些容易激怒你的问题，其用意在于使你失去自制力。答复这种问题只会损害自己，因此可以一笑了之。

7.找借口拖延答复

在谈判中，当对方提出问题而你尚未思考出满意答案并且对方又追问不舍的时候，你也可以用资料不全或需要请示等借口来拖延答复。例如：你可以这样回答："对您所提的问题，我没有第一手的资料来做答复，我想您是希望我为您做详尽圆满的答复的，但这需要时间，您说对吗?"不过，拖延答复并不是拒绝答复，因此，谈判者要进一步思考如何来回答问题。

案例解析6-2

化解危难的"答"的技巧

背景与情境：

汉章帝时司空第五伦，为人正直、淳朴、廉洁奉公。一次有人问他："你有没有私心?"这话其实很难用"有"与"没有"来回答。第五伦深知问话者的动机，使用十分巧妙的方式回答道："过去，有一个人送给我一匹千里马，被我拒绝了。事后，每当朝廷让我们三公举荐人才的时候，我心里总是想

到这个人，不过我始终没有推荐他。我哥哥的儿子病了，我一夜去探望了5次，回到家就躺下睡觉了。我儿子有病的时候，虽然我不需要去照顾他，可是我一夜都睡不着觉。

思考：

请分析第五伦回答的巧妙之处。

三、说服技巧

说服，即设法使他人改变初衷，心悦诚服地接受我方意见。这是一项十分重要的技巧，一个谈判者，只有掌握高明的说服别人的技巧，才能在变幻莫测的谈判过程中左右逢源，达到自己的目的；同时，这又是一项很难掌握的技巧，因为当试图说服对方之际，我方将同样处于被人说服的境地，因而必将遇到重重阻力，我方必须克服这重重阻力，才能达到说服对方的目的。

（一）说服的前提条件

1.建立良好的人际关系

当一个人考虑是否接受他人意见时，一般情况下，总是先衡量一下他与说服者之间的熟悉程度和友好程度。如果相互熟悉，彼此信任，关系融洽，对方就比较容易接受我方的意见。因此，如果要在谈判中达到说服对方的目的，必须先与对方建立相互信任和比较融洽的人际关系。

2.分析我方意见可能导致的影响

（1）向对方诚恳说明要接受我方意见的充分理由，以及对方一旦被我方说服将产生什么利弊得失。

（2）坦率承认如果对方接受我方意见，我方也将获得一定利益。这样，对方会觉得我方诚实可信，会自然而然地接受我方意见；反之，如果我方不承认能从谈判中获得一定利益，对方必定认为我方话中有诈，缺乏诚意，从而拒我方于门外，我方将无法说服对方。

3.简化对方接受说服的程序

当对方初步接受我方意见的时候，为避免对方中途变卦，要设法简化确认这一成果的程序。例如，在需要书面协议的场合中，可事先准备一份原则性的协议书草案，告诉被说服者“只需要在这份原则性的协议书草案上签名即可，至于正式的协议书我会在一周内准备妥善，到时再送到贵公司请您斟酌。”这样，往往可当场取得被说服者的承诺，并避免了在细节问题上出现过多的纠缠。

（二）运用说服技巧的基本原则

- 不要只说自己的理由。
- 研究、分析对方的心理、需求以及特点。
- 消除对方的戒心、成见。
- 不要操之过急，急于奏效。

●态度诚恳，平等相待，积极寻求双方的共同点。

●不要批评对方或指责对方，不要把自己的意思和观点强加于对方。

●说服用语要朴实亲切，富有感召力，不要过多地讲大道理。

●承认对方“情有可原”，善于激发对方的自尊心。

（三）说服的具体技巧

●谈判开始时，要先讨论容易解决的问题，然后再讨论容易引起争论的问题，这样容易收到预期的效果。

●强调与对方立场、观点、期望的一致，淡化与对方立场、观点、期望的差异，从而提高对方的认识程度与接纳程度。

●先谈好的信息、好的情况再谈坏的信息、坏的情况。但要注意避免只报喜不报忧。要把问题的好坏两面都和盘托出，这比只提供其中的一面更具影响力。

●强调合同中有利于对方的条件。

●说服对方时，要注意精心设计开头和结尾，以便给对方留下深刻印象。

●结论要明确地提出，不要让对方自行揣摩，否则可能背离说服的目标。

●多次重复某些信息、观点，可增进对方对这些信息和观点的了解和接纳。

●充分了解对方，以对方习惯的能够接受的方式、逻辑去展开说服工作。

●不要奢望对方马上接受我方提出的要求，要先做必要的铺垫，下下“毛毛雨”，最后再自然而然地讲出我方在一开始就已经想好的要求，这样对方比较容易接受。

●强调互相合作、互惠互利的可能性和现实性，激发对方在自身利益认同的基础上来接纳我方的意和建议。

做一做

【谈判训练6-2】

多功能果汁成套生产线销售谈判

一、实训目的和要求

本实训着重训练谈判者运用语言中的“提问”“答复”和“说服”，掌握对方真实意图，传达己方观点和立场的基本能力。让受训者初步掌握商务谈判中提问、答复、说服的技巧、原则和运用要点。

二、场景设计

谈判标的：SHM-MF多功能果汁成套生产线一套

采购方：山东万佳果汁有限公司，山东烟台地区一家中型的果汁生产企业，以下简称万佳公司

主谈人：高庆祥

供货方：上海一家中外合资企业—上海安德里食品机械有限公司，以下简称安德里公司

主谈人：林杰瑞

三、训练步骤

采购方万佳公司就购买一套SHM-MF多功能果汁成套生产线事宜，与供货方安德

里公司开始了面对面的谈判，以下为双方谈判中有关提问和答复的操作步骤。

第一步，供货方利用提问尽可能多地了解对手谈判意图。

作为供货方德里公司的主谈人，林杰瑞先生首先致欢迎辞：“首先，欢迎高庆祥先生以及万佳公司谈判小组的全体成员光临我公司，万佳公司是山东乃至全国都很有实力的果汁生产企业，我们已经注意到贵公司近几年的市场拓展力度很大，在全国范围内都取得了很大的成功，贵公司正处在快速发展时期，我公司是一家中德合资企业，专业从事果汁加工机械的生产已经有20年的历史，无论从产品质量、功能和效率方面都在国内外市场享有很高的声誉……”

接着，林杰瑞先生话锋一转，微笑着对采购方主谈人高庆祥先生问道：“高经理，想必贵公司已经看过我们寄去的产品资料和一般交易条件了吧，能不能谈谈你的看法？”

第二步，采购方巧妙作答，寻找对手薄弱环节。

采购方主谈人高庆祥豪爽地笑着回答：“是的，我们接到贵公司的回复之后，就立即组织生产、销售和财务各方面的专业人士认真研究了贵公司的产品资料和一般交易条件，可是我们认为贵公司的交易条件实在是有些苛刻，我想大家既然能够面对面地坐在这里，就是有诚意促成这笔交易，林经理能不能坦率地告诉我，针对你们此前提出的交易条件，贵公司能够在哪些方面做出实质性的让步？”

林杰瑞稍作沉思，对高庆祥道：“高经理说得很对，正是因为十分珍惜此次合作机会，所以我们提出的一揽子交易条件是十分优惠的，高经理认为哪一条需要改善？”

高庆祥笑了笑，并不正面回答：“林经理是行家，我想你比我更清楚需要改善哪些条款才能显示贵公司的诚意……”之后，林杰瑞几番追问，高庆祥就是避而不答。最后，林杰瑞有些焦急地脱口而出：“我想高经理一定是对价格不满意吧？你完全可以直说嘛！”

高庆祥高深莫测地点点头，又摇摇头：“价格过高只是其中一条，还有他条件也不符合咱们这一行的惯例，我想林经理应该是知道的吧？”

林杰瑞急道：“我知道你说的是付款方式，据我所知，全部预付货款并不是行业内的惯例，当然，的确有些果汁生产线的供应商在搞恶性竞争，采取先供货，后付款的方式，但是它们的产品质量较低，功能不全，价格却很高……”

第三步，供货方沉着应对，挽回劣势。

在上一回合中，采购方高庆祥巧妙地利用一系列提问和答复技巧弄清了供应方在价格和付款方式两个条件上水分较大，决定集中火力在这两点上进行突破。而林杰瑞也意识到自己在前一个回合的较量中有失误之处，在理清思路之后，也准备好了妥善应对的策略。

高庆祥道：“我看咱们还是先从价格谈起吧，我是个爽快人，喜欢一口价，林经理的最初报价是190万元，你能够给我的最大降价幅度是多少？”

林杰瑞笑着道：“高经理真会开玩笑，我们谈的是技术含量很高的自动化生产设备，况且设备的有些地方必须根据贵公司的实际需要进行改装，另外还要根据贵方的需

要提供个性化的安装保修服务，如果说一口价的话，需要更加细致的测算。另外，为了使价格测算更加符合双方的期望值，我们也想知道，贵方对我公司这样好的产品愿意出多少钱？”

高庆祥回答道：“前面林经理说过，贵公司是生产果汁生产线的专业厂家，对市场行情的把握应该十分准确，目前市场上这种规格的生产线平均价格水平为120万元，我公司希望你们接受110万元的价格。”

林杰瑞笑道：“高经理说的120万元的行情是指通用型的果汁生产线对吧？”

高庆祥点头道：“是的。”

林杰瑞接着问道：“好，那想必高经理也了解过，你们掌握的生产线市场行情指的是设备本身的净价，也就是说这个价格并不包含安装调试、操作培训、售后服务和备用零件等附加费用是吧？”

高庆祥犹豫了一下，点点头道：“这是实情！”

林杰瑞又问道：“我公司报给贵公司的190万元是全包价格，这个价格若是减去附加费用30万，我们的设备净价为160万元，应该和市场行情相差不大，况且，刚才贵公司也称赞我公司是一家在国内外享有较高声誉的专业厂家，那么是不是意味着我们的品牌信誉要远远高于市场平均水平呢？”

高庆祥只好点点头表示同意。

林杰瑞又道：“那么按照优质优价，名牌高价的原理，我们的销售价格高于市场价格应该是天经地义的吧？”

高庆祥不置可否地笑了笑：“那也不能高出40万元呀！太多了！”

第四步，供应方巧妙处理僵局，控制谈判节奏。

林杰瑞知道自己的连续提问已经把对方引入了不利的谈判境地，于是趁热打铁继续说道：

“这是我公司近年来国内外同类设备的实际销售价格，设备净价平均为160万元，特别是汇源集团采购的一套设备，成交净价185万元，这足以说明我们的设备报价是非常合理的！考虑到和贵公司是第一次合作，我们愿意做出适当的让步，155万元怎么样？附加费用30万元另算！”林杰瑞递给高庆祥一份关于近5年来安德里公司出售同等规格生产线的成交价格统计表。

采购方高庆祥经理用5分钟时间看了看材料，特别研究了果汁生产行业龙头——汇源集团的合同复印件。然后说道：“或许贵公司的报价有你们的道理，但是我公司也有自己的具体情况，我们的资金紧张，不能和老大哥汇源集团相提并论，我们能够出到的最高价格是净价125万元，附加费用3万元，不知林经理能否接受？”

林杰瑞立即回答：“既然高经理这么通情达理，我也就和你交个底，我公司授权我的价格底线是净价150万元，附加费用30万元，高经理的报价显然和我们的期望值相差太远了，我无法擅作主张。我建议暂时休会，双方都冷静思考以下，我也要向董事长申请新的授权……”

第五步，因势利导，促成协议。

下午复会之后，林杰瑞似乎是有备而来，他并没有告诉高庆祥自己是否获得了董事

长对价格的最新授权，而是和高庆祥聊起天来。

林杰瑞问道："高经理，贵厂最近发展势头很好，有没有考虑一个更加富有进取性的发展计划呢？仅仅引进一套设备似乎显得有些过于保守了吧？"

高庆祥笑道："公司最近两年发展势头的确不错，我们也希望能够快速提升生产能力，迅速占领和扩大新拓展的销售市场，可是目前的困难是资金跟不上，另外，操作自动化生产线的技术工人极度缺乏，只能这样按部就班了！"

林杰瑞忽然把话题引向正题："高经理，我们在附加费用30万元方面似乎没有什么争议，现在不如专门讨论设备净价，按照上午您的最后出价，净价125万元。那如果我们答应您货到工厂，安装完毕，并且投入生产后一个月内付款，这样可以有效地缓解贵公司的资金压力，我们报价140万元应该是很公道的吧？"

高庆祥考虑了一下道："3个月付款，这个价格可以考虑！"

林杰瑞笑了笑道："再假设我们在国家规定的基础上，为贵公司额外延长半年的设备保修期，是不是可以考虑再给我们加10万元呢？"

高庆祥笑道："林经理真是个精明的生意人，好处不能都让你一个人占了，干脆你延长保修期1年，另外除了设备安装后你方技术人员进厂为我们的操作人员进行的正常短期培训外，我再挑选60名技工送到你们公司，进行为期最少半年的培训，所有费用由你方承担。如果林经理同意，我可以再加10万元。"

林杰瑞也笑着答道："高经理才是真正的生意人，延长1年的保修我要付出多少的维修费和零部件费用？60号人到我公司培训半年又要付出一大笔培训费和食宿费，弄了半天我一点便宜也没有占到，这样吧，除了附加费以外你再加15万元，也就是设备净价155万元。在此基础上我们同意货到3个月付款，延长设备保修期半年，我方额外免费接收贵公司60名技工到上海培训3个月！这样不仅保证了贵公司的正常生产，降低了成本，还解决了贵公司资金周转问题，另外还为贵公司培养出一批熟练的自动化生产线操作人员，你是绝对的稳赚不赔啊！"

林杰瑞说着向高庆祥伸出了右手，高庆祥笑道："上海人就是会做生意，出价150万元的设备，谈来谈去竟然变成了155万元！"林杰瑞笑道："高经理真会说笑，你155万元买来的不仅仅是一套设备，还附带了一整套超出行业惯例的增值服务，为贵公司今后的快速发展打下了良好的基础，我看真正的大赢家应该是高经理才对！"

高庆祥哈哈大笑着紧紧握住了林杰瑞的手。下午3点46分，双方的购销合同正式签订，谈判取得了圆满的成功。

四、效果评价

根据学生出勤、课堂讨论发言情况进行评定。小组成员共同初评个人成绩档次（优秀、良好、中等、及格、不及格）；小组长评定出所有组员的成绩；教师和各小组长共同综合评出各小组成绩，在此基础上给出个人最终成绩。

个人最终成绩=20%×表6-3成绩+80%×表6-4成绩

表6-3 **各小组成员个人成绩评价表**

小组个人成绩 / 小组成员姓名	优秀	良好	中等	及格	不及格

注：考评满分为100分，60分以下为不及格；60～69分为及格；70～79分为中等；80～89分为良好；90分以上为优秀。

表6-4 **小组报价模拟评价表**

评价内容	分值（分）	评分（分）
（一）有关“三、训练步骤”中的问题思考		
1.请分析在“操作步骤”的第一步中，林杰瑞先生向高庆祥先生询问他对本次交易的看法，请问林杰瑞的提问属于哪一种提问技巧，在谈判开局中运用这种技巧有什么样的作用？	15	
2.请分析在“操作步骤”的第二步中，采购方代表高庆祥先生针对林杰瑞的提问采用了什么样的答复技巧？起到了什么样的作用？	15	
3.请分析在“操作步骤”的第二步中，针对采购方代表高庆祥的反问，林杰瑞采用了什么样的答复技巧？林杰瑞的答复技巧有没有起到预期的作用？	15	
4.请分析在“操作步骤”的第三步中，供应方林杰瑞采取什么样的提问方式，步步为营，取得了谈判的主动权？	15	
5.在第五步中，林杰瑞采用何种提问方式因势利导，最后促成协议的？	15	
（二）案例分析		
请结合本实训任务，对陈经理采用的提问方式和取得的效果进行分析	25	
提问与答复模拟操作总体评价	100	

注：考评满分为100分，60分以下为不及格；60～69分为及格；70～79分为中等；80～89分为良好；90分以上为优秀。

思考与练习

1.关键术语

入题技巧：谈判双方刚进入谈判场所时，难免会感到拘谨，尤其是谈判新手，在重要谈判中，往往会产生忐忑不安的心理。为此，必须讲求入题技巧，具体包括：迂回入题；先谈细节，后谈原则性问题；先谈一般原则，后谈细节问题等。

阐述技巧：开场阐述；鼓励对方首先阐述；坦诚相见；正确使用语言技巧等。

提问技巧：谈判中常运用提问技巧作为摸清对方真实需要、掌握对方心理状态、表达自己意见观点进而通过谈判解决问题的重要手段。

提问的类型：封闭式提问、开放式提问、婉转式提问、澄清式提问、探索式递进提问、借助式提问、强迫选择式提问、引导式提问、协商式提问等。

提问的时机：在对方发言完毕之后提问；在对方发言停顿、间歇时提问；在自己发言前后提问；在议程规定的讨论时间提问等。

答复技巧：在谈判中答复问题，是一件十分重要的工作。因为谈判者的回答是一种承诺，谈判者要为自己回答的每一句话负责任。一个谈判者水平的高低，在很大程度上取决于其答复问题的水平。答复技巧主要包括大问小答、有的放矢、含糊其辞、借势反问、降低提问者追问的兴致、三思而后答、礼貌地拒绝不值得答复的问题、找借口拖延答复等。

说服：设法使他人改变初衷，心悦诚服地接受我方意见。这是一项十分重要的技巧，一个谈判者，只有掌握高明的说服别人的技巧，才能在变幻莫测的谈判过程中，左右逢源，达到自己的目的。

说服的前提条件：建立良好的人际关系；分析我方意见可能导致的影响；简化对方接受说服的程序等。此外还包括运用说服技巧的基本原则和说服的具体技巧。

2.问题思考

○结合本项目任务一的“谈判训练6-1”回答以下问题：

（1）在谈判的入题阶段，中方李维扬采用了哪些入题技巧？

（2）请解释李维扬运用了何种迂回入题技巧，让印度客户了解本公司的行业地位和实力的。

（3）在入题阶段，中方技术代表韩涛在与夏斯特里先生的谈话中犯了什么错误？请分析。

（4）在入题阶段，中方技术代表韩涛在与辛格先生的谈话中犯了第二个错误，请你指出来并加以分析。

（5）请谈谈李维扬是如何为韩涛解围的。

（6）在开场阐述阶段，中方技术代表韩涛针对印度客人的价格评论，以技术代表的身份做了一番阐述，你认为他的阐述有什么问题？

（7）中方财务代表冯晓玲在最后的阐述中存在什么问题？

（8）在临近中午的时候，谈判又一次陷入僵局，请你分析一下中方代表采用了什

么样的语言技巧化解僵局的。

〇结合任务二的“谈判训练6-2”回答以下问题：

(1) 请分析在“操作步骤”的第一步中，林杰瑞先生向高庆祥先生询问他对本次交易的看法，请问：林杰瑞的提问属于哪一种提问技巧，在谈判开局中运用这种技巧有什么样的作用？

(2) 请分析在“操作步骤”的第二步中，采购方代表高庆祥先生针对林杰瑞的提问采用了什么样的答复技巧，起到了什么样的作用。

(3) 请分析在“操作步骤”的第二步中，针对采购方代表高庆祥的反问，林杰瑞采用了什么样的答复技巧，林杰瑞的答复技巧有没有起到预期的作用。

(4) 请分析在“操作步骤”的第三步中，供应方林杰瑞采取什么样的提问方式，步步为营，取得了谈判的主动权。

(5) 请分析在“操作步骤”的第五步中，林杰瑞采用何种提问方式因势利导，最后促成协议的。

3.案例分析题

饮料分销谈判

背景与情境：

万佳公司是一家专业生产和销售饮料的中型企业，目前主要销售市场是山东，华南、华东其他各区域也都有零散的销售。公司2年以前就进入了江苏市场，由于所有客户采取的都是“一口价”买断的方式来经营，没有严密的分销网络，市场投入也很少，年销售额只有200万元左右。

今年公司决定重新整合江苏市场并建立完整的分销网络，总部给江苏市场下达了2 000万元的业绩目标。在拟定了新的市场推广计划并确定了合理的费用预算后，如何在各县找到合适的代理商，并能签订有把握的目标量就成了完成江苏整体目标的关键。销售经理陈鹏宇认为：针对不同的分销商采取不同的谈判方式，是达成协议、签订较高合同额的关键性因素。

陈经理按照预先的约定拜访了兴化市（县级市）的客户之一王老板，王老板是万佳的客户，以前从万佳以现款买断货后就加点利润批发给终端或直接零售，去年共销售万佳饮料20万元（其他品牌饮料150万元）。双方寒暄之后立刻进入了主题。陈经理首先对王老板几年来对万佳的支持表示感谢，并详细介绍了公司新的发展规划以及做好江苏市场的坚定信心。王老板听到此，眼睛一亮，希望能成为万佳公司兴化市的代理商，于是接下来的话题就围绕着目标量和厂家的条件展开了（以下仅是精选的部分谈话内容）。

陈经理：王老板，你以前仅仅是我们公司在兴化的客户之一，合同也未签，每年可以销售万佳饮料20万元。假如我们正式授权你为我公司的代理商，享受代理商供货价，你可以完成多少销售额？

王老板：40万元应该没问题，只是担心外地市场的窜货影响本地价格稳定。

陈经理：我们有统一的市场价格和管控体系，不会发生价格混乱。关键看同一地区代理商之间的默契，不能搞恶性竞争。

王老板：所以我希望能成为你们在兴化的独家代理商，这样市场不容易乱。

陈经理：我知道你的终端客户很多，但我们公司对独家代理商有很高的要求，兴化市这样的市场，40万元肯定是不行的；而且成为我们的独家代理商必须主推我们的产品。

王老板：那就60万吧，再多了恐怕不行，让我做兴化的独家代理。

陈经理：你去年所有饮料销了170多万，你认为代理万佳产品还有其他哪些因素影响你的销量提升？

王老板：由于是现款从你们公司提货，所以不敢多进货，怕卖不完压仓库；但有时容易缺货，而丧失了一些机会。

陈经理：假如你不用担心库存风险，你能增加多少销售额？

王老板：再加7、8万元应该没问题。

陈经理：行，你最后一批进货所产生库存的70%我们公司承担，但你必须承担退货的运费。你的销售目标就按70万元算。还有其他阻碍因素吗？

王老板：饮料的季节性太强，厂家经常调价，如果降价而厂家不补差价我们就遭受损失了。如果厂家能补差价，我们就无后顾之忧了。

陈经理：如果我承诺你100%补差价，你必须增加5万元销量。另外还有什么其他方法能增加你销量？

王老板：我个人能力有限，特别是终端推广方面，如果你们能经常过来指导或帮助我进行终端客户的谈判和管理就好了。

陈经理：如果我把你这里列为公司重点培育的市场，专门派出一名业务经理和一个销售团队，配备促销经费，负责帮助你开拓和管理终端客户并做好市场推广工作，你能不能再增加10万元销量？

王老板：没问题！还有什么优惠条件，都给我算了，最好供货价能再优惠一点。

陈经理：我们可以专门针对你这样有潜力的客户拟定"大户奖励政策"，如果你能销售90万元，年终可以给你返利5 000元；达到100万元返利10 000元，再往上每增加10万元，增加返利2 000元，上不封顶，你愿意再提高计划销售额吗？

最终双方以100万元的目标量签订了代理合同，且合同条款规定：如王老板完不成100万元的销售额，则只能享受80%的代理费（另20%代理差价作为年底完成目标额的返利）。显然，王老板是很有把握完成100万元的目标了。

另外，虽然公司答应承担最后一批进货所产生库存的70%，但由于王老板也要承担30%，且还需承担运费，故对王老板而言压力不小，不会轻易地放松库存管理。只要万佳公司的业务经理做好常规的客户拜访并随时关注客户的库存与市场需求情况以适时调节，发生退货的可能性就很小，即使发生也是微乎其微。

陈经理就这样通过一系列的技巧性谈判，搞定了江苏省内的所有县级以上代理，使整个江苏区域代理商的合同目标达到了2 300万元，如果再加上直营的几家商场，只要在执行中不出现大的失误或异常，陈经理完成2 000万元的年度目标看来问题不大。

思考：

1.请对陈经理采用的提问方式和取得的效果进行分析。

2.请分析陈经理谈判成功的原因。

项目七

商务合同谈判

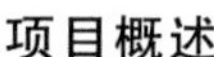

项目概述

谈判双方经过多个回合的商讨，就经济交往中的各种重要内容完全达成共识之后，为了确认彼此各方的权利和义务，一般都要签订经济契约，即通过合同的方式来确立、变更和终止经济权利和义务关系。具体实施内容包括商务合同谈判程序，商务合同结构与内容等。

项目结构

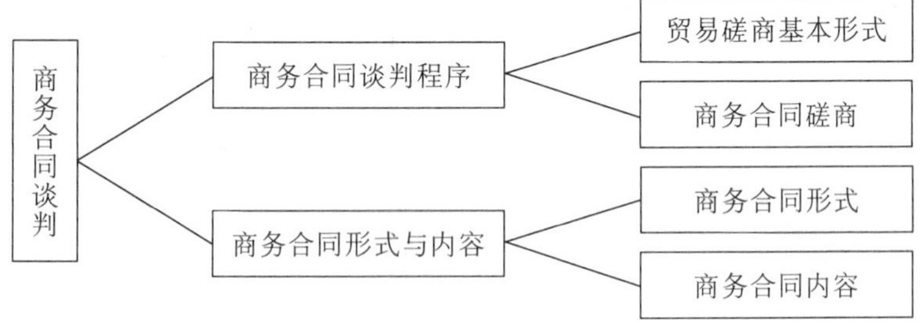

任务一　商务合同谈判程序

【任务目标】

● 知识目标：明确贸易磋商的基本形式以及商务合同磋商的基本步骤。

● 能力目标：通过学习训练，能够在谈判中根据实际情况进行商务合同的有效磋商。

【任务导入】

合同谈判要点

背景与情境：

某公司在某国市场中有一个非常大的标的，采用“设计—施工总承包”模式招标，为此要进行商务谈判，该国市场经理向总公司寻求“设计—施工总承包”合同谈判的要点，总公司领导让总工程师总结一下，总工程师联合了经营部部长、设计部长对此提出了各自的建议，在经过一定精炼但不影响分析效果的情况下，总结出合同谈判的要点包括以下几个部分：

1.关于汇率；

2.质量担保；

3.关于调价公式的插入；

4.关于调价指数来源及币种；

5.不要碰自己没有百分百把握的新工艺或技术；

6.料场及红线；

7.材料预付款；

8.设计标准和施工规范；

9.合同明确性；

10.合同审阅；

11.合同文件的优先性；

12.承包商暂停施工时利润；

13.关于保函开具；

14.设计极限；

15.主路标准横断面；

16.设计批复问题；

17.明确规定设计和施工所采用的规范，尽量避免采用我们不熟悉的规范，减低设计和施工风险。

思考：

你认为该合同谈判还有哪些要点未包括在内？

学一学

不论国际还是国内性质的商务合同谈判，其基本程序都是类似的，但是与国内商务合同的谈判相比，国际商务合同的谈判更加规范严谨，程序步骤更多，也更加清晰。总的来说，国际商务合同谈判可以分为两大步骤：第一步是买卖合同的磋商阶段，包括“询盘”“发盘”“还盘”“接受”等步骤。第二步是合同的缮制与签署。本任务重点讨论商务合同谈判的第一步，即买卖合同的磋商阶段。

一、贸易磋商的基本形式

1. 口头磋商（desk negotiations）

口头磋商的形式多样，如参加各种交易会、洽谈会，出访或者来访面谈，通过国际长途电话进行的谈判等等。

2. 书面磋商（letter negotiations）

指通过传真、电子邮件、信件、电报、电传等通信方式进行的贸易洽谈。随着通信技术日新月异的发展，电报、电传等落后的洽谈方式已经逐渐地退出历史舞台。取而代之的是以传真和电子邮件等为代表的、传递速度更快、保密性更强的先进通信方式。

二、商务合同的磋商阶段

国际货物买卖磋商一般来说分为四个步骤，即“询盘”“发盘”“还盘”和“接受”。但并不是说每笔业务都必须完整地经历这四个环节，其中的“发盘”和“接受”是达成交易、合同成立不可缺少的两个基本环节。

（一）询盘（inquiry/enquiry）

询盘又称询价，在国际贸易中指交易的一方打算出售或者购买某一商品而向另一方发出的“洽谈邀请”，询盘可以由卖方发出，也可以由买方发出，对于买卖双方而言，询盘不具有法律上的约束力。

询盘的内容可以涉及某种商品的品质规格、数量包装、成交价格等，但多数为询问成交价格。如果是买方询盘，就是邀请卖方发盘报价的意思，习惯上称为“邀请发盘”(invitation to make an offer)。而如果是卖方询盘，就含有邀请对方购买的意思，习惯上称为“邀请递盘或邀请出价”(invitation to make a bid)。

询盘的内容可繁可简，可只询问价格，也可询问其他有关的交易条件。由于询盘对买卖双方均无约束力，所以接受询盘的一方可给予答复，亦可不做回答。但作为交易磋商的起点，商业习惯上，收到询盘的一方应迅速做出答复。

（二）发盘（offer）

发盘又称报价，在法律上称为“要约”，是买卖双方中的一方向对方提出各项交易条件，并愿意按照这些条件达成交易、订立合同的一种承诺。在接到询盘后，买卖双方都可以发盘，分别称为卖方发盘和买方发盘。

需要注意的是，这时候的可以构成发盘性质的回复，已经对发盘人构成约束，在发盘的有效期内，一经对方接受，交易即告达成。

1.发盘的内容

按照《联合国国际货物销售合同公约》（以下简称《公约》）的规定，发盘的生效采取到达生效原则。根据《公约》，一份发盘至少需要具备三项内容：一要表明货物的名称；二要明示或默示货物的数量或计数方法；三是要明示或默示货物的价格或者计价办法。

然而在实际业务活动中，仅仅具备上述三项内容的发盘事实上并不具有可操作性，发盘的作用在于方便收盘人一旦接受即可签订一项对买卖双方都有约束力的、可操作的合同，而内容过于简单的发盘往往给合同的履行带来困难，如一项仅表明了商品名称、价格、数量的卖方发盘，在被买方接受以后仍然不能据此签订一份对双方都有约束力的可执行的合同。买卖双方很可能还要就交货时间、交货地点、付款方式等重要交易条件继续谈判磋商。因此，我们建议在对外发盘时，要将主要的交易条件逐一列明。

2.发盘应具备的主要交易条件

①主要交易条件必须完备。如商品的品名、规格、数量、包装、价格、交货期、交货地点、支付方式、商品检验等几项，这样的发盘才具有可执行性。

②严格意义上的发盘不能含有保留条件。理论意义上的发盘必须清楚表明（明示或默示）以下含义：该发盘已经受盘人接受，发盘人即受到发盘的约束，履行在发盘中承诺的义务和责任。

如发盘中含有如下语句，则不构成理论意义上的发盘：

THIS OFFER IS SUBJECT TO OUR FINAL CONFORMATION.（本发盘以我最后确认为准）

THIS OFFER IS EFFECTIVE WHILE STOCKS LAST.（本发盘在我方拥有可供的存货时有效）

在实际工作中，严格意义上的发盘被许多商家广泛使用，但是，由于发盘的性质所限，许多急于拓展市场的商家无法就一笔存货同时向多个买家发盘，或是一旦在发盘中出错，而对方接受后无法挽回损失。为避免以上情况出现，国际贸易界通行一种折中的办法，那就是把发盘分为实盘和虚盘。

3.在实践中灵活使用“实盘”和“虚盘”

如上所述，为了弥补发盘这一概念在实际操作中的不足，虽然在《公约》中没有实盘或虚盘的区分，但在我国的外贸行业，发盘有实盘和虚盘之分，国际商业界也普遍接受这个概念。

实盘（firm offer）就是严格意义上的具备上述所有必要条件的发盘，是指发盘人清楚表明愿意按照所发的实盘内容订立合同，同时内容必须：明确（没有模棱两可的表述）、完整（主要交易条件要完备）、无保留（没有额外附加条件）。

实盘有两个特点：一是在发盘有限期内，发盘人只能向一个受盘人发盘；二是一旦发盘被受盘人接受，所有交易条件未经受盘人同意不得更改，发盘人受发盘内所有交易条件约束，这样的发盘容易引起受盘人的重视，同等条件下成交的概率比虚盘要高。

虚盘（offer without engagement）是一种含有保留条件，或主要交易条件不完备、没有约束力的发盘。比如，在一份完整的实盘中标注“本发盘以我最后确认为准”“参考价”等字样，或是发盘不标明可装运期限、供货数量等主要交易条款，例如，在一份主

要交易条件完备的发盘中，若标注“以我最后确认为准”字样就变为虚盘的一种。

虚盘的好处在于，首先发盘人可以就一笔业务对多个买家发盘，而不用担心“一女难嫁二夫”，其次，虚盘报价可以使发盘人在市场变化较为剧烈之时留有充分的选择余地。虚盘的弊端在于不容易引起受盘人的重视，有可能失去成交的机会。

综上所述，作为一个优秀的外销业务人员，应该视具体的业务情况，做到虚实结合，灵活选择使用实盘和虚盘报价，争取市场主动。

4.发盘有效期的运用

在发实盘的情况下，通常应该规定一个有效期，而虚盘通常不需要规定。超过实盘有效期后发盘人即可不受发盘约束。未列明有效期的实盘，受盘人应在“合理时间”接受。由于买卖双方对“合理时间”的理解有可能产生分歧，从而导致不必要的纠纷，因此在发实盘时一定要标注有效期限。

5.发盘的撤销和撤回

在实际业务操作中，发盘人或是因为报错主要交易条件，或是想要另寻其他更有吸引力的国外客户，有时需要撤销或撤回已经发出的实盘。

①发盘的撤销（revocation），指发盘人将已经被受盘人收到的发盘予以撤销的行为。《联合国国际货物销售合同公约》第16条规定：订立合同前发盘可以撤销，但前提条件有两个，一是规定了有效期的发盘或者以其他方式表明不可撤销的发盘不能撤销。二是如果受盘人有理由信赖该发盘不可撤销，并且已经本着对该发盘的信赖采取了行动，这时发盘不可撤销。

②发盘的撤回（withdrawal）指发盘人将尚未抵达受盘人一方的发盘予以取消的行为。《公约》第15条规定：发盘可以撤回，但有一个前提条件，发盘人的撤回通知必须要早于自己先前的发盘抵达受盘人或与发盘同时到达。

从理论上看发盘可以撤销和撤回，但在实施中都附带着较为严格的限制条件，导致发盘很难撤回或撤销。以发盘的撤回为例，目前国际贸易实践中发盘已多数采用较为先进的通信手段，例如，传真发盘基本上取代了信函发盘，而传真发盘的特点是即发即到，发盘人根本没有可能将撤回通知先于发盘送到受盘人手中。因此在实际业务操作中，对于每一份发盘，特别是实盘，一定要认真对待，审慎操作，以免无谓地陷入纠纷中，造成难以挽回的损失。

③发盘的失效（failure of an offer）。按照国际贸易的习惯和规则，一项实盘遇有下列情况之一，则立即失效，发盘人不再受该项发盘的约束：

★已过期。在发盘规定的有效期内未被接受，或虽未规定有效期，但在合理时间内未被接受。

★ 拒绝。如果受盘人对一项发盘明确表示拒绝，该项实盘立即失效。

★ 还盘。如果受盘人对发盘做出某些更改的还盘表示，便构成对原发盘的实质上的拒绝，原发盘也随之失效。

★ 发盘被发盘人依法撤销。

★ 法律实施。如果发盘人或受盘人丧失行为能力（如精神失常、死亡等），或标的物灭失时，发盘便告失效，如所在国政府对发盘中的商品或所需外汇发布禁令等，在这

种情况下，按出现不可抗力可免除责任的一般原则，发盘的效力即告失效。

（三）还盘（counter offer）

还盘又称还价，在法律上成为反要约，它是指受盘人不同意或者不完全同意发盘内容而提出修改和变更意见的表示。还盘实际上是对发盘内容的拒绝，即使有条件地接受仍然构成对原发盘的否定。同时还盘提出了新的交易条件，因此它是受盘人给原发盘人的新的发盘。

还盘实际上是对发盘中主要交易条件的讨价还价，还盘一经发出并被原发盘人收到后，原发盘即告失效。

一方发盘以后，受盘人常常会对发盘中的交易条件提出修改，以保护自身利益，这种对发盘中主要交易条件的修改，不论多少，哪怕只有一条，均构成对原发盘的否定，而此时受盘人也就成为新的发盘人。

同理，一方还盘后，如对方不同意其还盘条件，则可以再次还盘。因此，一笔交易有时不经过还盘即可达成，有时却需要多次往复还盘，直至双方对主要交易条件都能接受为止。

（四）接受（acceptance）

按照《公约》的释义，接受是无条件的承诺，是买方或者卖方无条件地接受对方在发盘中提出的各项交易条款，并愿意按这些条件与对方达成交易、订立合同的肯定的表示。和询盘、发盘、还盘环节一样，接受可以由卖方发出，也可以由买方发出。根据《公约》的规定，接受和发盘一样采取到达生效原则。

1.构成接受的条件

①接受必须由受盘人做出，非受盘人本人或者其授权代理人做出的接受均属于无效的确认。

②接受必须是无条件的、无保留的，任何对于原实盘（发盘或还盘）的更改均不构成法律意义上的接受，而这种有条件的接受实际上构成了一项还盘。例如“我方接受你方第19号发盘的全部交易条件，但价格降低10%”。尽管使用了“接受”一词，但它本身并不能构成法律意义上的“接受”，因为它更改了一项主要的交易条件。

③必须在实盘的有效期内做出接受，逾期的接受对发盘人没有约束力。但是逾期接受也有例外，如果受盘人在发盘的有效期之外发出接受，只要发盘人愿意确认这份逾期的接受，则接受有效，合同也可以成立。

④必须按照发盘规定的回复方式做出接受，否则发盘人可以不受约束。发盘人如在发盘中规定接受的回复方式的，受盘人必须按照其要求采用正确地传递方式做出接受。如发盘人的实盘规定“10日内传真回复有效”，受盘人的“接受”则必须以传真形式回复，如果以特快专递或者电报等传真以外的形式做出的回复，发盘人均可拒绝。如发盘中没有规定接受的传递方式，则受盘人在向发盘人表示接受时，不应采用比发盘传递更慢的通信方法，通常这时接受往往采取与发盘相同的传递方式。

2.接受的撤销与撤回

由于接受在法律意义上属于发盘性质，所以关于接受的撤销与撤回的相关规定与发相同，在此不再赘述。

【教学互动7-1】

背景与情境：

天津的一家进出口公司（TIANJIN FDT TRADING LTD）接到国外客户的询盘，邀请公司对某种产品报价，请详细阅读下述国外买家的传真询盘（见表7-1）：

表7-1　国外买家的传真询盘

ITO CO. LTD NO 58，8TH STREET，NEWYORK，USA TEL：(01) 27709910　　FAX：(01) 27701100	FACSIMILE
TO：TIANJIN FDT TRADING LTD	FROM：MR. JOHN SMITH
ATTN.：MR. LIU YONG	PAGE：213 OF 302
DATE：2016-08-26	NO.：ITO027
RE：INQUIRY FOR MET. COKE OF CHINA ORIGIN	
DEAR MR. LIU YONG WE HAVE OBTAINED YOUR NAME AND ADDRESS FROM INTERNET，AND HAVE LEARNED YOU ARE A MAIN EXPORTER OF MET. COKE. MY COMPANY IS INTERESTED IN PURCHASING YOUR METALLURGICAL COKE.THE SPECFICATION IS AS FOLLOW： ASH 12% MAX；　SIZE ＞80MM 85% MIN；　QUANTITY 5000MT；PACKING：IN BULK PLEASE QOUTE US YOUR BEST PRICE AND OTHER DETAILED TRADE CONDITIONS BEFORE WE COULD AN ORDERS ON YOU. LOOK FORWARD TO YOUR EARLY REPLY. YOURS FAITHFULLY JOHN SMITH	

互动内容：

（1）假设你是该询盘的受盘人LIU YONG，你公司能够并且愿意按照询盘要求的规格出售货物。请根据上面的有关资料自行设计一份公司的传真纸，并向外商发一份实盘进行报价。

（2）接下来请你扮演国外买家ITO公司业务员JOHN SMITH角色，假设你不满意LIU YONG的报价，请做出一份还盘给TIANJIN FDT TRADING LTD公司的LIU YONG先生。

（3）假设TIANJIN FDT TRADING LTD公司接到JOHN SMITH的还盘后认为交易条件可以接受，请以TIANJIN FDT TRADING LTD的业务员LIU YONG的身份写出一份接受。

（4）假设TIANJIN FDT TRADING LTD在第一次接到ITO公司的询盘时，考虑到自己的产品紧俏，希望同时对多个买家进行发盘报价，以选择更好的买家和销售价格。请以TIANJIN FDT TRADING LTD业务员LIU YONG的身份对ITO公司的询盘发出

一份虚盘报价。

互动要求：

（1）分别以天津的一家进出口公司（TIANJIN FDT TRADING LTD）业务员的角色和美国ITO公司业务员的角色进行训练。

（2）考虑到学习者的专业不同，外语水平有差异，教师可酌情考虑要求学生选择使用中文或者英文中的一种文字进行训练即可。

做一做

【谈判训练7-1】

焦炭产品交易条款磋商

一、实训目的和要求

通过本实训，使受训者了解商务合同谈判的形式、程序及其法律内涵。掌握发盘的撤销、撤回、逾期接受等业务的操作流程和有关规定。

二、场景设计

山西美可企业集团是一家专营焦炭贸易的公司，多年来一直致力于将主打产品一级冶金焦推广到欧美市场，恰巧加拿大多伦多迅行有限公司急需这种产品。通过贸易伙伴的介绍，这家加拿大进口公司得知了山西美可企业集团的联系方式，并开始与之洽谈购买事宜。

我们将分别扮演进出口商的角色，采用书面磋商形式，模拟山西美可企业集团与加拿大进口商进行主要交易条款磋商，直至最后达成交易的基本流程。

三、训练步骤

如上所述，在交易的初始阶段，买卖双方都可以发起洽谈邀请。现在我们以买方首先开始询盘为例，模拟展示买卖双方通过传真形式进行交易磋商的全过程。

（一）买方发起洽谈邀请

买方加拿大迅行公司向山西美可集团发出询盘，表达洽购冶金焦炭的意愿，邀请山西美可公司报价，其询盘的内容如下：

1.买方询盘（见表7-2）

2.询盘操作指南

国际贸易业务的询盘与广泛意义上的业务联系函有很多共同之处，但也存在一些区别，询盘往往针对性更强，通常都是针对某些具体商品的磋商邀请，下面总结一下在实际操作中的几个要点：

（1）如果是初次打交道的客户，需要说明你是如何知道对方的公司资料的，这一点与广义的业务联系函相似，要注意说明信息来源时尽量言简意赅。比如："我们从互联网上查到贵司的资料（WE HAVE OBTAINED YOUR NAME AND ADDRESS FROM INTERNET）"。又如："某公司把你方介绍给我们…（XXX COMPANY HAS RECOMMENDED YOU TO US…）"等等。另外，如果是已经有过往来的客户，则可以省略这一节内容而直奔主题。

表 7-2　　买方询盘实例

<table>
<tr><td colspan="2">SUNHAND CO. LTD
ROOM 304-311，JALAN STREET，TORONTO，CANADA　TEL：（01）27709910　FAX：（01）27701100</td></tr>
<tr><td>TO：SHANXI MCEEC.CO. LTD</td><td>FROM：MR. JOHN SMITH</td></tr>
<tr><td>ATTN.：MR. ZHANG JIAN</td><td>PAGE：213 OF 302</td></tr>
<tr><td>DATE：2016-08-16</td><td>NO.：SHC016</td></tr>
<tr><td colspan="2">RE：MET. COKE OF CHINA ORIGIN</td></tr>
<tr><td colspan="2">DEAR MR. ZHANG JIAN,
WE HAVE OBTAINED YOUR NAME AND ADDRESS FROM DEE & JACK CO. LTD，AND WROTE TO YOU FOR THE ESTABLISHMENT OF BUSINESS RELATIONS. WE HAVE BEEN IMPORTERS OF MET. COKE OF CHINA ORIGIN FOR MANY YEARS. AT PRESENT，WE ARE INTERESTED IN EXTENDING OUR RANGE AND WOULD APPRECIATE YOUR CATALOGUES AND QUOTATIONS （ASH：12% MAX，QUANTITY：1 500 METRIC TON）. IF YOUR PRICES ARE COMPETITIVE WE WOULD EXPECT TO PLACE AN ORDERS ON YOU.WE LOOK FORWARD TO YOUR EARLY REPLY.
YOURS FAITHFULLY
JOHN SMITH</td></tr>
</table>

（2）有明确的目的性，即要说明此次联系的目的是为了推销或购买某种或某几种产品。

比如，买方询盘："我们对你方某产品感兴趣（WE ARE INTERESTED IN YOUR ××× PRODUCTS）"。又如，卖方询盘："我们很高兴地告知您，我们有一种新产品×××很适合贵司的需求（WE WOULD LIKE TO INFORM YOU THAT WE HAVE A NEW PRODUCT MAY BE SUITABLE FOR YOUR REQUIREMENT-×××）"。

（3）必须明确表达邀请对方进行具体交易磋商的意愿。比如，买方询盘："请报中国产特级冶金焦炭天津新港装船价格（PLEASE OFFER MET.COKE OF CHINA ORIGIN SPECIAL CLASS SHIPMENT FOB XINGANG，TIANJIN，CHINA）"，又如，卖方询盘："我方可供中国产特级冶金焦，请出实价（WE CAN SUPPLY MET.COKE OF CHINA ORIGIN SPECIAL CLASS .PLEASE FIRM BID）"。

（二）卖方应邀报价

1.卖方发盘

卖方山西美可公司的张剑先生在接到询盘之后，经过仔细测算产品成本，及时发盘回复报价，见表 7-3。

从表 7-3 可以看出，这是卖方应买方 8 月 16 日询盘的邀请，向买方递出的一份发盘，从内容上看，这是一份典型的实盘。

2.发盘操作指南

卖方发盘时首先要决定己方发盘的性质，即到底是发虚盘继续试探，还是因急于成交而直接发出实盘。本例的山西美可公司考虑到目前该批存货并不畅销，且短期内可以预知的市场行情不会有大的改变，所以决定以较为合理的交易条件发出实盘，争取早日成交。关于发盘操作的要点如下：

表7-3 卖方发盘实例

<table>
<tr><td colspan="2">SHANXI MCEEC. CO. LTD
NO.35, YINGZESTREET, TAIYUAN, SHANXI, CHINA TEL: (086) 3514041369 FAX: (086) 3514041170</td></tr>
<tr><td>TO: SUNHAND CO. LTD</td><td>FROM: MR. ZHANG JIAN</td></tr>
<tr><td>ATTN.: MR. JOHN SMITH</td><td>PAGE: 213 OF 302</td></tr>
<tr><td>DATE: 2016-08-18</td><td>NO. WJH012</td></tr>
<tr><td colspan="2">RE: OUR QUOTATIONS OF MET. COKE OF CHINA ORIGIN</td></tr>
<tr><td colspan="2">DEAR MR. JOHN SMITH,
THANK YOU FOR YOUR FAX OF AUG 16, 2016.NOW, WE ARE PLEASED TO MAKE YOU AN OFFER.
1.NAME OF COMMODITY: METALLURGICAL COKE OF CHINA ORIGIN.
2.SPECIFICATION: ASH 12% MAX; V.M. 1.5% MAX; S. 0.6% MAX;
MOISTURE 5% MAX; SIZE 80-120MM 85% MIN
3.PACKING: IN PLASTIC WOVEN BAG OF TWO LAYERS ABOUT 1 000 KGS PER BAG
4.UNIT PRICE: USD290/MT CIF TORONTO, CANADA
5.QUANTITY: 1 500 METRIC TON
6.SHIPMENT DATE: BEFORE OCT 20, 2016
7.PAYMENT: BY IRREVOCABLE, TRANSFERABLE LETTER OF CREDIT IN FAVOUR OF THE SELLERS PAYABLE AT SIGHT.
8.INSURANCE: TO BE COVERED BY SELLER FULL INVOICE VALUE PLUS 10% AGAINST ALL RISKS.
9.INSPECTION: BY CIQ AT LOADING PORT.
WE HOPE YOU WILL AGREE THAT OUR PRICE IS VERY COMPETITIVE FOR THESE GOOD . CARGO AND WE LOOK FORWARD TO RECEIVING YOUR INITIAL ORDER.
THE OFFER IS VALID FOR TEN DAYS.
YOURS FAITHFULLY
ZHANG JIAN</td></tr>
</table>

（1）用实盘回复时，要列明品名规格、数量、包装、价格、交货期、交货地点、支付方式、商品检验等几项主要交易条件，买方在询盘中未要求的主要交易条件可由卖方酌情提出，应尽量做到方便自己执行，又兼顾国外买家的利益，以增强吸引力，促进成交。

（2）实盘应该标注发盘的有效期，有效期不宜过短或过长，建议以5至15天为好，例如：THE OFFER IS VALID FOR TEN DAYS.或THE QUOTATION IS EFFECTIVE WITHIN TWO WEEKS.

（3）虚盘的制作方法有三种，一是在实盘的结尾加注保留条件，如在表7-3中的卖方实盘中加注“本发盘以我最后确认为准（THIS OFFER IS SUBJECT TO OUR FINAL CONFIRMATION）”。二是提出在主要交易条件时有意表达含糊，如报价时注释“参考价”字样。三是有意漏报主要交易条件，如发盘时漏报供货数量、不提装运日

期等。

（三）买方还价

买方接到卖方山西美可公司的发盘之后，经过仔细研究，认为卖方的报价仍然偏高，其他交易条件尚可接受。因此在发盘的有效期之内及时做出回复，就价格问题向卖方提出新的要求。

1.买方还盘（见表7-4）

表7-4　**买方还盘实例**

SUNHAND CO. LTD ROOM 304-311, JALAN STREET, TORONTO, CANADA TEL:(01) 27709910 FAX:(01) 27701100	
TO：SHANXI MCEEC.CO. LTD	FROM：MR. JOHN SMITH
ATTN.: MR. ZHANG JIAN	PAGE：213 OF 302
DATE：2016-08-21	NO.: SHC020
RE：COUNTER OFFER FOR YOUR MET. COKE OF CHINA ORIGIN	
DEAR MR. ZHANG JIAN, THANK YOU FOR YOUR FAX OF AUG 18, 2016. AFTER CAREFUL COMPARISON WITH OTHER SELLER' S SIMILAR PRODUCTS, WE FOUND THAT YOUR PRICE IS HIGHER THAN THE AVERAGE IN THE MARKET. IN ORDER TO ALLOW US A BETTER COMPETING POSITION, WE SHALL BE GRATEFUL IF YOU COULD REDUCE YOUR PRICE TO USD275/MT CIF TORONTO, CANADA AND YOUR OTHER TERMS ARE UNCHANGED. THE COUNTER OFFER IS VALID FOR TEN DAYS. WE LOOK FORWARD TO HEARING FROM YOU SOON. YOURS FAITHFULLY JOHN SMITH	

2.实训指南

（1）建议在还盘中标注“COUNTER OFFER”字样，这样显得较为正规。

（2）在还盘时，对于双方已经认可的交易条件，可以再次全部列出，也可以不再一一列举而仅将需要修改的条件写出。在国际贸易的实际操作中，还盘的书写通常采用后者，即只提需要修改的条件，其他无争议的条件不再赘述。

（3）通常情况下，还盘应该属于实盘范畴，因此还盘方应该慎重等待，尽量促成交易成功。

（四）卖方同意买方新的交易条件并做出接受

卖方山西美可企业集团在接到买方的还盘之后，认为可以接受买方所提出的价格修改，随即在买方规定的有效期之内发出了接受如下。

1.卖方接受（见表7-5）

表7-5 **卖方接受实例**

SHANXI MCEEC.CO. LTD NO.35, YINGZE STREET, TAIYUAN, SHANXI, CHINA TEL:（086）351 4041369 FAX:（086）351 4041170	
TO：SUNHAND CO. LTD	FROM：MR. ZHANG JIAN
ATTN.：MR. JOHN SMITH	PAGE：213 OF 302
DATE：2016-08-22	NO.： WJH019
RE：OUR ACCEPTANCE FOR YOUR COUNTER OFFER NO. SHC020	
DEAR MR. JOHN SMITH, THANK YOU FOR YOUR FAX OF AUG 21，2016. AFTER CAREFUL CONSIDERATION，WE DECIDED TO ACCEPT ALL OF YOUR TRADE CONDITION IN YOUR FAX NO. SHC20 AS FOLLOW. 1.NAME OF COMMODITY：METALLURGICAL COKE OF CHINA ORIGIN. 2.SPECIFICATION：ASH 12% MAX； V.M. 1.5% MAX； S. 0.6% MAX； MOISTURE 5% MAX； SIZE 80-120MM 85% MIN 3.PACKING：IN PLASTIC WOVEN BAG OF TWO LAYERS ABOUT 1000KGS PER BAG 4.UNIT PRICE：USD275/MT CIF TORONTO，CANADA 5.QUANTITY：1 500 MT 6.SHIPMENT DATE：BEFORE OCT 20，2016 7.PAYMENT：BY IRREVOCABLE，TRANSFERABLE LETTER OF CREDIT IN FAVOUR OF THE SELLERS PAYABLE AT SIGHT. 8.INSURANCE：TO BE COVERED BY SELLER FULL INVOICE VALUE PLUS 10% AGAINST ALL RISKS. 9.INSPECTION：BY CIQ AT LOADING PORT. WE WILL SEND YOU OUR SALES CONTRACT SUBSEQUENTLY.PLEASE SIGN IT AND RETURN ONE OF IT FOR OUR FILE. WE WOULD LIKE THE FIRST ORDER TO BE REWARDING IN THE NEAR FUTURE FOR BOTH OF US. YOURS FAITHFULLY ZHANG JIAN	

2.实训指南

（1）作为接受的发出者，在表示接受以前，应分析对方递盘（发盘或还盘）是否为虚实，如是虚盘则不必表示接受，应进一步发盘或订正。表示接受之前应对来往的所有磋商函电进行认真核对，在全部条件明确无误的情况下，才能发出接受。

接受可以采用简单形式，如“接受你方10月5日第22号传真的全部交易条件”，也可以用详细的形式，将对方递盘（实盘）中所有交易条件照抄一遍，注意不得有遗漏。

（2）作为接受的受盘人，应注意分析对方的接受是否正当，如果对方的接受有保留条件，则此时合同尚未成立，受盘人可以继续洽商。有时在对方表示接受时提出一些在磋商过程中未提及的次要条件，如规定装运船只的船龄、提单的份数等等，按照国际贸易的习惯，仍属于实质性的接受，但发盘人在无法满足时可以提出反对意见。

（3）接受的结尾应该提出下一步签约的具体事宜，并有简短的激励性结尾，见上例的最后两段，一是提出寄送合同供双方签署，二是对双方的合作做了一个良好的预期。

注意事项：合同谈判可以由买卖双方的任意一方发起。通常的合同谈判会经历询盘－发盘－还盘－接受这样一个基本程序，有些环节还可能有多次的往复，有些环节也可能被略过。在上述环节中，发盘和接受是商务合同谈判程序中不可逾越的两个阶段。

四、效果评价

根据学生出勤、课堂讨论发言、各人阐述自己缮制的文件内容、格式等情况进行评定。小组成员共同初评个人成绩档次（优秀、良好、中等、及格、不及格）；小组长评定出所有组员的成绩；教师和各小组长共同综合评出各小组成绩，在此基础上给出个人最终成绩。

个人最终成绩=20%×表7-6成绩+80%×表7-7成绩

表7-6　**各小组成员个人成绩评价表**

小组个人成绩 / 小组成员姓名	优秀	良好	中等	及格	不及格

注：考评满分为100分，60分以下为不及格；60～69分为及格；70～79分为中等；80～89分为良好；90分以上为优秀。

表7-7　**小组报价模拟评价表**

评价内容	分值	评分
1.卖家TIANJIN FDT TRADING LTD公司业务员LIU YONG的发盘（实盘）	30	
2.买家ITO公司业务员JOHN SMITH的还盘	30	
3.卖家TIANJIN FDT TRADING LTD公司业务员LIU YONG的接受	20	
4.卖家TIANJIN FDT TRADING LTD公司业务员LIU YONG的虚盘	20	
小组报价模拟操作总体评价	100	

注：考评满分为100分，60分以下为不及格；60～69分为及格；70～79分为中等；80～89分为良好；90分以上为优秀。

任务二　商务合同形式与内容

【任务目标】

● 知识目标：掌握商务合同形式与内容。

● 能力目标：通过学习训练，能够根据商务谈判的实际情况用中英文拟写商务合同。

【任务导入】

被迫成交的合同

背景与情境：

我国某公司应荷兰某商人请求，报出某初级产品200吨、每吨CIF鹿特丹人民币1 950元、即期装运的实盘，对方接到我方报盘后，没有表示承诺，而再三请求我方增加数量，降低价格，并延长有效期。我方曾将数量增至300吨，价格每吨CIF鹿特丹减至人民币1 900元，有效期两次延长，最后延至7月25日，荷商于7月22日来电接受该盘，但附加了包装条件“需提供良好适合海洋运输的袋装”，我方在接到对方承诺电报时复电称：“由于世界市场的变化，货物在接到承诺电报前已售出。”但对方不同意这一说法，认为承诺在要约有效期内做出，因而是有效的，坚持要求我方按要约的条件履行合同。最终以我方承认合同已成立而结束，从而使我方损失23万元。

思考：为什么会造成我方23万元的损失？

学一学

一、商务合同

合同的形式，又称为合同的方式，是合同当事人同意的表现形式，也是合同内容的具体载体。根据《中华人民共和国合同法》和《公约》的规定，当事人订立合同可以采取以下几种形式。

（一）口头合同

口头合同指当事人不采用文字协议表达合同内容，而仅使用以口头的（包括电话等）意思表示方式而建立的合同。这种形式多出现在集市贸易、商店零售等情形之下，口头合同简便易行，在人们的日常生活中经常用到。但是采用口头合同也有很多缺点，当发生纠纷时，难以举证和分清责任，所以商务合同一般很少采用这种形式。不少国家对于责任重大的或一定金额以上的合同，往往限制使用口头形式。中国法律要求法人之间的合同除可以即时清结者外（如集市贸易、商店零售），应以书面形式签订。其他国家也有适用书面合同的规定。

以国际商务合同为例，《公约》（1980年）并不要求合同必须以书面形式订立。该公约第11条规定：销售合同无须以书面订立或书面说明，在形式方面也不受任何其他条件的限制。销售合同可以用包括人证在内的任何方法证明。

而我国《涉外经济合同法》第7条规定：我国企业对外签订的商务合同必须“以书面形式达成协议并签字”。这是考虑到涉外经济合同（包括货物买卖合同）是情况较复杂、金额较大的重要合同，应采取严肃慎重态度，不宜采用口头形式，以免发生争议时举证困难。

为此，我国政府于1986年12月11日在核准《公约》（1980年）时，根据我国《涉外经济合同法》的规定，对该公约的上述规定做出两项保留，其中之一是国际货物买卖合同的订立、修改和终止都必须采用书面形式，书面形式可以包括信件、电报和电传。这是我国在涉外经济贸易业务中排除采用口头形式合同的法律依据。

（二）书面合同

书面合同即以文字的意思表示方式（包括书信、电报、契券等）而订立的合同，或者把口头的协议作成书契、备忘录等。合同书和任何记载当事人要约、承诺和权利义务内容的文件，都是书面合同的具体表现。《中华人民共和国合同法》第11条规定，书面合同是指合同书、信件、数据电文（包括电报、电传、传真、电子数据交换和电子邮件）等可以有形地表现所载内容的各种形式。书面合同的最大特点在于合同有据可查，发生纠纷时容易举证，有利于分清是非责任、督促当事人履行合同。因此对于关系复杂、金额较大的重要合同，必须采用书面形式。

（三）推定形式

推定形式指当事人没有用语言、文字表达其意思表示，仅用行为向对方发出要约，而对方也接受要约，以做出一定的或者指定的行为作为承诺时，合同即告成立。例如百货商店安装自动售货机，即是以一定的行为向顾客发出要约，如果顾客按照售货机上的价格明细将货币投入到自动售货机内，则说明顾客以投币这个行为对百货商店的要约做出了承诺，这时买卖合同即成立。

二、商务合同的内容

国际货物买卖合同一般由三个部分组成，即合同的首部（约首）、正文（主体）和尾部（约尾）。

（一）首部

首部通常包括合同的名称、编号、序言，订约的日期、地点，订约当事人的名称和法定地址等等。这一部分内容需要注意以下几点：

（1）合同的名称。商务合同按照不同的角度可以有多种形式的划分，按照买卖双方的角度划分，最常见的名称有：

①销售合同（sales contract或者 contract of sales），一般由卖方制作的合同可以命名为销售合同。

②采购合同/订货合同（contract for purchases ），一般由买方制作的合同可以命名为采购合同或者订货合同。

③购销合同（sales and purchases contract），一般为格式化合同文本，买卖双方任何一方都可以制作。

（2）合同的编号。对合同进行编号有利于买卖双方交易文件的管理和归类，合同编号一般由合同的缮制方根据交易对象、产品性质或者交易日期等等因素自行编制，没有统一标准。

（3）订约的日期、地点。关于订约的时间，一般来说以合同的签字日期为准。签约地点争取在本企业所在地，因为签约地点涉及适用何地的法律以及归何地的法院管辖等问题，所以订约时应该特别注意。

（4）要把订约当事人的全名和详细地址列明，因为有些国家的法律规定当事人的全名和详细地址是合同正式成立的条件之一。

（5）如果是国际商务合同，还必须要在序言中明确订约的双方有订立合同的意愿和执行合同的承诺。如："兹有买卖双方同意按照下列条款，由卖方出售，由买方购买下列货物。（THE SELLERS AGREE TO SELL AND THE BUYERS AGREE TO BUY THE UNDER MENTIONED GOODS ON THE TERMS AND CONDITIONS STATED BELOW.）"

（二）正文

正文是合同的主要部分，具体规定着买卖双方各自的权利和义务，所以也叫权利义务部分。它包括合同的主要条款和一般条款。合同的主要条款包括：品名和品质条款、数量条款、包装条款、价格条款、支付条款、装运条款、保险条款等等。合同的一般条款包括：检验条款、索赔条款、不可抗力与仲裁条款。

（1）品名条款

商务合同的品名规定要注意尽量采用国际通用的标准化名称，避免采用俗称或者地方化色彩浓厚的名称，以免买卖双方对交易标的物存在认识上的差异。国际货物买卖合同中的品名条款一般比较简单，通常都是在"商品名称"或"品名"的标题下，列明缔约双方同意买卖的商品名称。有时为省略起见，也可以不加标题，只在合同的开头部分列入双方同意买入卖出某种商品的文字。

例如：NAME OF COMMODITY： "PANDA" BRAND FOOTBALL OF CHINA ORIGIN

品名：中国产"熊猫"牌足球

（2）品质条款

商务合同的品质条款的规定通常有两大类：一类是以文字说明表示品质，另一类是以样品表示品质。

①以文字说明表示品质，大致有凭规格、凭等级、凭标准、凭说明书和图纸、凭品牌、凭产地名称等类型。

★凭规格买卖的商品通常是可以通过量化指标（如成分、纯度、含量、容量、长度等）描述的产品，一般多数为初级的工业原材料或半成品。

★凭说明书和图纸买卖适用于构造复杂的机器设备、电器仪表等产品。

★凭等级和标准买卖的产品多为已经在国际上有了公认的等级和标准划分的产品。一般而言，为避免各地、各国对等级和标准的不同划分，在以该种方法订立品质条款的

时候，应尽量标明所依据的等级和标准的名称、版本。能够凭规格买卖的产品应尽量避免单纯采用等级和标准表示产品质量。

★凭品牌买卖的商品多数具有品质稳定、功能简单的特点。这类产品几乎全部都是全国或者国际知名品牌，企业的信誉和品牌的美誉度本身就代表着优良的品质。

②以样品表示品质，由于产品在性质、形态上的多样性，并非所有的产品品质都可以用文字说明来明确界定。凭样品买卖的多数为交货品质难以用说明表达的产品，如工艺品、土特产等。例如：

卖方提供的11号样品质量将作为交货的品质依据，卖方保证所交货物品质与样品大致相近。

THE QUALITY OF SAMPLE PROVIDED BY SELLER （SAMPLE NO.011）SHALL BE TAKEN AS BASIS FOR THE SHIPPING QUALITY AND THE SHIPPING QUALITY SHALL BE ABOUT EQUAL TO THE SAMPLE.

③订立品质条款应注意的问题：

★要采用能正确表示商品品质的适当方式。有些商品只适宜于凭样品进行买卖，有的则需凭规格、等级、标准或说明书进行买卖，在具体业务中，如同时采用两种方式，应明确以何种为准，其余仅供参考。如果能使用一种方法表示，尽量不要使用两种方法。能用文字说明表示的尽量不使用凭样品表示。如果两种方式只分别说明对产品品质的某一方面的要求，如样品只表示商品的外形，规格只表示商品的内在质量，则应在合同中作相应的规定，不要笼统规定为“品质规定按照样品和规格”。

★要从生产能力出发，不能订得过高或过低。交货品质应该长期稳定在一个合理的幅度之内，否则会失去客户的信任。

★要注意科学性和灵活性。科学性是指用词要明确、具体，不能含糊笼统。一般不用“大约”“左右”“合理误差”等字样，避免由于用词不当而引起不必要的纠纷。灵活性是指不要订得太死、绝对化，要有一定的灵活性。对有些货物，特别是品质规格不易做到完全统一的货物，如某些农副产品、轻工业品及矿产品等，都要有一定的灵活性。对这类货物，在合同中可规定品质机动幅度或品质公差，不能规定绝对数值，以防无法履约。

★合同中的品质规格项目条款，不宜定得太杂、太烦琐，只规定表示品质的主要内容即可。

④降低交货品质风险的常见方法——规定品质机动幅度。

品质机动幅度的规定办法：品质机动幅度是指允许卖方所交货物的品质指标在一定幅度内可以灵活变动。规定品质机动幅度的方法有以下两种：

★规定范围，即规定品质指标在一定的范围内，可以用绝对值，也可用百分比表示。例如以绝对值表示品质范围：布料，幅宽4/6米，即布的幅宽只要在4~6米范围内，均为合格。

★规定极限，指对商品的某些品质指标规定允许有差异的上下极限，一般用最大、最小、最高、最低来表示。例如：焦炭合同中规定有害物质灰分含量不超过10%：ASH 10% MAX.。

（3）数量条款

在商务合同中规定数量的方法通常有两大类。一类是以个数、件数或者包装单位计数的，如汽车、机床、家用电器、活牲畜等。另一类是以重量、体积、容积等计数的，如矿石、焦炭、石油、液化气等。

①以个数、件数或者包装单位计数。此类产品多数具有自成一件、外形整齐的特点，除非在合同中明确规定允许交货数量存在一定幅度的差异，否则卖方应严格按照合同中规定的数量交货，即不得多交，更不能少交货。

②以重量、体积、容积等计数。有些大宗商品，比如粮食、矿砂、化肥、食糖等，由于货源变化、运输工具条件、装载技术等原因的制约，往往难以准确地按约定数量交货，一般应在合同中规定溢短装幅度。

溢短装条款（more or less clause）即允许交货时可多装或少装合同规定数量的一定百分比的条款。例如：QUANTITY：500 METRIC TON 5% MORE OR LESS IS ACCEPTABLE.（交易数量：500吨，允许实际交货时有5%的增减差异）

（4）包装条款

合同中包装条款的主要内容包括包装材料、包装方式、包装费用和运输标志等。

①带包装货物的条款规定方法。此类货物的包装条款规定相对复杂一些，必须注明包装的材料、包装方式、包装费用和运输标志等四个方面的内容，例如：PACKING：IN POLY BAGS， ABOUT 50 POUNDS IN A BAG， 4 BAGS IN A WOODEN CASE WHICH IS LINED WITH METAL.THE COST OF PACKING IS FOR BUYER’S ACCOUNT.（用涤纶袋包装，每袋重量大约50磅，4袋装一个木箱，木箱用金属作为衬里。包装费用由买方承担）

②散装货物包装条款的规定方法。对于散装的矿石、粮食等大宗不加包装的产品，其包装条款较为简单。例如：PACKING：IN BULK （包装：散装）。

③裸装货物包装条款的规定方法。对于自成一件，不需包装或者无法包装的产品，其包装条款可以简略规定为：PACKING：IN NUDE （包装：裸装）。

（5）价格条款

国内购销合同的价格条款主要包括：货物的单价、成交总金额、各种附带费用的承担（如各阶段的装卸费、运费由谁负担）。

国际商务合同的价格条款较为复杂，一般包括：

①计量单位：如吨、米、英尺、桶、辆、件等。应尽量采用公制计量单位。

②计价货币：如美元、欧元、英镑、日元等。

③价格术语：如FOB/CFR/CIF等。国际商会制定的《2000年国际贸易术语解释通则》规定和解释了13种贸易术语，其中最为常用的是以上3种。每一种术语均对买卖双方的交接货责任、货损风险、费用负担有着明确的规定。

（6）支付条款

总的来说，商务合同的支付条款内容包括以下几项：货币种类、支付金额、支付方式和付款期限。国内购销合同的付款方式一般均为银行转账，如电汇、托收、银行汇票等形式。国际贸易合同的支付方式由专门的国际惯例规范和解释，主要有汇付、托收和

信用证三大类。

（7）装运条款

装运条款又称运输条款，主要规定：商品的发运期限；商品的运输方式，如铁路、公路江海运输等；由谁负责订立商品运输合同；运杂费由谁负担。在国内贸易中，多半通过注明提货方式、提货地点、运杂费负担等内容来规定买卖双方在本合同执行过程中的运输责任和义务。相对来说，国际商务合同中的装运条款比国内购销合同要复杂得多。除了上述内容外，还要对货物的分批装运、转运等内容做出相应的规定。

（8）检验条款

检验条款通常指商品的品质和数量检验，是交易双方交接货物、支付货款和处理索赔的依据。该条款的主要内容包括检验地点、检验时间、要求出具的检验证书、检验方法和检验标准等。

（9）索赔条款

为了保障合同双方当事人的权益，可以订立本条款。订立索赔条款通常有两种方式：

①异议和索赔条款。该条款在一般的国际商务合同中最为常见，主要内容包括索赔依据和索赔期限。索赔依据主要是指双方认可的商检机构出具的检验证书。索赔期限根据不同商品由双方约定。

②罚金条款。这是针对当事人不按期履约而约定的，应由违约方支付给对方的罚款，主要内容是规定罚金或违约金的数额以补偿对方的损失。罚金的支付并不解除违约方继续履行的义务，因此，除违约方支付罚金外，仍应履行合同义务，如因故不能履约，则另一方在收受罚金之外，仍有权索赔。

（10）不可抗力与仲裁条款

本条款为国内商务合同的非主要条款，在国内商务合同中，由于我国法律对不可抗力有较为明确一致的解释，所以一般可以不必列出。而在国际贸易中，交易双方身处不同的国家，各国法律对不可抗力并无确切和统一的解释，容易导致当事人之间发生纠纷。为了避免这种现象发生，在订立国际商务合同时应订立不可抗力条款，其内容应该包括：不可抗力事故的范围，事故发生后通知对方的期限以及出具证明文件的机构。

①不可抗力事故范围的界定。目前我国国际贸易合同中，订立的不可抗力条款有三种：

★概括式规定。在合同中不具体规定不可抗力事故的种类，只用笼统的规定。如“由于公认的不可抗力原因而不能履行合同规定的一方可不负有责任”。由于规定太笼统，一般不宜采用。

★列举式规定。合同中列举交易双方认为可以作为不可抗力事故的类型，战争、洪水、地震等等。由于规定过死，一旦发生超出列举范围的不可抗力事故，便会发生争执，故也难以此条款为据。

★综合式规定。这是将概括式和列举式合并在一起的方式，即在列举了双方认同的不可抗力事故的类型的同时，如在战争、水灾、地震、暴风雪等后，再加上“以及双

方当事人所同意的其他意外事故”的文句，以便发生合同未列明意外事故时，当事人可以协商处理。这种规定既明确，又有一定灵活性，是一种较好的规定方法。

②事故发生后通知对方的期限。不可抗力事故发生后，按国际惯例当事人必须及时将事故的发生和对履行合同义务的影响通知对方并按照合同规定提供有关合法的书面证明文件。对方亦应在接到通知后及时答复，如有异议也应及时提出。

③不可抗力证明文件的出具机构。在国际贸易中当一方援引不可抗力要求免其责任时，必须向对方提交相关机构出具的证明文件，作为证据。证明文件通常有：当地工商组织（例如商会）出具的证明；对方国家驻在发生不可抗力事故当事人所在地的领事出具的证明；报道不可抗力事故的报纸；以及其他具有证明效力的证明文件。在我国是由中国国际贸易促进委员会（即中国国际商会）或设在口岸的贸促会或其他取得公证资格的经贸团体出具；如由对方提供时，则大都由当地商会或经登记的公证人出具。

（三）尾部

尾部通常包括使用的文字和文体、生效日期、当事人的签字以及合同的份数。有的合同还根据需要制作了附件附在后面，作为合同不可分割的一部分。合同的尾部涉及合同的效力范围和有效条件等主要问题，所以又称为效力部分。需要注意的是国内购销合同和国际商务合同的约尾部分会有一些不同，例如有些生效日期在合同的约首等等，但其效力不变。

案例解析7-1

红枣买卖合同

背景与情境：

某月20日，我方向老客户A发盘“可供一级红枣100吨。每吨500美元。CIF安特卫普。适合海运包装。定约后即装船。不可撤销即期信用证付款。请速复电。”A立即电复：“你20日电我方接受。用麻袋包装，内加一层塑料袋。”由于我方一时没有麻袋，故立即回电：“布包装内加一层塑料袋。”回电后，对方未予答复。我方便着手备货。

思考：

合同是否成立？为什么？

做一做

【谈判训练7-2】

焦炭产品交易合同缮制

一、实训目的和要求

1.了解商务合同的内涵和性质。熟悉国际贸易书面合同的形式和内容。掌握合同成立的条件、时间。

2.能够用中英文制作一般的合同条款，重点掌握品质、数量条款；价格条款；结算

条款和运输条款的制作。

3.初步具备独立缮制商务合同的能力。

二、场景设计

在本项目的“谈判训练7-1”中，山西美可企业集团通过传真磋商，成功地就一批冶金焦炭的出口业务与加拿大多伦多迅行有限公司达成了交易，在双方洽谈成功之后，双方的业务洽谈进入第二个环节，就是依据“谈判训练7-1”中买卖双方磋商达成的主要交易条件，签订国际货物买卖合同。

三、训练步骤

根据场景设计，学习者继续扮演出口商山西美可企业集团的角色，用英文或者中英文兼备的形式将买卖双方达成的主要交易条件做成标准的合同条款，进而缮制一份完整的外销合同。

根据本项目“谈判训练7-1”中买方加拿大迅行公司与卖方山西美可企业集团的贸易磋商达成的结果，我们将在下面逐一介绍该笔业务合同条款的制定过程。

第一步，逐项制作合同条款。

（一）制作合同的约首部分

1.确定合同的名称

由于本合同是出口商山西美可公司缮制，因此按照习惯称作“SALES CONTRACT”。合同的文字可以中英文兼备，也可以只使用英文制作。

2.确定合同的编号和日期

合同编号一般由卖方自行编制，日期为制作合同的日期。

3.买卖双方的名称和地址

买卖双方的名称和地址按照双方往来传真发盘中的公司全称和详细地址填写。

4.合同序言

合同序言，说明买卖双方的交易意愿，一般为固定的表述方式。

（二）订立品名、品质条款

1.品名条款

由于此次山西美可公司与加拿大买家交易的商品在行业内有固定的称呼，因此按照行业惯例表述为“METALLURGICAL COKE OF CHINA ORIGIN”，中国原产冶金焦。

2.品质条款

由于本次交易的产品是中国原产冶金焦炭，其品质可以用具体的理化规格，通过文字说明来表示品质，因此本合同采用规定极限的方法来表示对产品的质量指标的要求。

（三）订立数量、包装条款

由于本合同以重量计价，所以数量条款适用溢短装，即规定供应数量为1 500吨，可溢短装10%，由卖方选择。

另外，根据本业务中买卖双方的磋商条件，国外买家需要带包装的产品，包装材料为“双层塑料编织袋”，包装方式为“每袋大约装1 000吨焦炭”，同时有运输标志要求，已经由外商另外函电通知了负责合同缮制的卖方。关于包装费用的负担，合同中没有明确指出，按照惯例可以理解为产品价格的一部分，由卖方承担。

（四）订立价格条款

从“谈判训练7-1”的磋商结果可知，买卖双方认同的价格为“USD275/MT CIF TORONTO，CANADA”，再用单价275美元乘以供货数量1 500吨，则可以得出合同总金额。

（五）订立装运条款

一般的国内合同中有关运输的条款都很简单，而国际贸易合同的装运条款相对复杂一些。装运条款的订立依据仍然是“谈判训练7-1”买卖双方磋商达成的结果。

（六）订立保险条款、检验条款和结算条款

保险条款、检验条款、结算条款按照买卖双方达成的主要交易条件列出，双方没有涉及的一些细节，可以按照具体情况，依照既有利于我方，又能够使外方接受的原则补充制定。

（七）异议与索赔条款

外贸合同中的索赔条款通常有两种，一种是异议与索赔条款，另一种是罚金条款，本合同中的异议与索赔条款是一般进出口业务最为常用的形式。

（八）其他合同条款的订立

1.单据要求条款

此处一般只列举最为常见的几种单据，也可不列出本条款。

2.仲裁条款

仲裁条款属于非主要交易条款，但按照惯例一般合同中均要列出。需要注意的是，在制定本条款时尽量争取将仲裁地点和仲裁机构定在本国内。

3.不可抗力条款

不可抗力条款也是一项非主要交易条款，由于适用法律的统一性，国内合同可有可无，但按照惯例一般应在国际商务合同中列出。在制定本条款时需要注意的关键问题是尽量争取将不可抗力的判定机构定为本国的有关机构。

第二步，双方对合同条款进行最后的确认。

商务谈判的圆满结束，仅仅意味着买卖双方在交易的主要条件方面达成了一致，而商务合同的条款远比双方在谈判中涉及的问题要多。在将商务谈判的结果转化为文本式合同的过程中有大量的文字工作要做，可能因为文字的疏漏导致合同条款产生歧义，也可能由于缮制合同一方故意进行的文字处理导致对方利益受损。还有可能存在的问题是，一些谈判中没有涉及的非主要条款，在形成合同文字之后买卖双方不能够达成共识。

因此，合同文本形成之后，双方谈判负责人必须会同谈判小组仔细检查和分析合同草稿，对所有条款逐一审查确认。有时候，就一些出现争议的非主要条款，双方还有可能进行临时的磋商谈判。

第三步，合同签字。

商务合同的签字形式不拘一格，形式多样。如果是双方通过传真洽谈开立的合同，可以由买卖双方的任意一方（通常是卖方）缮制合同之后盖章传真至对方，由对方签章后再传回。虽然我国合同法规定传真件具有法律效力，但是为避免不必要的纠纷，在执行合同之前，很多商家仍然习惯于把正本合同一式两份盖章之后寄送对方签章并且要求

对方回寄一份签章的正本合同存档备查。另外，买卖双方面对面的签字仪式也很常见。这种形式的合同签字也有很多情况，如较大型的合同签字可能要举办隆重的庆祝仪式，选择高级的酒店、会所等高档社交场所的会议厅，安排媒体采访宣传，邀请双方主要领导出面签约。而中小型的商务合同签字一般应本着节约高效的原则，仪式从简，在东道主公司的会议厅，或者客人下榻的酒店，由双方公司的授权代表签字即可。本业务中的合同是通过电话、传真谈判，最终通过传真形式开立的。

上述操作步骤之后，经过双方确认的国际商务合同样本，见“思考与练习”中的表7-10。

四、效果评价

根据学生出勤、课堂讨论发言以及各人阐述自己缮制的合同文本内容、格式等情况进行评定。小组成员共同初评出个人成绩档次（优秀、良好、中等、及格、不及格），教师和各小组长共同评出各小组成绩，在此基础上给出个人最终成绩。

个人最终成绩=20%×表7-8成绩+80%×表7-9成绩

表7-8 **小组成员个人成绩评价表**

小组成员个人成绩 / 小组成员姓名	优秀	良好	中等	及格	不及格

注：考评满分为100分，60分以下为不及格；60～69分为及格；70～79分为中等；80～89分为良好；90分以上为优秀。

表7-9 **国内购销合同模拟填制评价表**

评价内容	分值（分）	评分（分）
第一条　产品的名称、品种、规格和质量	10	
第二条　产品的数量和计量单位、计量方法	10	
第三条　产品的包装标准和包装物的供应与回收	10	
第四条　产品的交货单位、交货方法、运输方式、到货地点	10	
第五条　产品的交（提）货期限	10	
第六条　产品的价格与货款的结算	15	
第七条　验收方法	15	
第八条　对产品提出异议的时间和办法	5	
第九条　乙方的违约责任	5	
第十条　甲方的违约责任	5	
合同约尾	5	
国内购销合同模拟填制总体评价	100	

注：考评满分为100分，60分以下为不及格；60～69分为及格；70～79分为中等；80～89分为良好；90分以上为优秀。

思考与练习

1.关键术语

口头磋商的形式：有参加各种交易会、洽谈会，出访或者来访面谈，通过国际长途电话进行的谈判等等。

书面磋商：通过传真、电子邮件、信件、电报、电传等通信方式进行的贸易洽谈。随着通信技术日新月异的发展，电报、电传等落后的洽谈方式已经逐渐退出历史舞台。取而代之的是以传真和电子邮件等为代表的、传递速度更快、保密性更强的先进通信方式。

询盘：又称询价，在国际贸易中指交易的一方打算出售或者购买某一商品而向另一方发出的“洽谈邀请”，询盘可以由卖方发出，也可以由买方发出，对于买卖双方而言，询盘不具有法律上的约束力。

发盘：又称报价，在法律上称为“要约”，是买卖双方中的一方向对方提出各项交易条件，并愿意按照这些条件达成交易、订立合同的一种承诺。

还盘：又称还价，在法律上称为反要约，它是指受盘人不同意或者不完全同意发盘内容而提出修改和变更意见的表示。还盘实际上是对发盘内容的拒绝，即使有条件地接受仍然构成对原发盘的否定。

接受：按照《联合国国际货物销售合同公约》的释义，接受是无条件的承诺，是买方或者卖方无条件地接受对方在发盘中提出的各项交易条款，并愿意按这些条件与对方达成交易、订立合同的肯定的表示。

口头合同：当事人不采用文字协议表达合同内容，而仅使用以口头的（包括电话等）意思表示方式而建立的合同。

书面合同：以文字的意思表示方式（包括书信、电报、契券等）而订立的合同，或者把口头的协议做成书契、备忘录等。合同书和任何记载当事人要约、承诺和权利义务内容的文件，都是书面合同的具体表现。

推定形式：当事人没有用语言、文字表达其意思表示，仅用行为向对方发出要约，而对方也接受要约，以做出一定的或者指定的行为作为承诺时，合同即告成立。

2.选择题

○ 单项选择题

(1)（　　）形式指当事人没有用语言、文字表达其意思表示，仅用行为向对方发出要约，而对方也接受要约，以做出一定的或者指定的行为作为承诺时，合同即告成立。

A.书面　　B.推定　　C.口头　　D.任意

(2)（　　）是指在国际贸易中交易的一方打算出售或者购买某一商品而向另一方发出的“洽谈邀请”。

A.询盘　　B.发盘　　C.还盘　　D.接受

(3)（　　）实际上是对发盘内容的拒绝，即使有条件地接受仍然构成对原发盘的否定。

A.询盘　　B.发盘　　C.还盘　　D.接受

(4)（　　）的形式多样，如参加各种交易会、洽谈会，出访或者来访面谈，通过

国际长途电话进行的谈判等等。

A.书面磋商 B.传真磋商 C.口头磋商 D.电子邮件磋商

(5)( )是指通过传真、电子邮件、EDI、信件、电报、电传等通信方式进行的贸易洽谈。

A.书面磋商 B.洽谈会磋商 C.口头磋商 D.来访面谈

○ 多项选择题

(1)贸易磋商的基本形式包括( )。

A.口头磋商 B.电子邮件磋商 C.洽谈会磋商 D.书面磋商

(2)国际货物买卖磋商的步骤一般来说包括( )。

A.询盘 B.发盘 C.还盘 D.接受

(3)根据《中华人民共和国合同法》和《联合国国际货物销售合同公约》(1980年)的规定,当事人订立合同可以采取( )形式。

A.推定 B.商议合同 C.书面合同 D.口头合同

(4)国际货物买卖合同一般由( )组成。

A.首部 B.正文 C.尾部 D.头部

3.案例分析题

阻燃密封胶带买卖合同

背景与情境:

2016年10月20日,买方天津市利达建筑装潢有限公司欲从卖方北京立宏保温建材有限公司采购阻燃密封胶带,交易磋商后达成一致,并于当日签订合同,约定合同于签订之日起生效,其细节如下:

交易产品标的:品名:红星牌阻燃密封胶带;型号:880TZ(K)12-01。

品质规格:应符合国家标准加协商要求,具体为:A级品质;难燃型;《国家建筑设计规范》b1 标准(附加条件:氧指数为32%;耐温不小于190°C)。

成交数量:50 000卷;单价:10元/卷;合同金额:人民币500 000元。

包装:30米/卷,1卷/纸盒, 25卷/纸箱,纸箱包装必须适合长途运输。包装供应及费用由买方负担。

交货允许误差:总交货数量允许有1%的误差,每卷长度误差在0.5%之内。

运输方式:卖方代办铁路运输,运费由买方负担;到站:天津西站;收货人:天津市利达建筑装潢有限公司。

产品的交货期限:2016-10-31前装入车皮为准。

付款方式和期限:银行电汇。买方须在合同生效后的3日内将合同全部金额的50%汇到卖方账户,剩余50%货款于货物到达天津西站买方验收后7日内以电汇形式付到卖方账户。

品质与数量的验收方法及异议的提出:

验收时间:买方应在货到天津西站后10日之内验收数量,并提出数量异议(如果存在数量不符),应在货到天津西站30日内验收品质,并提出品质异议(如果存在品质不符)。卖方在接到买方书面异议后,应在10日内(另有规定或当事人另行商定期

限者除外）处理并有相应的书面回应，否则，即视为默认买方提出的异议和处理意见。买方数量、品质异议的提出应以当地质检部门出具的数量、质量检验证书为准，检验标准以买卖双方的合同约定为准。验收方法：商品数量采用外观验收法、商品质量采用理化验收法。双方因验收问题产生的争议应提交省级以上质量监督部门进行仲裁。

违约责任：买卖双方任何一方违约，须向对方赔偿相当于合同金额20％的违约金。

卖方：北京立宏保温建材有限公司

法定代表人：孔林文 先生

电话：（086）010 60223090

传真：（086）010 60223080

地址：北京市通州区远大路117号

邮编：100156

开户行：北京市工商银行通州分行

账号：010－940031070046

买方：天津市利达建筑装潢有限公司

法定代表人：秦文婷 女士

电话：（086）022 25816530

传真：（086）022 25816540

地址：天津市塘沽区杭州道235号

邮编：300450

开户行：天津市渤海银行开发区分行

账号：022－940031070046

问题：请根据以上资料进行国内购销合同（见表7-10）填制训练。

表7-10 买卖合同

购货单位：______________________________，以下简称甲方；

供货单位：______________________________，以下简称乙方。

经甲乙双方充分协商，本着平等互利的原则，特订立本合同，以便共同遵守。

第一条 产品的名称、品种、规格和质量

1.产品的名称、型号：（应注明产品的牌号或商标）

产品名称：______________________________

型号：______________________________

2.产品的技术标准（包括质量要求），按下列第__________项执行：

（1）按国家标准执行。

（2）按部颁标准执行。

（3）由甲乙双方商定技术要求执行。

____

____

____

续表

第二条　产品的数量和计量单位、计量方法 1.产品的数量：＿＿＿＿＿＿ 2.计量单位/计量方法：＿＿＿＿＿＿ ＿＿＿＿＿＿ 3.产品交货数量的正负尾差、合理磅差和在途自然减（增）量规定及计算方法： ＿＿＿＿＿＿ ＿＿＿＿＿＿
第三条　产品的包装标准和包装物的供应与回收 包装标准：＿＿＿＿＿＿ 包装物的供应方与费用的负担：＿＿＿＿＿＿ ＿＿＿＿＿＿
第四条　产品的交货单位、交货方法、运输方式、到货地点（包括专用线、码头） 1.产品的交货单位： 2.交货方法按下列第＿＿＿＿项执行： (1) 乙方送货，运杂费用乙方负责； (2) 乙方代运，运杂费用甲方负责； (3) 甲方自提自运，费用由甲方自理。 3.运输方式：＿＿＿＿＿＿ 4.到货地点和接货单位（或接货人）：＿＿＿＿＿＿
第五条　产品的交（提）货期限 ＿＿＿＿＿＿ ＿＿＿＿＿＿
第六条　产品的价格与货款的结算 1.产品的价格按下列第＿＿＿＿项执行： (1) 按甲乙双方的商定价格： 单　　价＿＿＿＿＿＿。 合计小写＿＿＿＿＿＿。 合计大写＿＿＿＿＿＿。 (2) 按照订立合同时履行地的市场价格： 单　　价＿＿＿＿＿＿。 合计小写＿＿＿＿＿＿。 合计大写＿＿＿＿＿＿。

续表

<table>
<tr><td>
（3）按照国家定价履行：
单　　价______________________________。
合计小写______________________________。
合计大写______________________________。
2.货款的结算方式：______________________________
____
____
</td></tr>
<tr><td>
第七条　验收方法
1.验收时间：______________________________
2.验收手段（方法）：______________________________
3.验收标准：______________________________
4.由谁负责验收：______________________________
5.验收纠纷的仲裁：______________________________
（在验收发生纠纷后，由哪一级产品质量监督检查机构执行仲裁等）
</td></tr>
<tr><td>
第八条　对产品提出异议的时间和办法
1.甲方的验收以__________为时间基准。甲方在验收过程中，如果发现产品数量短少，应在________日内向乙方提出书面异议。如果发现产品的品种、型号、规格、花色和质量不合规定，应一面妥善保管，一面在________日内向乙方提出书面异议；在托收承付期内，甲方有权拒付不符合合同规定部分的货款。甲方怠于通知或者自标的物收到之日起过两年内未通知乙方的，视为产品合乎规定。
2.甲方因使用、保管、保养不善等造成产品质量下降的，不得提出异议。
3.乙方在接到甲方书面异议后，应在10天内（另有规定或当事人另行商定期限者除外）进行处理，否则，即视为默认甲方提出的异议和处理意见。
甲方提出的书面异议中，应说明合同号、运单号、车或船号、发货和到货日期；说明不符合规定的产品名称、型号、规格、花色、标志、牌号、批号、合格证或质量保证书号、数量、包装、检验方法、检验情况和检验证明；提出不符合规定的产品的处理意见，以及当事人双方商定的必须说明的事项
</td></tr>
<tr><td>
第九条　乙方的违约责任
1.乙方不能交货的，应向甲方偿付不能交货部分货款的________%的违约金。
2.乙方所交产品品种、型号、规格、花色、质量不符合规定的，如果甲方同意使用，应当按质论价；如果甲方不能使用，应根据产品的具体情况，由乙方负责包换或包修，并承担修理、调换或退货而发生的实际费用。
3.因产品包装不符合合同规定，必须返修或重新包装的，乙方应负责返修或重新包装，并承担发生的费用。甲方不要求返修或重新包装而要求赔偿损失的，乙方应当偿付甲方该不合格包装物低于合格包装物的价值部分。因包装不符合规定造成货物损坏或灭失的，乙方应当负责赔偿
</td></tr>
</table>

续表

4．乙方逾期交货的，应比照中国人民银行有关延期付款的规定，按逾期交货部分货款计算，向甲方偿付逾期交货的违约金，并承担甲方因此所受的损失费用。

5．乙方提前交付的产品、多交的产品的品种、型号、规格、花色、质量不符合规定的，甲方在代保管期内实际支付的保管、保养等费用以及非因甲方保管不善而发生的损失，应当由乙方承担。

6．产品错发到货地点或接货人的，乙方除应负责将货运至合同规定的到货地点并交付接货人外，还应承担甲方因此多支付的一切实际费用和逾期交货的违约金。

7．乙方提前交货的，甲方接货后，仍可按合同规定的付款时间付款；合同规定自提的，甲方可拒绝提货。乙方逾期交货的，应在发货前与甲方协商，甲方仍需要的，乙方应照数补交，并负逾期交货责任；甲方不再需要的，应当在接到乙方通知后15天内通知乙方，办理解除合同手续。逾期不答复的，视为同意发货

第十条　甲方的违约责任

1．甲方出现无故拒绝或者拖延付款、中途退货等违约情形，应向乙方偿付相当于违约部分货款____%的违约金（违约金视为违约的损失赔偿，但约定的违约金过分高于或者低于造成的损失的，当事人可以请求人民法院或者仲裁机构予以适当减少或者增加）。

2．如合同约定包装、技术资料等由甲方提供，而甲方未按合同规定的时间和要求提供应交的包装物或技术资料的，除交货日期得顺延外，应比照中国人民银行有关延期付款的规定，按顺延交货部分货款计算，向乙方偿付顺延交货的违约金；如果不能提供的，按中途退货处理。

3．甲方自提产品未按供方通知的日期或合同规定的日期提取的，应比照中国人民银行有关延期付款的规定，按逾期提货部分货款总值计算，向乙方偿付逾期提货的违约金，并承担乙方实际支付的代为保管、保养的费用。

4．甲方逾期付款的，应按中国人民银行有关延期付款的规定向乙方偿付逾期付款的违约金。

5．甲方违反合同规定拒绝接货的，应当承担由此造成的损失和运输部门的罚款。

6．甲方如错填到货地点或接货人，或对乙方提出错误异议，应承担乙方因此所受的损失

第十一条　不可抗力

甲乙双方的任何一方由于不可抗力的原因不能履行合同时，应及时向对方通报不能履行或不能完全履行的理由，以减轻可能给对方造成的损失，在取得有关机构的证明以后，允许延期履行、部分履行或者不履行合同，并根据情况可部分或全部免予承担违约责任

第十二条　其他条款

按本合同规定应该偿付的违约金、赔偿金、保管费、保养费和各种经济损失，应当在明确责任后10天内，按银行规定的结算办法付清，否则按逾期付款处理。但任何一方不得自行扣发货物或扣付货款来充抵。

本合同如发生纠纷，双方当事人应当及时协商解决，协商不成时，任何一方均可请业务主管机关调解或者向仲裁委员会申请仲裁，也可以直接向人民法院起诉

续表

<table>
<tr><td colspan="2">本合同自________年________月________日起生效，合同执行期内，甲乙双方均不得随意变更或解除合同。合同如有未尽事宜，需经双方共同协商，做出补充规定，补充规定与合同具有同等效力。本合同正本一式两份，甲乙双方各执一份；合同副本一式________份，分送甲乙双方的主管部门、银行（如经公证或签证，应送公证或签证机关）等单位各留存一份</td></tr>
<tr><td colspan="2">合同约尾</td></tr>
<tr><td>购货方（甲方）：________________
________________（公章）
法定代表人：
____
地址：
____
开户银行：________________
账号：________________
电话：________________</td><td>供货方（乙方）：________________
________________（公章）
法定代表人：
____
地址：
____
开户银行：________________
账号：________________
电话：________________</td></tr>
<tr><td colspan="2">________年____月____日</td></tr>
</table>

项目八

国际商务谈判

项目概述

国际商务谈判是国际商务活动中不同国家和地区政府、商业机构的利益主体之间为达成经济合作、解决利益冲突、谋求局部妥协以实现双赢，而进行的协调和磋商过程。国际谈判与国内谈判一样都是科学性和艺术性的结合，是国内谈判的延伸和发展，而国际谈判因其是在全球范围内进行，使得这一活动受到更多复杂因素的影响。对国际谈判的认知、相关谈判策略的研究将是一个不断发展和进步的过程。

项目结构

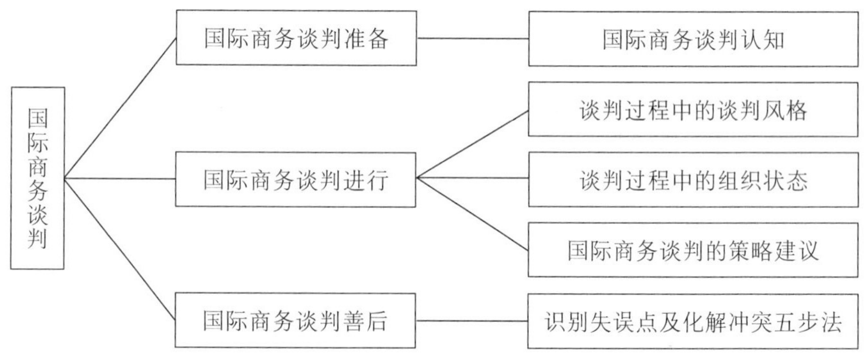

任务一　国际商务谈判准备

【任务目标】

● 知识目标：认知国际商务谈判的复杂性及其影响因素。

● 能力目标：通过学习训练，能够从全球视野，在多文化背景下分析国际商务谈判的情势，从而制订有效的谈判方案，应对复杂多样的谈判进程。

【任务导入】

联想公司收购IBM的PC业务谈判

背景与情境：

联想公司收购IBM的PC业务经过长达13个月的谈判才最终得以协商一致。2003年11月，联想组成了由财务总监冯雪征为首的代表团飞往美国与IBM公司进行了第一次接触，按照联想副总裁乔松的说法，“那个时候主要任务是摸底。”

2003年11月到2004年5月，是联想与IBM谈判的第一阶段，谈判小组的主要工作是了解对方情况和提出有关收购的商业方案。联想集团副总裁王晓春透露，联想的谈判队伍是在不断扩大的。在联想内部，收购所涉及的部门包括行政、供应链、研发、IT、专利、人力资源、财务等，这些部门均派出了专门人员全程跟踪谈判过程，总人数为100人左右。另外，联想还聘请了诸多专业公司协助谈判，例如，麦肯锡担任战略顾问，高盛担任并购顾问，安永及普华永道作为财务顾问，奥美公司作为公关顾问。

2004年5月，联想方面提出包括收购范围、收购价格、支付方式、合作方式等商业方案，从此，谈判进入了艰苦的实质性磋商阶段，直到12月6日收购谈判才最终达成协议。联想的副总裁乔松说：“关于收购案的所有细节均是到最后一刻才敲定的，有关收购的各种文件垒起来厚达一米。”由此可见国际谈判过程的复杂性。

思考：

联想集团收购IBM的PC业务的复杂性都体现在哪些方面？

学一学

在国际商务谈判中，充分的准备可以保证谈判科学、有序地进行，也为谈判中的突发情况提供必要的应对信心与策略支持。认识国际商务谈判可以从两大因素入手，即谈判任何一方都无法控制的环境因素和谈判者大多能够控制的直接因素，具体如图8-1所示：

图8-1通过两个圈层示意了影响国际商务谈判的内外两方面的因素，即环境因素和直接因素，前者包括政治多样性、法律多样性、文化差异、意识形态差异、汇率波动和外汇交易、外国政府控制和官僚机构、外部利益相关者及各种不稳定性和变化；后者包

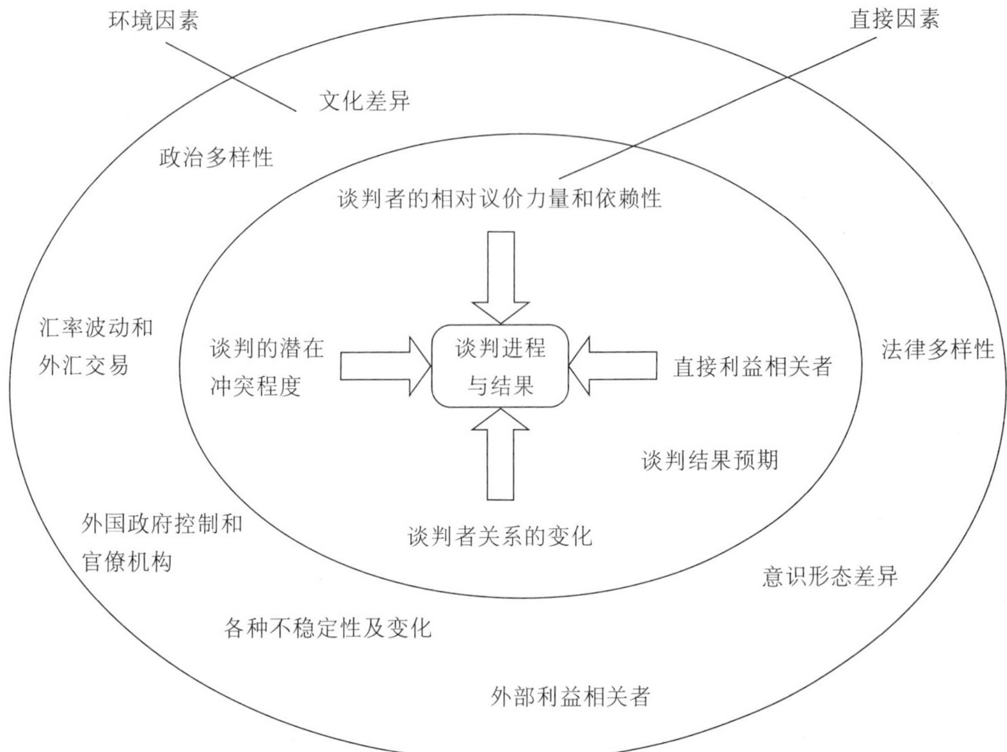

资料来源 A.V. PHATAK, M.H.HABIB. The Dynamics of International Business Negotiations, Business Horizons, 1996 (39): 30-38; J.W. SALACUSE. Making Deals in Strange Places: A Beginner's Guide to International Business Negotiations [J]. Negotiation Journal, 1998 (4): 5-13.

图8-1 影响因素示意图

括谈判者的相对议价力量和依赖性、谈判结果预期、谈判的潜在冲突程度、直接利益相关者以及谈判者关系的变化等。在实际的谈判中这些因素或者单独作用或者互相叠加进行复合作用，最终影响谈判结果。

外层的诸多环境因素可归纳为两点：一是客观存在的显性因素，包括基本的政治、意识文化形态、经济政策、对外贸易基本状况、法律体系（如税收、劳动法规与标准、商业法律、行业工会以及各级执法行为规范等）、基本社会资源供给的稳定性（如水、电、交通、互联网及其他电子系统的完善度）等。作为一个治理正常的国家或地区，以上几方面在一般情况下都具有长期的稳定性，而且有据可查。二是特定存在的隐性因素，包括国家间政治关系对经济活动影响的敏感度、政府干预经济的程度、各方利益相关者的潜在关系等。这些都是需要长期深入了解才能予以掌握的因素，并且这些因素还会在不同的情况下随时变化，这种变化复杂而无规律。

图8-1中内层列示了影响国际商务谈判的直接因素，包括：①相对的讨价还价能力，是指谈判方的投资能力、信息掌控、交易标的的性质、市场渠道以及政府关系等都会影响其在谈判中的筹码份额。②潜在冲突程度，是指双方商业利益博弈过程中的焦点所在，化解矛盾的主要途径和着眼点通常要从经济利益和意识形态两个层次入手。③谈判者的相互关系，谈判是谈判双方关系的一部分，双方的关系历史会影响当前的谈判，

而当前的谈判也会成为双方今后谈判的一部分。④期待的结果，以获得商业合作为目标的国际商务谈判活动在很多情况下会为其他政治的、社会的目的所左右。如第二次世界大战后，美日商务合作谈判会不同程度地考虑到美日两国的长期关系。⑤直接利益相关者，包括谈判者本人和他直接代表的经理、雇主、董事会等。谈判者本身的能力、职业素养和国际经验都是直接的影响因素。

【教学互动8-1】

鞋业品牌推广谈判

背景与情境：

浙江奥康集团是中国知名的鞋业生产企业，GEOX公司是意大利排名第一的世界著名鞋业巨头。2003年2月14日，两家企业达成协议：由奥康负责GEXO在中国的品牌推广、网络建设和产品销售，而GEXO借助奥康之力布网中国，奥康也借助GEXO的全球网络走向世界。

在中国加入WTO之初，GEXO把目光对准了中国，意图建立亚洲最大的生产基地。从2002年开始，总裁鲍勒卡托先生开始调研亚洲市场，经过一段时间的实地考察，将目光对准了中国奥康等8家企业。奥康面对这一实现国际化战略的契机，成功的商务谈判是必不可少的关键环节。

谈判准备如下：

GEXO公司方面：曾用两年时间对中国市场进行调研，先后考察了8家著名制鞋企业，为谈判进行了周密准备。他的中国之行日程很满，虽然直接去奥康考察的时间很有限，但是谈判中，鲍勒卡托先生提供了几十页的谈判框架，并对其中的所有协议条款了如指掌，令在场的人对其敬意油然而生。

奥康方面：就当时的市场情况看，奥康的企业规模在对方考察的8家企业中是最小的，尽管对与GEXO的合作的心理预期较低，但即使有1%的成功机会也要尽量争取。因此，从收集信息到制订计划都全力以赴，通过一位香港翻译人员全面了解了对方情况，包括资信评估、经营现状、市场渠道、行程安排、组成人员和合作意向等。并据此进行了接待方案的制订：机场接待礼仪规格为总裁为首接待，专设礼仪人员四位，男女各两位，用简单的意大利语问候客商。鉴于时间有限，客商入住的酒店、谈判地点和公司所在地距离在两公里范围内。特供咖啡、点心和鲜花。另外，将房间的便鞋换成奥康的高端产品。将有关企业信息的精华内容介绍准备了简要书面材料和精致的电子滚屏模式播放，做到既不影响休息又可以节约时间随机浏览。

谈判过程如下：

1.寻找共同点：总裁王振滔的谈判主旨是紧扣两家公司的共同点，即奥康与GEXO之间有很多相似之处和共同利益。GEXO以营销起家，最初是一家酿酒企业，短短10年间产值达到近千亿元，产品遍及全球55个国家和地区，至今已跨入世界一流的制鞋业行列，年产值增速超过50%；而奥康从3万元起家，以营销制胜于中国市场，近10年的产值也超过10亿元。同样年轻充满活力，同样的跳跃式增长轨迹，奥康与GEXO类似的发展模式和发展思路利于在谈判中达成共识，为未来的合作奠定基础。

2.营造和谐气氛：奥康将第一场谈判安排在上海黄浦江上的一艘游艇上，时值中

秋，游江、赏月、品茗，极具中式艺术气质的谈判氛围，给客商留下了深刻印象，同时也从侧面证明了企业的经营能力和开创潜质。

3.礼尚往来：奥康以寓意“花好月圆”的青田玉雕相赠，表达合作双赢的美好愿望，礼物虽小，传情达意恰到好处。

4.相互让步，谋求一致：GEXO有备而来，拟定了长达几十页的协议文本，双方逐条议定煞费周折，为了达成合作，双方各有让步，但在两件事上存在很大分歧：一是对担保银行的确认上，奥康提出以中国银行为担保，对方坚决不同意，而奥康也不能接受对方提出的担保行，最后，经双方进一步协商选择了香港某银行作为担保行。二是关于以哪国法律为准解决日后争端，此项争议使谈判一度陷入僵局，对方提出必须以意大利法律为准解决将来可能产生的争议，而奥康总裁王振滔由于对意大利法律了解不多，因此坚决反对，并坚持用中国法律解决日后争端。双方僵持不下，最后达成妥协方案，以英国法律作为解决争端的最后依据。

5.互惠互利，追求双赢：奥康总裁王振滔认为，意方不仅看中奥康的“硬件”，更重要的是十分欣赏奥康的“软件”，就是诚信的经营态度和积极向上、充满活力的企业精神。而奥康看中的是GEXO这艘大船能够让奥康“借船出海”，迅速实现企业的国际化战略。从表面上看，双方的谈判结果是不均衡的，即奥康所得远少于GEXO所得，因此许多专业人士提出了批评，对此，王振滔的“商人”的精明给这场谈判和合作提供了最好的解读：“与狼共舞需要有掌控狼的本领和能力。奥康与GEXO合作实际上就是与世界上最先进的行业技术合作。因为意大利的制鞋工业水平世界一流，而GEXO又是其中的佼佼者。通过与之合作，奥康可以轻而易举地获得一流的技术支持、先进的管理经验，并且能够很好地实现销售淡季和旺季的互补。”随着时间的推移，王振滔的愿望正在一步步走向现实。“双赢才能共生，共生才能长久”，这是奥康与GEXO的共同追求。

互动内容：

结合案例说明国际商务谈判中各种因素的复杂影响。

互动要求：

（1）结合案例发表自己个人见解，也可以和你的同伴简单沟通后回答。

（2）教师对学生的回答进行点评。

案例解析8-1

汤姆·福斯特与日本电器产品株式会社的谈判终止

背景与情境：

美国电器公司指派年轻有为的执行经理汤姆·福斯特去日本电器产品株式会社谈判有关双方合作经营事宜的细则。与日方接触的最初两个星期，谈判比他预想的要顺利，各方面的关系也很和谐，双方就合作经营的各项准则和具体策略达成了一致，各自提交公司董事会进行最终议定。

会议如期举行，日方公司代表是贺野先生，45岁上下，新近接管公司，

前任是其现年82岁的祖父，也列席会议。汤姆到日本后，贺野先生作为日方代表负责并参与了主要项目的谈判和磋商。汤姆认为贺野先生是该合作协议最终达成的决定性人物。当会议议程进行至相关合作经营细则的讨论阶段时，贺野先生的祖父就一些关键条款提出异议，并详细阐述说明这些条款是有违公司确立的长期经营的传统和理念的。而令汤姆感到意外的是，贺野先生竟然对此情况没有做任何辩解，以至于双方历经半月之久确立的合作准则和操作策略面临被否决的境地。情急之下汤姆激烈陈词，意欲说服席间参会者，导致会场气氛紧张僵持而暂时休会，随后几日的努力也无果，最终日方以时机尚未成熟为由终止了与美方的合作经营的谈判。

思考：

（1）该案例中双方没有达成协议的原因是什么？

（2）依据案例，分析美方代表对日本文化的了解有哪些欠缺？

做一做

【谈判训练8-1】

学生俱乐部设计方案招标谈判准备

一、实训目的和要求

根据掌握的各参与方的相关资料，熟悉各个谈判小组所扮演的角色特点，就可能影响各个谈判对象的诸多环境因素和直接因素进行筛选分析，旨在对各国进行和参与国际商务活动的特点予以了解，以对相关谈判做充分准备。

二、场景设计

谈判一方：学校学生会招标小组。

谈判另一方：来自美国、法国和中国的三家设计投标人。

班级内同学自行分组活动，分别作为中方招标方，美国、法国和中国投标方，分别就谈判的各种影响因素予以把握，模拟进行设计方案及相关合作条件的制订。

三、训练步骤

第一步，收集整理所有关于谈判参与方的信息资料，包括美国、法国及中国的民族历史概要、政治体制、经济现状、法律及执法环境、价值取向、人际关系的特点、文化风俗、审美偏好、现存社会问题等。

第二步，综合分析判断上述信息对于本次谈判的影响将会表现在哪些方面，并做出相应的谈判准备。本步骤可以引入头脑风暴法来完成。

第三步，招标小组充分沟通有关本俱乐部的设计理念和经济指标。就三位来自不同国家的投标人做出相应的预期。

第四步，对于具体的谈判条件进行列述，并对其合理性予以全面分析。

第五步，各个谈判小组需要做出书面的谈判方案，对谈判情况的各项准备材料进行

整理，初步划定谈判小组成员工作的专业方向分工。

第六步，小组专设人员进行个工作环节的记录，以便随时查询信息、把握节奏和监控疏漏，及时矫正。

四、效果评价

根据出勤、资料收集、方案设计、课堂讨论发言、谈判记录及自评结果等方面情况进行评定。小组成员共同初评出个人成绩档次（优秀、良好、中等、及格、不及格），教师和各小组长共同综合评出各小组成绩，在此基础上给出个人最终成绩。

个人最终成绩=20%×表8-1成绩+80%×表8-2成绩

表8-1　**小组成员个人成绩评价表**

小组成员个人成绩 小组成员姓名	优秀	良好	中等	及格	不及格

注：考评满分为100分，60分以下为不及格；60~69分为及格；70~79分为中等；80~89分为良好；90分以上为优秀。

表8-2　**国际商务谈判模拟评价表**

评价内容	分值（分）	评分（分）
收集资料的全面性	20	
影响因素分析的深度和广度	30	
设计理念和经济分析的清晰度	20	
列述条目的合理性和全面性	15	
小组的书面方案、工作记录、分工总评	15	
国际商务谈判模拟总体评价	100	

注：考评满分为100分，60分以下为不及格；60~69分为及格；70~79分为中等；80~89分为良好；90分以上为优秀。

任务二　国际商务谈判进行

【任务目标】

● 知识目标：明确国际商务谈判过程中的各类谈判风格及组织形态，根据对对方的熟悉程度不同而采取不同谈判策略。

● 能力目标：通过学习训练，正确分析判断谈判对方的各种表现，以世界眼光审视多样性差异，客观、理性、科学地实现双赢谈判。

【任务导入】

美国迪士尼公司在法国的谈判失利

背景与情境：

东京迪士尼乐园是美国迪士尼公司国际合作的成功案例，当初双方谈判达成的结果是：美国迪士尼公司投资250万美元，投入运营后10%的门票收入和5%的食品销售利润归美国迪士尼公司所有，协议期为45年。实际建成运营5年内美方从东京迪士尼乐园拿到的收入是每年4 000万美元，而日方的利润每年也以千万美元计。

法国迪士尼乐园在东京迪士尼乐园运营的第五年也开始酝酿筹备，美、法合作双方预期也很乐观。双方以合资公司的形式获得四家银行约14亿美元的贷款，公司总值达30亿美元，但法国迪士尼乐园开张后，收入并不理想，因游客稀少，五年后经营出现困难，负债增加。

法国迪士尼乐园建造之初，当地政府和群众对此并不热情，当地农民甚至一度堵住了乐园的门口，导致施工拖延。另外，美国迪士尼公司还忽略了法国政府的一个限制性条件，法国政府考虑到文化的主导地位，在合约中规定：这个乐园必须能够描述法国和欧洲文化，乐园采用的语言必须是法语。美国迪士尼公司因为所谓的优越感，错误地判断了美国流行文化在世界各地的地位，导致其在法国市场失利。这个经验教训，让美国迪士尼公司在后来的异地项目谈判中十分注重文化差异。

思考：

美国迪士尼公司在法国项目的谈判过程中忽略了哪些因素？

学一学

国际商务谈判过程是诸多因素（双方内部、外部、具体层面、抽象层面等）相互影响相互作用的动态工作过程。古语云：“知己知彼，百战不殆”。所谓“知”，需要长期的了解、积累和周密的准备，更需要具体情况具体分析，既不盲目迎合、套用对方的谈判模式，也不钻营取巧，试图以操控局面为目的。成熟的谈判者是“知己之长短、辨彼此之情状、利事之协同办理”，即达到双赢局面。有关跨国商务谈判的技术、艺术、能力、经验的积累以及相应的学术研究是一个不断进步的过程。本节内容就怎样认识国际商务谈判过程及相关的谈判策略的运用进行介绍。

一、谈判过程中的谈判风格

各个国家都有不同的文化习俗，也就有不同的谈判风格，见表8-3。

表8-3 **典型谈判风格**

	美国式	中国式	日本式	阿拉伯式
对谈判的基本认识	认为谈判是单纯的商业交易行为，直接的、务实的、激烈的商业竞争	认为谈判是商业交易与人情世故的复杂结合，具有非务实的一面；零和博弈；间接的、含蓄的风格表现；有竞争性	认为谈判是各种可能性的状况的综合；是交易行为；具有非务实的一面；非零和博弈；间接的、含蓄的风格表现；具有合作分享性质	认为谈判是联合双方；解决商业合作问题（但并不直接挑明）、具有非务实性、间接的、含蓄的风格表现；具有合作分享性质
谈判关键要素	着眼于基本的具体的交易条件（价格、品质与交易的实际履行）	虽然对于外国谈判方需要考虑到基本交易条件，但各方之间的人情关系权衡是重要的事项	既要关注人情关系也要兼顾基本交易条件	各方的人情利益和私人关系都很重要
谈判团队的组成	以个人综合能力为标准，谈判专业知识和谈判经验是重点，而性别、年龄及社会地位并不重要	组建谈判队伍选择的是多样性构成要素组合模式	谈判团队的成员组成要考虑个人的性别、年龄、知识及资历	谈判成员多由男性，以社会地位家族裙带和忠诚度为基本要求
谈判团队与个体的关系	鼓励个人观点崇尚个人成功	个体在团体中影响力小并且容易被替代	集体主义是日本的突出特点，但集权在逐渐改变	个体对于团队的影响力仅仅局限在家族背景下
决策方式	以个人见解优选为基础的自主决策较为常见	行政力量影响下的决策较为常见	团队内部的协商妥协决策较为常见	决策高度依赖咨询和顾问模式
时间观念	时间是稀缺资源，最大限度地利用以避免浪费	凡事都需要一个过程，耐心是必要的	时间限期长但非常准时，不会受到其他因素的影响	对时间漫不经心
风险偏好程度	偏好承担风险并接受不确定性	一般以回避风险为多见	善于扭转风险和不确定性	倾向于回避风险但可以接受不确定性
信任建立基础	看重过去的谈判合作记录，相信权威认证	对谈判对方可靠度的评估是中国人进行谈判与否的关键要素	信任基于历史记录和直觉	私人的朋友关系是建立信任的重要因素
礼仪	非正式且不拘形式	较为注重形式且讲究规矩	举止传统且礼仪规范很重要	极为看重礼仪
沟通	推崇高效的信息交流和理性的辩论	经验与信条是谈判沟通中的有力工具	理性逻辑具有非人性的一面，更推崇用感性和直觉实现沟通	沟通谈判的方式混合了感情、直觉、经验和理念
协议的方式	需要详细的书面协议并具有法律约束	书面协议较为简略，精神的协议（人与人之间的信义）很被看重	附有前提原则的简式书面协议，君子协定似乎更有约束力	多见口头承诺协议

资料来源 ELASHMAWI F.，HARRUS P.R.Multicultural Management 2000：Essential Cultural Insights for Global Business［M］.Houston，Texas：Gulf Publishing Company，1998.

【教学互动8-2】

严谨的“德国制造”

背景与情境：

我们常说德国人做事严谨得有些呆板，在墙上砸个钉子都要思量半天，但正是在这种非同一般的严谨、一丝不苟的工作态度和工作习惯下，细节的魅力才得以最充分地显现。

德国人喜欢买德国制造的产品，表现出一种对“德国制造”质量的信赖。第二次世界大战之后，欧洲的一些国家特别是英国，坚持要德国人在他们的产品上注明“德国制造”字样，初衷是作为一种带有侮辱色彩的惩罚。但是过了一段时间，人们发现凡是印有“德国制造”的商品都在市场上卖得特别好。一时间，“德国制造”成了质量和信誉的代名词。

在德国，不论是政府机构、民间组织，抑或公司企业，从表面看他们办事的效率并不高，种种繁文缛节，手续表格，不胜其烦。然而正是因为这些貌似没有任何必要的先期工作，导致总体过程顺利进行，最后达到预期效果。

就连养鸡和煮蛋在德国都不是简单的事。德国法律规定，养鸡、生蛋得按国家规定来；煮蛋吃蛋也有一套十分讲究的程序和方法。鸡蛋要有“身份证”，采取编码的方式，编码由4部分字符组成，分别代表母鸡的饲养方式、出产国、饲养场地和重量。编码的第一部分数字为0到3，代表母鸡的不同饲养方式：“0”号蛋是生物蛋，品质最好，产这种鸡蛋的母鸡生活在大自然中，没有固定的鸡舍，自由觅食，饲料里没有化学添加剂；品质最低的“3”号蛋则是笼中之鸡所产的。

德国人认为，煮鸡蛋与烧菜不一样，鸡蛋的外观及颜色基本不随煮蛋时间长短而改变，无法从外观上判断是否熟了。对于这样一个难题，德国人想出了许多办法，这些办法中，最重要的是对时间的控制。于是，蛋钟应运而生。蛋钟种类很多，有电子的，也有机械的。电子的时间计算精准，造型小巧美观。还有一种蛋钟是用沙漏代替的。沙漏是德国人厨房里的常见物件，既是一种实用的计时用具，也是一件高雅的摆设。

跟蛋钟一样，煮蛋器也有好多种，有只煮1只蛋的，有煮2只蛋的，有煮3只蛋的。德国人大都喜欢用煮1只鸡蛋的，下面焊一只托盘，然后加满水，1分钟水就开了，3分钟就关火。关火之后利用余热再煮3分钟，把鸡蛋煮到刚刚达到营养价值最佳的状态。德国人认为，这样做才标准。

您可别小看了德国人这种慢功夫的烦琐，关键时刻，能发挥意想不到的效果。

上海地铁一号线是由德国设计师设计的，二号线是由我国自己的设计师设计的。上海地处华东，地势平均高出海平面非常有限的一点点，一到夏季，雨水便经常使一些建筑物受困。德国设计师显然注意到了这一细节，所以地铁一号线的每一个室外出口都设计了三级台阶，要进入地铁口，就必须踏上这三级台阶，然后再继续往下进入地铁站。这简单的三级台阶，在雨天可以阻挡雨水倒灌，从而减轻地铁的防洪压力。因此，一号线内的防汛设施几乎从来没有动用过。而二号线就不同了，因为缺了这几级台阶，多次在大雨天被淹，防汛设施根本就无能为力，因此造成了巨大的经济损失，也给人们的生活带来了巨大的麻烦。

所谓慢工出细活，只有慢下来，才能想得长远，规划周密，不出瑕疵，这种表面上的慢，乃是实际上的快。

资料来源　张勇. 德国式呆板［N］. 羊城晚报. 2014-04-13.

互动内容：

分析各个国家不同文化背景下的行事风格对相互间经济合作的多方面影响。

互动要求：

（1）结合案例发表自己个人见解，也可以和你的同伴简单沟通后回答。

（2）教师对学生的回答进行点评。

二、谈判过程中的组织状态

1.不同的组织关系在谈判过程中的表现

谈判成员的关系可大致分为两类：层级整合型和独立整合型，前者以集体主义为组织要旨，注重长期而和谐的合作关系，后者以个人主义为要旨，注重组织的高效与活力。两类型的谈判组织成员关系在谈判中的表现对比见表8-4：

表8-4　**谈判组织类型**

层级整合型	独立整合型
领导决策制、变更成员即意味着变更谈判关系、按规定解决内部矛盾	领导决策与下属否决相平衡、成员的可互换和可替换性较强、多按个人经验解决内部矛盾
高度合作式的组织 注重长期目标	高度竞争力的组织 注重短期目标与效率
倾向于避免正面冲突	不避冲突和争论、仲裁

2.不同的组织性格在谈判过程中的表现

将谈判组织当作一个整体来看，其行事过程中也会表现出相应的性格特质，有阳刚型和阴柔型之分。前者有决断力，对风险的偏好度高，开创意识强，应变力强，但是缺乏耐心，容易因细节的疏忽错失机会；而后者组织严谨，冷静而善于把握机会，风险偏好度较低，因此预期损失和不利后果的可能性小，有利于增强信任级别，但是这种组织的应变能力较弱，组织内外的关系一旦受到冲击需要花费较长时间重建。

3.不同的交流方式在谈判过程中的表现

国际商务谈判过程中的语言辞令、神态风度、待客程序、称呼、递送礼物与名片方式、握手姿势、种族信仰等等各种交流方式的差异会在谈判过程中随时表现，进而影响到谈判者的相互感受以及对彼此的评价和信任。这些方面涉及各国社会文化习俗、礼仪禁忌等，请参阅谈判礼仪的相关内容介绍，此不赘述。

国际商务谈判过程中经常使用的书面交流文件是谈判协议、备忘录等，而对于这类文件的功能和效用各国的认识是有差异的。比如，签订一份协议是谈判的开始还是双方合作关系的确立，该文件是否具有法律效力等方面需要在谈判过程中予以敲定。

另外，谈判中双方对时间的安排和守时的习惯在认识上的差异也会影响谈判的进程，一般来自工业化程度较高的国家的谈判者时间观念较强，节约时间以提高效率是达

成共识的，但是来自不少国家的谈判者认为节约时间如果是以降低生活品质为代价就不是值得去做的。

再者，运用科学有效的交流方式是尤其重要的方面，例如，因直接翻译造成误解：某跨国公司总裁访问一家中国著名的制造企业，商讨合作发展事宜。中方总经理很自豪地向客人介绍说："我公司是中国二级企业……"此时，翻译很自然地用"Second-Class Enterprise"来表述。不料，该跨国公司总裁听闻，原本很高的兴致突然冷淡下来，敷衍了几句立即起身告辞。在归途中，他抱怨道："我怎么能同一个中国的二流企业合作?"可见，一个小小的沟通障碍，会直接影响到合作；例如一次关于成套设备引进的谈判中，某市的谈判班子对外方提供的资料做了研究，认为对方提供的报价是附带维修配件的，于是按此思路与外方进行了一系列的洽谈，然而在草拟合同时，发现对方所说的附带维修配件，其实是指一些附属设备的配件，而主机配件并不包括在内，需要另行订购。因此，中方指责对方出尔反尔，而对方认为中方是故意作梗。事后中方仔细核对原文，发现所提及的"附带维修配件"只是在谈到附属设备时出现过。而中方误以为对所有设备提供备件。其实，这种僵局是完全由于沟通障碍所造成的，是中方未能正确理解对方的意见，做了错误的判断所造成的。国际商务谈判过程中的谈判者需要面对更为复杂的交流情境，实际操作中需要更为严谨的语言文字功底的支持，需要就关键条件进行重申以达成对方的确认，对于心理上的不信任需要以耐心和事实来证明已取得互信合作。

【教学互动8-3】

背景与情境：

案例一：美国一家医药公司准备与日本方面洽商合资建厂事宜，他们派出一组被认为是"最精明的人"来进行谈判。谈判成员都是不到30岁、头脑精明的年轻人，先后访日三次均未果，甚至未能与日方首脑会面，更不必说具体合作细则的洽商了。对于此情况，美方咨询了著名的谈判专家齐默尔先生，并听取了他的建议，在谈判成员中增补了一位在公司任职25年以上的资深副总经理，再次访日，结果日方立刻转变了态度，双方开始了积极谈判。

其原因在于，日方公司的负责人都是年长且经验丰富的资深企业家，他们不相信美方派来的年轻人有决策权。而且，他们感到和"毛孩子"谈判有损他们的尊严，也对美方的谈判诚意表示怀疑。

案例二：我国曾获得一笔某国际金融组织贷款，用于建筑一条二级公路。按理说，这对于我国现有筑路工艺技术和管理水平来说是一件比较简单的事情。然而负责这个项目的某国际金融组织官员，却坚持要求我方聘请外国专家参与管理，这就意味着我方在这项目上的开支要大大增加，于是我方表示不能同意。我方在谈判中向该官员详细介绍了我们的筑路水平，并提供了有关资料，这位官员虽然提不出疑义，但由于以往缺乏对中国的了解，或是受偏见影响，他不愿放弃原来的要求，这时谈判似乎已经陷入了僵局。为此，我方就特地请他去看了我国自行设计建造的几条高水准公路，并由有关专家作了详细的说明和介绍。正所谓百闻不如一见，心存疑虑的国际金融组织官员这才彻底信服了。

互动内容：

讨论国际谈判中谈判组织状态因素对谈判进程的影响。

互动要求：

（1）分组设计谈判主题及谈判背景资料，建议尝试用英文进行谈判。

（2）各组现场模拟谈判小组的人员分配，并说明人员搭配的因素考虑，变换小组成员搭配，分析人员变动与谈判交流方式的改变情况。

（3）教师对模拟情境进行点评。

三、国际商务谈判的策略建议

不同的国际商务谈判方式影响着谈判过程的各个环节，而导致谈判方式差异的因素不仅包括商业文化和社会组织结构抑或国家的相对实力（经济规模等）等因素，还涉及谈判参与者的组织形式和相互关系、对跨文化交流的认识程度和行为方式、面对各种不确定事项甚至冲突的承受和解决能力等方面。因此我们需要了解和掌握这些因素如何表现在谈判过程中以及根据对对方的了解程度的不同而应采取的谈判策略。根据谈判者对对方的熟悉程度（如政治环境、法律环境、意识形态、语言文化习俗、谈判组织方式、交流习惯等），跨国谈判可选择以下一种策略或几种策略相结合。

（一）低熟悉程度策略

1.代理人策略（聘用代理或顾问）

当谈判一方对另一方的各项情况了解很少或没有充足的时间进行了解的情况下，可以聘用谙熟对方的专业代理人或顾问。代理人通常是全权代表谈判方，或在聘用方的掌控下代理谈判，具体以代理协议为准。顾问一般是随同谈判，工作责任比代理人小。这种谈判策略中的代理人或顾问对谈判的参与度很高，因此，谈判者协调与代理人的关系成为必须考虑的方面。

2.中间人协调策略（邀请中间协调方）

国际商务谈判中可以通过邀请一位双方都认可的友好第三方承担中间协调人的角色，其参与谈判的程度和方式很灵活，既可以作为介绍者，也可以作为安排谈判程序或处理矛盾的介入者。

3.本方主导策略（引导对方按自己的方式谈判）

当谈判方自信有市场或者信息方面的优势时，即使对对方的情况了解不多，也可以引导对方按自己的方式谈判，首先引导并说服对方按照自己的议程进行磋商，并证明其有效性和科学性。在具体操作中甚至可以主导方国家的语言进行谈判，以期准确表达实际意图。在这种策略下，谈判主导方应考虑到对方可能因过于被动而导致消极合作的现象发生。

（二）中等熟悉程度策略

1.迎合对手策略

谈判方若在一定程度上熟悉了对方的社会、文化、习俗及语言特点等，在谈判过程中可以适度调整或改变自己的谈判方法，按照对方的思维、处事模式进行谈判，模仿对方的语言习惯进行磋商。这种策略使谈判者更具有亲和力，而且也便于避开一些容易使

对方产生误解的行为，从而增进友好与信任。但是，这一策略需要谈判者适时掌握分寸，既要适应对方也要坚持自己的利益而不使对方产生误解。

2.双方折中策略

这一策略是指谈判双方都做出调整以寻求合作的谈判方式，实践中这一过程往往是隐含的，谈判方会着重与对方沟通，探寻对方想如何进行，从而对己方的谈判方式进行协调，最终确定谈判方案。折中策略需要对对方有相当的了解，起码对其语言比较熟练（至少听得懂），在一些地缘关系比较密切的国家之间多运用这一策略。谈判中可以使用两种语言，在关键问题上双方可以用第三种语言以示公允，如福建省的商会人员与新加坡商务部谈判时可以用闽南语、普通话和英语交流。双方折中策略的使用可以使谈判时气氛更加融洽，对协议的达成会起到微妙的促进作用。

（三）高熟悉程度策略

1.融入对手策略

谈判者不仅精通对方语言，而且对其政治经济政策、社会文化、组织运作特点等方面都有充分的了解，运用融入策略，在谈判过程中的表现不是“像罗马人一样”而是“就是罗马人”。采用这种策略，谈判者会有一定的压力，如何自如穿梭于两种文化之间来平衡双方的利益是很大的挑战，当然这种策略收效也颇高，高度的信任关系必然带来更多的合作空间。

2.随机博弈策略

这一策略是要求谈判双方互相之间都是高度熟悉的，并且相互了解对方的独特个性，可以根据谈判目标及现场情境随机应变，灵活运用自己的谈判策略，并且相信对方能够充分理解自己的意图，这要求谈判参与者具有很丰富的经验，并有高情商和高学识。

3.复合开拓策略

这一策略超越了单独运用一种文化和意识形态的界限，允许谈判者创造一种新方法，包括采用结合两国文化的一些方面，也包括采用第三方惯例。当风俗、规范和语言超越了本国界限时，需要谈判者具有职业外交官的能力素养。双方运用灵活的谈判方式可能探索到更广阔的合作空间。当然，多种谈判策略的使用可能造成标准不一的混乱局面，这时需要谈判者具备高度的智慧能够将谈判的科学性和艺术性很好地结合。

上述国际谈判策略的运用需要灵活把握，在实际的谈判过程中，情况可能瞬息万变，因谈判的进行而衍生出来的新信息也会层出不穷。因此，谈判者的应变力、判断力及良好的专业素养决定了运用各种策略的能力和水准，不同策略之间的起承转合是实际谈判过程中的科学与艺术。

【教学互动8-4】

工程机械商务谈判

背景与情境：

中国南方某工程机械企业（H公司）产品远销世界多国市场，然而至今中东市场仍是空白，该地区的大规模工程建设是工程机械设备的重要销售市场。

经本地商会邀请，一个来自阿联酋的商业代表团来访，得知这一消息，H公司迅速前往斡旋，争取了一个上午的见面时间，争取让对方实地了解H公司及其产品。

次日，客商如期到访，企业负责人在介绍产品生产细节时发现双方都用非母语的第二语言英语交流有很大的局限，只能就基本技术层面的情况予以说明，而对后期的技术服务和企业文化的介绍就显得力不从心了。

另外，双方在公司会议室商谈贸易条件等事宜期间，阿拉伯客商每过一小时就要求暂停，去盥洗室洗手洗脸然后开始跪拜祷告，并且发现因盥洗室未提供毛巾也带来了不便，面对此情景H企业负责人很尴尬，不知是否应该回避。

在午宴进行当中，双方就各方面的合作机会进行了更为深入的探讨，在谈及设备售后的技术服务及相关人员往来交流时，中方的一位年轻人谈及对阿拉伯国家的人们信仰伊斯兰教的各种流派表示不解，这一情况给与会人员带来些许困扰和尴尬，这也是我方没有想到的。

本次会谈因种种原因双方没有达成实质性的合作项目，但是我方负责人仍然做出决策，针对阿拉伯市场进行全面的了解和调查，计划安排专门时间拜访对方公司，并为此设计了整套方案。

互动内容：

分组分析以上双方的熟悉程度，并据此制定所应采取的谈判策略。

互动要求：

（1）结合案例，讨论中方应对阿拉伯市场做哪些方面的调查，拜访方案应考虑到哪些具体的文化差异。

（2）教师对学生的回答进行点评。

案例解析8-2

中国加入世界贸易组织的谈判

背景与情境：

在中国加入世界贸易组织的谈判中，最艰难的阶段是中美之间的磋商，因双方对几项重要问题的分歧不能达成一致，谈判几近破裂，朱镕基总理亲自过问此事并扭转了局面。对此，时任谈判负责人的龙永图先生记忆犹新：1999年11月15日，中美两国就中方入世的谈判再次面临破裂，美方人员已买好机票，准备返回的当日，朱总理过问了有关详细情况，把最棘手的七个问题找了出来准备亲自与美方进行谈判。当时，石广生部长担心总理出面，一旦局面僵持就没有回旋余地了，恐怕不妥。朱总理说服了大家，最后决定由朱总理、钱其琛副总理、吴仪国务委员、石广生部长和龙永图共五位代表同对方三位代表进行谈判。

谈判一开始，朱总理就对七个问题中的第一个进行了让步，当时龙永图有些担心，就悄悄给总理写了条子。朱总理没有看条子，紧接着把第二个问题拿出来，再次做出让步。龙永图又担心起来，又写了一个条子给他，这时朱总理回过头来说："不要再写条子了。"然后他对美方代表说："涉及的七个问题，我们已经对两个方面做了让步，这是我们最大的让步。"美国代表对总理亲自出面参与谈判感到惊愕，他们经过商量，终于同意与中方达成入世谈判协议。中

美双方就中国加入世界贸易组织的谈判最终达成一致，并签署协议交换文本。此次谈判的成功为中国入世扫除了重大障碍。

思考：

结合案例分析国际商务谈判中谈判风格、谈判组织形态及谈判策略的运用。

做一做

【谈判训练8-2】

学生俱乐部设计方案招标谈判之进行

一、实训目的和要求

通过对设计方案及相关交易条件的磋商，分析体会不同国家和文化背景下的国际商务活动共性及个性，探索其科学的应对方式与合作途径。

二、场景设计

谈判一方：学校学生会负责人。

谈判另一方：来自美国、法国和日本的三家设计投标人。

班级内同学自行分组活动，分别作为中方招标方，美国、法国和日本三家投标方，提出各自的设计方案和价格等主要交易条件，并就各方面议题进行现场磋商谈判。

三、训练步骤

第一步，谈判进行之开始：

校学生会负责人需要对俱乐部的设计总体理念达成一致，并就此向投标方阐释。投标人需要准备书面设计及实施方案，同时在谈判中就方案的具体实施做出说明。

第二步，谈判进行之磋商：

招标方对三位投标人的方案及各自优劣进行分析，有针对性地提出设计调整建议和交易条件的还盘，旨在进一步了解对方的实力和谈判空间，并且找到把握对方的谈判个性和组织状态。投标方也要对招标方进行相关的专业应对。

第三步，谈判进行之掌控：

重点考虑本组模拟的国家特点，结合相关专业知识的学习，尽量体现不同社会文化背景下的策略选择倾向。通过对对方谈判风格、谈判组织形态及谈判个性的分析，明确己方对本次谈判局面的熟悉和把控程度，从而运用相应的应对策略。

第四步，谈判进行之应变：

根据谈判的进程的具体情况，为争取达成合作，适时调整谈判策略是必要的，把握调整的分寸是难点，谈判中仔细体会双方小组在平衡利益与合作、原则与妥协、随机应变与一以贯之等方面的谈判能力表现。关注一项或多项谈判胶着点，予以充分体会和总结。

第五步，小组自评：

对于谈判过程记录内容的反省与总结也是必要环节。小组专设人员进行各工作环节的记录，以便随时查询信息、把握节奏和监控疏漏，及时矫正。

四、效果评价

根据出勤、资料收集、方案设计、课堂讨论发言、谈判记录及自评结果等方面的情况进行评定。小组成员共同初评出个人成绩档次（优秀、良好、中等、及格、不及格），教师和各小组长共同评出各小组成绩，在此基础上给出个人最终成绩。

个人最终成绩=20%×表 8-5 成绩+80%×表 8-6 成绩

表 8-5 小组成员个人成绩评价表

小组成员个人成绩 / 小组成员姓名	优秀	良好	中等	及格	不及格

注：考评满分为 100 分。60 分以下为不及格；60~69 分为及格；70~79 分为中等；80~89 分为良好；90分以上为优秀。

表 8-6 国际商务谈判模拟评价表

评价内容	分值（分）	评分（分）
方案实施阐释完整	20	
磋商关键点清晰，谈判针对性强	20	
谈判策略方向明确、谈判效率高	20	
焦灼点明确，应变表现积极有效	25	
小组自评记录要点准确，反省全面而精准	15	
国际商务谈判模拟总体评价	100	

注：考评满分为 100 分。60 分以下为不及格；60~69 分为及格；70~79 分为中等；80~89 分为良好；90分以上为优秀。

任务三 国际商务谈判善后

【任务目标】

● 知识目标：理解国际商务谈判中容易出现的失误点，掌握化解冲突的五步法。

● 能力目标：通过学习训练，能够根据实际情况，及时找出自身的习惯性失误，灵活运用化解冲突的方法。

【任务导入】

中英双方关于2848型发动机叶片改装的谈判

背景与情境：

20世纪80年代中期，中国民航从英国购进的三叉戟飞机用的发动机——斯贝发动

机故障频发，故障发动机被送进维修厂，甚至要送到生产地英国去检修。中国民航北京维修基地的工程师薛其珠为监修发动机来到英国维修基地，期间，她发现斯贝发动机的故障是由于设计缺陷造成的。1984年9月，她代表中国民航正式向英国航空发动机制造公司提出索赔要求。

中方提出：为什么没有给中国2848型发动机叶片做改装。对此，英方的答复是："2848的改装是失败的，由于增加叶片厚度影响了进气量和输出功率，所以，那种叶片已经不再生产。目前的改装可以代替2848，而且效果更好。"

"那么为什么中国民航的履历本上都写着2848改装已做？"中方继续问。"公司仅生产过80个改装叶片，已全部装在英航发动机上。公司从未打算为中国民航做此改装。至于履历本上的记载，是由于打字员工作疏忽造成的。"英方回答。

"我认为贵公司欺骗了中国民航。你们收取了改装费，却把大批有设计缺陷的库存废叶片装入了发动机，卖给了除英航以外的客户，随之把损失转嫁给了客户。是这样吗？另外，关于错打型号的问题，我有一点不解，英航几乎与中国同一时间购买的发动机，为什么英航的履历本记载一台不错，而中航的100多台全部打错？"面对中方的诘问，全场鸦雀无声。

中方继续问道："看来，我们的分歧在2848的改装是否成功。若改装是失败的，为何从未收到你方有关的正式文件说明？而据我方测算及英航十几年的使用效果，都可以证明这一改装对避免发动机喘振是有效的。"在此中方出示一份英航电报为证。"问题的症结在于贵公司把有设计缺陷的、未做改装的发动机按照改装后的价格出售给客户。"

第二次会议上，英方态度强硬，列出一系列技术数据说明改装不可取；中方也毫不示弱地以技术数据证明了改装的有效性。英方认为中方的检测技术差，加之飞行员操作有问题是导致发动机故障的主要原因。而中方的答复是，也许存在检测或者飞行员操作问题，但是无法解释大量斯贝发动机的故障在同一个部位损坏，这是设计缺陷的重要表现。双方僵持不下。

在随后的几次会谈中，英方动用了大量技术手段反驳中方质疑的设计缺陷，以不符合国际法中的索赔条件和期限的规则等手段来给中方制造压力，甚至通过大发雷霆和软磨硬泡的伎俩来反转局面，但中方人员始终据理力争，毫不退让。到第八次会议的时候，英方最后折服于我方的坚持，表示愿意免费为中国民航送修的两台发动机做现有改装，继而更换所有发动机的第五级叶片。但对于赔偿因发动机故障带来的长达十几年的经济损失这一问题依然不肯让步，对于英方而言，赔偿这部分损失即意味着承认设计缺陷的存在，这会给公司造成不堪设想的后果。

在最后一次会议上，中方鉴于双方多年的合作关系，提出两套解决方案：第一套是按要求赔偿十几年的经济损失计300多万美元；第二套是将相关生产技术予以无偿出让，以弥补给中方造成的损失。英方斟酌之后选择了第二套方案。在之后的几年中，双方因此扩大了技术交流与合作。

思考：

中英之间的发动机索赔案带给我们怎样的启发？

学一学

一、总结谈判疏漏及缺陷

成熟的国际商务谈判者不是没有缺陷，而是能够及时意识到自身的问题并迅速加以矫正或弥补，Cellich （1997）提出了识别常见谈判疏漏的一些要点，以供谈判者进行对照：

造成不良第一印象（making a negative initial impression）；

不善于倾听，讲话过多（failing to listen and talking too much）；

以为对方理解并明了（assuming understanding by the other culture）；

未能询问重要的事项（failing to ask important question）；

对沉默或冷场不适（showing a discomfort with silence）；

语言用词生僻或粗俗（using unfamiliar and slang words）；

随意打断对方谈话（interrupting the speaker）；

不能洞悉言外之意（failing to read the nonverbal cues）；

抓不住重点（failing to note key points）；

刺激性或抵触性的表达方式（making statement that are irritating or contradictory）；

未拟定问题列表（failing to prepare a list of questions for discussion）；

头脑不够清醒或容易分神（being easily distracted）；

未能以明智的要约开始（failing to start with conditional offers）；

未能重申要点以获得对方确认

（failing to summarize and restate to ensure understanding）；

只听到愿意听的（hearing only what they want to hear）；

未能使用最有说服力的资源和信息（failing to use first-class supporting materials）。

二、化解冲突五步法

国际商务谈判中的很多表象上的利益冲突都来自于更深层次上的文化和价值观冲突，国际商务谈判中参与双方的文化背景、价值观和评价标准都存在不同程度的差异，经常会影响到谈判者的心理、言行和态度，致使双方产生互不理解、互不信任，造成矛盾和冲突。正确的谈判策略体现了谈判的科学性，而合理地化解冲突是谈判的艺术性。对双方存在的各种差异（观念上、习俗上、利益预期上等）做到理性认知，消除偏见，从全球视角来分析情况，有理有节，科学有效地解决问题。

国际商务谈判中化解冲突五步法：第一步，明确冲突焦点；第二步，梳理双方观点；第三步，分析冲突根源；第四步，协同解决冲突；第五步，评价冲突管理。

1.明确冲突焦点

首先，双方需要冷静分析当前问题的性质，在不违背原则的前提下尽量寻求双方都可以接受的方式，做到坦诚沟通，才有可能找到问题的焦点，并达成共识。在英美商务合作中，美方经常抱怨对方态度不明朗，对合作缺乏热情，而英方认为谨慎和理性是起

码的商业修养。

2.梳理双方观点

以冷静而包容的姿态，坦诚表达各自的合作感受，以期互相理解和谅解。双方可以根据实际情况，事先确定需要遵循的规则，如：一方陈述时另一方保持缄默等。以英美国家为例：美国人认为英国人过于保守，缺乏商业应有的进取精神，总是对改变和创新缺乏热情，因为少有自我激励而导致商业活动效率低下，竞争力较弱；而从英国人的角度看，美国人过于冒进，缺乏耐心，总在试图显示自身的优越性，缺乏应有的涵养，而且，长期受欧陆文化的影响，英国人认为以丧失优雅、牺牲生活品质来换取商业效率、赢得商业利益并不可取。

3.分析冲突根源

经济利益的矛盾往往是冲突的表面原因，更加深层次的原因多涉及合作双方所处的社会文化环境差异、意识形态和价值取向的差异。这些方面的差异使国际谈判者之间的信任关系的建立更为困难。因此，国际谈判从准备到进行甚至完成之后都需要以更为广阔的视野来分析、揣度和总结双方的商业交往过程，探索其中的规律，以不断提高包容度、应变力及策略水准。如美国人做事竭尽所能、崇尚竞争，坚信个体的奋斗可以获得社会认可和所期望的权利与利益，基于这样的社会价值观念，他们认为人们应该凭借个人的能力为自己的命运负责；英国人更加注重个人的社会阶层和受教育水平，而社会阶层并不单纯决定于个人的工作能力水平或业绩。在价值观上，英国人偏好上层社会所崇尚的优雅、自律与闲适，认为疲于奔命的生活方式直接损害了生活的意义本身。因此，他们并不强调个人竞争，而更尊重团体和民族的利益。社会制度，文化价值观等并不存在优劣之分，即使有差异也仅仅存在于其对当下生产技术水平的适应性上，所以，为了使经济合作深入进行，长期利益与短期利益之间、可持续发展与效率之间在经济层面和社会文化层面的相互妥协成为必然。

4.协同解决冲突

在理解冲突根源的基础上，双方都需要学习从对方的视角看待问题，耐心和包容心是必要的素养。在实际的问题处理过程中，双方不妨以适当的妥协为手段，以表达诚意并化解当前的矛盾。随着事态的发展，妥协所带来的长远利益与新的合作空间有时是始料未及的。在长期的实践中，谈判者的全球视野有利于其多维度地思考和面对问题，这一份自信和判断力也有助于双方的协同力的生成。如英美之间商务合作的矛盾在于商业价值观的差异，进而引起了双方商业行为取向的差异。在梳理观点和分析根源的基础上，探索协同化解冲突的有效途径是：双方矫正误解，理性认识各自文化的优劣所在，平衡心态，相互尊重。以此为前提，是有可能寻求科学合理的解决方案的。如英方可以出让短期利益以赢得长期合作的主动权，而美方通过获得短期利益得到了发展机会，从而为长期的合作奠定基础。当然还可以在双方理解与信任的基础上都做出必要的改变或者让步，寻求折中的处理方法。

5.评价冲突管理

这个步骤是指随着冲突解决的进行，双方需要约定合适的时间进行阶段性的沟通与评价，这在整个冲突解决过程中是不可或缺的环节。通过适时适宜的双方交流与互相评

价，对解决冲突所采取的方式方法的合理性以及此过程中另外出现的问题及时沟通，予以面对解决，这是谈判科学性的重要体现。

【教学互动8-5】

食品公司经济纠纷案

背景与情境：

20世纪80年代，美国瓦那食品公司是世界500强企业之一，该公司准备开发日本市场，于是委派负责海外事务的董事马莱进行调查，并与日本食品企业接触。日本五大食品企业之一的夏山株式会社对与瓦那公司进行长期合作很有兴趣，两家企业于1982年签订协议，开设垄断供销店，为期12年。于是，瓦那公司将日本市场的生产许可证转给了夏山株式会社。1984年年初，夏山开始生产和销售产地为日本的瓦那塑料盒装奶酪甜食点心，同时进口并销售瓦那其他产地的铅罐装奶酪甜食点心。当年年末，夏山的日产瓦那产品销售额未达到合同规定的数额，根据合同专利权使用条款，夏山须支付专利权使用费，但夏山对支付此费用的“正当性”表示异议。他们提出夏山在生产瓦那产品上损失较大，瓦那在收取双重利益，即专利费和出口收益。就此双方谈判开始：

夏山认为只有将塑料盒包装全部换成金属罐装，才意味着日本产地的产品生产和销售正式开始，之前只是试产阶段，故瓦那提出的最小值专利使用费条款不适用。夏山认为罐装进口品直接影响了塑料盒装品的销路。社长山下二郎认为对方采用此策略有诓骗之嫌，进而对瓦那公司负责人马莱很恼火。之后山下因其他事务离开了日本一段时间，将谈判事宜交给部下，而该部下与马莱的谈判结果是日方支付最小值专利使用费。回到日本的山下气愤之余与律师商量之后，写信给瓦那老总马斯塔兹，申明夏山的立场，并要求退还已支付的最小值专利使用费款项，信中语气显示了抱怨和不满。马斯塔兹对此表示欠妥，山下显然对瓦那食品的负责人马莱是缺乏信任的，因此要求与马斯塔兹本人谈判。经过慎重考虑，马斯塔兹还是决定让马莱给山下回信。尽管马莱在回信中说明是秉承老总马斯塔兹先生的意图，但收到回信的山下更为恼火，干脆没有做任何回复。但在马莱的要求下，双方在东京举行了会谈。

瓦那方面的谈判小组由马莱和三名成员组成，夏山方面由山下及其他四名成员组成。马莱为此做了诸多细致准备，一行四人专程飞到东京，但会谈结果令人失望。起初，山下就专利使用费一事愤愤不平，还用英文说：“你们就像一帮装模作样、带着善良面具的吸血鬼。”对此，马莱及其同事以为这只是一种幽默的调侃，并未很在意。但后来在会谈期间，山下的态度始终是怒气冲冲，指责和批评不断，对于瓦那方面提出的所有建议山下一律反对并加以责难。直到这时候马莱等人意识到情况的严重性，尽管并不十分清楚具体缘由，但确已感到合作关系的紧张程度，虽几次试图缓解气氛但于事无补。对于此情势，瓦那面临选择：或者寻求破解僵局的良策，如邀请中间人调解，或者尽快与对方解除合作关系。

瓦那总公司在了解相关情况后，聘请了国际谈判研究所的顾问，就日方的状况分析如下：一是山下的态度很可能是一种有意识的策略，这样可以掌握主动、先发制人；二是山下个人或许对马莱存有误解和反感，这加剧了双方的分歧和冲突，就事件的整个发展过程看，马莱在解决问题时更多采用书信的方式而面谈次数很少，这会给对方留下冷

淡和形式主义的印象；马莱的书信写作偏随意和形式主义色彩，甚至有教训的语气，有失尊重。山下会认为以自己的职务和社会地位受到这样的对待是难以接受的，以至对马莱的信函不予回复以表示抗拒。咨询顾问的建议如下：一是改变交流方式，减少书信交流而改为尽量面对面会谈；二是正式谈判之前再次明确瓦那公司在日本的发展目标，并就能否与夏山株式会社建立良好合作关系做出判断；三是认识到即便准备放弃合作，也应该以此为契机，在私人交往方面消减误会，建立起正常的关系；四是为使谈判恢复到正常状态，应表示进行长期性投资的意愿。五是重新安排谈判内容程序：①国际形势及日美关系对国际通商的影响；②阐明双方已达到的合作成果及未来前景，理性看待存在的问题和矛盾，同时坦率承认自身的不足和疏漏；③具体列明合作的机会与挑战，提出一套可行的合作经营方案。

双方于1985年12月4日重新进行谈判，按照美方顾问的建议，先递送给对方一份议事日程和会谈概要，以期得到确认；谈判现场开场白通俗易懂，理性公允。首席谈判马莱阐明要点并给对方留出提问时间，整个过程忌过分夸张或即兴陈词；美方成员各司其职，由一名首席谈判助手负责记录整理，以便随时参考，协助首席谈判集中精力面对对方。另外两人负责观察在新建议提出后对方的反应如何。在各方的努力下，谈判局面发生了惊人的变化，马莱的现场表现态度诚挚，阐释简洁明了，使山下改变了对他的看法，各方成员之间也放下了戒备之心，就事论事，消除了偏见和误解。当然，双方后来的合作并非没有困难，但是，通过这次谈判，互相熟悉了各自的行事风格，建立了相互尊重、相互信任的基础，对合作中必然存在的观点、立场和利益上的分歧予以理性的认识，积极寻求解决之道。夏山株式会社在反复研究了瓦那公司有关新产品的设想后，推出了一款很受市场欢迎的新产品，瓦那公司对此欣喜万分。马莱承认自己的交流方式不能有效地适应日本人的习惯，因此，给部下以充分的权限去促进两家企业之间的相互了解。

当专利使用费问题即将得到最终解决时，山下要求瓦那公司就此事予以书面道歉，马莱并未轻易接受，斟酌之后，他写了一封双方都可以接受的书面陈述，作为了结。这样，围绕夏山株式会社和瓦那食品公司的长时间的经济纠纷终告解决。

互动内容：

（1）分析案情并观察谈判双方的着眼点有何差异。

（2）分析双方产生冲突的原因，美方解决冲突的策略有何借鉴之处？

互动要求：

（1）结合案例发表自己个人见解，也可以和你的同伴简单沟通后回答。

（2）教师对学生的回答进行点评。

案例解析8-3

中日货车质量索赔案

背景与情境：

我国从日本S汽车公司进口大批FP148货车，使用时发现了严重的质量问

题，致使我国蒙受巨大经济损失。为此，我国向日方提出索赔。谈判一开始，中方简明扼要地介绍了FP148货车在中国各地的损坏情况以及用户对此的反映。中方在此虽然只字未提索赔问题，但已为索赔说明了理由和事实根据，展示了中方的谈判立场，恰到好处地拉开了谈判的序幕。日方对中方的这一招早有预料，因为货车的质量问题是一个无法回避的事实，日方无心在这一不利的问题上纠缠。为避免劣势，日方便不动声色地说："是的，有的车子轮胎炸裂，挡风玻璃炸碎，电路有故障，铆钉震断，有的车架偶有裂纹。"中方觉察到对方的用意，便反驳道："贵公司代表都到现场看过，经商检和专家小组鉴定，铆钉并非震断，而是剪断，车架出现的不仅仅是裂纹，而是裂缝和断裂！而车架断裂不能用'有的'或'偶有'来概括，最好还是用比例数据表达，更科学、更准确……"日方说："请原谅，比例数据尚未准确统计。""那么，对货车质量问题贵公司能否取得一致意见？"中方对这一关键问题紧追不放。"中国的道路是有问题的。"日方转了话题，答非所问。中方立即反驳："诸位已去过现场，这种说法是缺乏事实根据的。""当然，我们对贵国实际情况考虑不够……""不，在设计时就应该考虑到中国的实际情况，因为这批车是专门为中国生产的。"中方步步紧逼，日方步步为营，谈判气氛渐趋紧张。中日双方在谈判开始不久，就在如何认定货车质量问题上陷入僵局。日方坚持说中方有意夸大货车的质量问题："货车质量的问题不至于到如此严重的程度吧？这对我们公司来说，是从未发生过的，也是不可理解的。"此时，中方觉得该是举证的时候了，遂将有关材料向对方一推说："这里有商检、公证机关的公证结论，还有商检拍摄的录像。如果……""不！不！对商检和公证机关的结论，我们是相信的，我们是说贵国是否能够做出适当让步。否则，我们无法向公司交代。"日方在中方所提质量问题的攻势下，及时调整了谈判方案，采用以柔克刚的手法，向中方踢皮球，但不管怎么说，日方在质量问题上设下的防线已被攻克了，这就为中方进一步提出索赔要求打开了缺口。随后，对FP148货车损坏归属问题上取得了一致的意见。日方一位部长不得不承认，这是设计和制作上的质量问题所致。

初战告捷，但是中方代表意识到更艰巨的较量还在后头。索赔金额的谈判才是根本性的。随即，双方谈判的问题升级到索赔的具体金额上——报价、还价、提价、压价、比价，一场毅力和技巧较量的谈判竞争展开了。中方主谈代表擅长经济管理和统计，精通测算。他翻阅了许多国内外的有关资料，在技术业务谈判中，他不凭大概和想当然，认为只有事实和科学的数据才能服人。此刻，在他的纸笺上，在大大小小的索赔项目旁，写满了密密麻麻的数字。这就是技术业务谈判，不能凭大概，只能依靠科学准确的计算。根据多年的经验，他不紧不慢地提出："贵公司为每辆车支付的加工费是多少？这项总额又是多少？""每辆车10万日元，计5.84亿日元。"日方接着反问道："贵国报价是

多少？”中方立即回答：“每辆16万日元，此项共计9.5亿日元。”精明强干的日方主谈人与其副手耳语了一阵，问：“贵国报价的依据是什么？”中方主谈人将车辆损坏后各部件需如何修理、加固、花费多少工时等逐一报价。“我们提出的这笔加工费并不高。”接着中方代表又用了欲擒故纵的一招：“如果贵公司感到不合算，派员来中国维修也可以。但这样一来，贵公司的耗费恐怕是这个数的好几倍。”这一招很奏效，顿时把对方镇住了。日方被中方如此精确的计算所折服，自知理亏，转而以恳切的态度征询：“贵国能否再压低一点儿。”此刻，中方意识到，就具体数目的实质性讨价还价开始了。中方答道：“为了表示我们的诚意，可以考虑贵方的要求，那么，贵公司每辆出价多少呢？”“12万日元”日方回答。“13.4万日元怎么样？”中方问。“可以接受”。日方深知，中方在这一问题上已做出了让步。于是双方很快就此项索赔达成了协议。日方在此项目费用上共支付7.76亿日元。

然而，中日双方争论索赔的最大数额的项目却不在此，而在于高达几十亿日元的间接经济损失赔偿金。在这一巨大数目的索赔谈判中，日方率先发言。他们也采用了逐项报价的做法，报完一项就停一下，看看中方代表的反应，但他们的口气却好似报出的每一个数据都是不容打折扣的。最后，日方统计可以给中方支付赔偿金30亿日元。中方对日方的报价一直沉默不语，用心揣摩日方所报数据中的漏洞，把所有的“大概”“大约”“预计”等含糊不清的字眼都挑了出来，有力地抵制了对方所采用的浑水摸鱼的谈判手段。在此之前，中方谈判班子昼夜奋战，各种数字不停地在电子计算机的荧光屏上跳动着。在谈判桌上，我方报完每个项目的金额后，讲明这个数字测算的依据，在那些有理有据的数字上，打的都是惊叹号。最后我方提出间接经济损失费70亿日元！日方代表听了这个数字后，惊得目瞪口呆，老半天说不出话来，连连说：“差额太大，差额太大！”于是，进行无休止的报价、压价。“贵国提的索赔额过高，若不压半，我们会被解雇的。我们是有妻儿老小的……”日方代表哀求着。老谋深算的日方主谈人使用了哀兵制胜的谈判策略。“贵公司生产如此低劣的产品，给我国造成多么大的经济损失啊！”中方主谈接过日方的话头，顺水推舟地使用了欲擒故纵的一招：“我们不愿为难诸位代表，如果你们做不了主，请贵方决策人来与我们谈判。”双方各不相让，只好暂时休会。

这种拉锯式的讨价还价，对双方来说是一种毅力和耐心的较量。因为谈判桌上，率先让步的一方可能就被动了。随后，日方代表立即通过电话与日本S公司的决策人密谈了数小时。接着谈判重新开始了，此轮谈判开始就进入了高潮，双方舌战了几个回合，又沉默下来。此时，中方意识到，己方毕竟是实际经济损失的承受者，如果谈判破裂，就会使己方获得的谈判成果付诸东流；而要诉诸法律，麻烦就更大了。为了使谈判已获得的成果得到巩固，并争取有新的突

破，适当的让步是打开成功大门的钥匙。中方主谈人与助手们交换了一下眼色，率先打破沉默说："如果贵公司真有诚意的话，彼此均可适当让步。"中方主谈为了防止由于己方率先让步所带来的不利局面，建议双方采用"计分法"，即双方等量让步。"我公司愿意付40亿日元。"日方退了一步，并声称："这是最高突破数了。""我们希望贵公司最低限度必须支付60亿日元。"中方坚持说。这样一来，中日双方各自从己方的立场上退让了10万日元。双方比分相等。谈判又出现了转机。双方出价之间仍有20亿日元的逆差。其实这不过是双方的一道最后的争取线。该如何解决这"百米赛跑"最后冲刺阶段的难题呢？双方的谈判专家都是精明的，谁也不愿看到一个前功尽弃的局面。几经周折，双方共同接受了由双方最后报价的中位数，即50亿日元的最终谈判方案。除此之外，日方愿意承担下列三项责任：①确认出售给中国的全部FP148型货车为不合格品，同意全部退货，更换新车；②新车必须重新设计试验，精工细作，并制作优良，并请中方专家检查验收；③在新车未到之前，对旧车进行应急加固后继续使用，日方提供加固件和加固工具等。

一场罕见的特大索赔案终于交涉成功了！

思考：

（1）该案例中中方谈判人员解决冲突的步骤是怎样的？期间使用了哪些谈判策略？

（2）试评价中方的谈判风格。其谈判的科学性和艺术性体现在哪些方面？

做一做

【谈判训练8-3】

学生俱乐部设计方案招标谈判之善后

一、实训目的和要求

根据谈判过程中存在的问题及各方表现分析总结双方的工作疏漏，并讨论矫正疏漏的具体方法。

二、场景设计

谈判一方：学校学生会招标小组。

谈判另一方：来自美国、法国和日本的三家设计投标人。

根据小组的谈判记录和谈判成员的个人感受，双方需要就谈判的过程及各项交易条件的内容进行梳理，针对矛盾点进行深入的沟通。

三、训练步骤

第一步，可以头脑风暴的方式针对双方谈判的结果做出定性和定量的广泛评价。

第二步，谈判中标的方案优劣分析，未中标的方案原因分析列述。各小组就中标和未中标的谈判关键点进行梳理，确定主要原因，做书面的分析整理。

第三步，根据所学专业知识，以专业理论分析双方小组谈判的风格、组织及谈判过程中出现的疏漏，深究其社会文化及专业技术等方面的原因所在。进而，探讨如何矫正和改善谈判系统和方法，如何更加科学专业地制订针对谈判对方的策略方案。

第四步，另外，对国际商务谈判的复杂性和多样性做出理性分析，从而探索分析什么是需要一以贯之的，什么是需要随机应变的，长久的国际合作意义何在。

第五步，最终的评价原则是小组模拟活动的综合水平和程度、分析能力、应变能力和活动感受等，对于谈判过程记录内容的反省与总结也是必要环节。

四、效果评价

根据出勤、资料收集、方案设计、课堂讨论发言、谈判记录及自评结果等方面的情况进行评定。小组成员共同初评出个人成绩档次（优秀、良好、中等、及格、不及格），教师和各小组长共同综合评出各小组成绩，在此基础上给出个人最终成绩。

个人最终成绩=20%×表8-7成绩+80%×表8-8成绩

表8-7　**小组成员个人成绩评价表**

小组成员个人成绩 / 小组成员姓名	优秀	良好	中等	及格	不及格

注：考评满分为100分。60分以下为不及格；60～69分为及格；70～79分为中等；80～89分为良好；90分以上为优秀。

表8-8　**国际商务谈判善后评价表**

评价内容	分值（分）	评分（分）
定性和定量的广泛评价	30	
谈判关键点梳理	20	
多角度、多层面分析	30	
反省与总结	20	
国际商务谈判善后总体评价	100	

注：考评满分为100分。60分以下为不及格；60～69分为及格；70～79分为中等；80～89分为良好；90分以上为优秀。

思考与练习

1.关键术语

国际谈判的环境因素包括政治多样性、法律多样性、文化差异、意识形态差异、汇率波动和外汇交易、外国政府控制和官僚机构、外部利益相关者及各种不稳定性和

变化。

国际谈判的直接影响因素包括谈判者的相对议价力量和依赖性、谈判结果预期、谈判的潜在冲突程度、直接利益相关者以及谈判者关系的变化等。

国际商务谈判双方的风格差异表现在诸多方面，如谈判基本理念、谈判关注点、参与人员的选择、个体意见的影响力、决策方式、时间观念、风险偏好、信任建立基础、行为举止方式、沟通的复杂性以及协议的形式等。

国际商务谈判的组织状态差异有代表性的层级整合型和独立整合型的组织形态。

国际商务谈判的谈判策略运用有：低熟悉程度下的代理人策略、中间人协调策略、本方主导策略；中等熟悉程度下的迎合对手策略、双方折中策略；高熟悉程度下的融入对手策略、随机博弈策略、复合开拓策略等。

2.选择题

○ 单项选择题

(1) 以下关于国际商务谈判的影响因素分析不正确的是（　　）。

A.影响国际商务谈判的环境因素是客观的、无法控制的

B.影响国际商务谈判的环境因素有显性因素和隐性因素之分

C.直接影响因素包括文化差异和外汇交易

D.直接影响因素和环境因素或者单独作用或者互相叠加产生作用，影响谈判结果

(2) 以下有关谈判组织形态的描述属于层级整合型的是（　　）。

A.高度竞争力的组织

B.高度合作式的组织、注重长期目标

C.领导决策与下属否决相平衡

D.高度竞争力的组织

(3) 当谈判者精通对方语言，对其政治经济政策、社会文化、组织运作特点等方面都有长期的了解，可采用（　　）。

A.代理人策略　　　　B.双方折中

C.本方主导策略　　　　D.融入对手策略

(4)（　　）不属于谈判的疏漏和缺陷。

A.造成不良第一印象　　　　B.不善于倾听，讲话过多

C.未能询问重要的事项　　　　D.洞悉言外之意

(5) 对于国际商务谈判的策略选择不正确的方法是（　　）。

A.国际商务谈判策略的运用需要把握灵活动态的原则

B.国际商务谈判策略制定需要建立在收集对方信息的基础上

C.国际商务谈判策略的运用需要科学的谈判组织形式

D.国际商务谈判策略的制定需要体现短期利益优先原则

○ 多项选择题

(1) 国际商务谈判相当于国内商务谈判的复杂性源于（　　）。

A.政治经济环境迥异　　　　B.跨文化差异

C.汇率波动　　　　D.直接利益相关者的差异

(2) 以下描述日美谈判风格差异正确的是（　　）。

A.日本方式倾向于稳妥安全，美国方式相对更愿承担风险

B.日本方式倾向于严肃严谨，美国方式相对偏好轻松幽默

C.日本谈判者和美国谈判者都很重视曾经的合作关系，作为建立信任的基础

D.日本谈判者和美国谈判者都是个人决策模式

(3) 低熟悉程度策略包括（　　）。

A.代理人策略　　　　B.中间人协调策略

C.本方主导策略　　　　D.迎合对手策略

(4) 高熟悉程度的策略选择的共性包括（　　）。

A.对谈判对方的语言、文化、社会经济政治充分了解

B.谈判者具备很好的心理素质、谈判经验、职业外交官的能力

C.双方运用灵活的谈判方式可能探索到更广阔的合作空间

D.充分体现谈判的科学和艺术

(5) 化解国际商务谈判冲突的常规步骤是（　　）。

A.明确冲突焦点、梳理双方观点、分析冲突根源、协同解决冲突、评价冲突管理

B.明确冲突焦点、梳理双方观点、分析冲突根源、力争本分利益、评价冲突管理

C.冷静分析形势、梳理双方观点、搜索对方纰漏、分析冲突根源、协同解决冲突

D.梳理双方观点、搜索对方纰漏、分析冲突根源、协同解决冲突、评价冲突管理

3.案例分析题

中美制药企业合作谈判

背景与情境：

20世纪80年代初期，一桩总额高达500万美元的合资谈判使得赵光裕——这位久经涉外谈判沙场的老律师沉思良久。谈判一方是天津制药工业公司，另一方是美国的S公司。资料表明，双方此次合资办厂对双方都有利且利益巨大，问题是如何维护我国厂家的正当权益。

首先是谈判文本的谈判，S公司草拟了一份合同交给天津制药公司，要求作为谈判文本。但是赵光裕看过合同之后，认为其中很多地方不是平等互利，而是强调了美方的超额利润，而且很多条款是与中国法律相冲突的，那么应该要求修改呢，还是干脆拒绝？赵光裕多次担任过涉外经济谈判的法律顾问，他深知，一个判断甚至一种态度在谈判中的分量。赵光裕坐到桌前，又读了一遍他和助手吕常胜、俞云鹤写的合同审议意见书，然后郑重地写下了最后意见："我方应根据中国法律重拟合同，并电告美方：谈判需以我方合同文本为基础，否则不必来津。"

会谈在天津友谊宾馆一号会议室进行。"请问，"会谈一开始，美方代表杰克便提出了问题，"为什么要用你们的合同而不用S公司的？"张经理看看赵光裕，示意请法律顾问回答。赵光裕看了看并排放在桌上的两个文本。抬起头来说道："比较一下两个文本就可以看出，S公司的文本有些地方含混不清，而且很多地方与中国法律相冲突。这些

问题在我方的文本中是没有的。”“请举个例子。”杰克不放松地说道。此时赵光裕不慌不忙地说：“签订合资合同，必须先明确当事人，也就是我们是和谁合作。在S公司的文本中，有时是S公司，有时又是S.E制药厂，这种做法是模棱两可的。那么到底由谁来承担本合同的权利、义务和责任呢？”“嗯。”杰克想了想。“还有吗？”“《中华人民共和国中外合资经营企业法》第四条已规定，合营企业的形式为有限责任公司。有限责任公司是不能发行股票的，而贵方合同却要求发行并且可转让股票，这合适吗？”如果股票转移到某些我们不承认的政府手里，那就成了我们与他们的合作，这将严重损害我国的外交立场。不过这些话赵光裕没有说。用不着说，谁心里都明白。“是这样？那确实不合适。”杰克打开两个文本核对着。“还有，贵方要以工业产权进行投资，这是可以的。但依《中华人民共和国中外合资经营企业法》第五条规定，它的价格要由各方评议确定。现在S公司的合同稿中却单方面规定了价格和计价方法，这也是不合适的。而且，如果以工业产权作为投资，那么这一过程中的技术指导、技术咨询和检查，都是投资方的固有责任，不能另外计价。”赵光裕坦然地放下文本，又说：“类似这样的问题，在贵方文本中有29条之多，所以我们认为，以贵方文本作谈判的基础文本是不合适的。”说完，赵光裕便看看杰克，等待着他的反应。杰克却低下头去看文本。过了片刻他才抬起头来，带着一丝微笑说道：“因为没有参加前一段的双方接触，加上对中国法律了解不够，所以拟制的合同草案的确不合适。你方的草案确实比我们的好。那么，就以你们的草案作为谈判基础文本吧。”赵光裕微微一笑——这不轻不重的第一回合是在试探我们力量的虚实吧。“那么，就这样吧。”他说。于是，双方主谈人就商业问题开始逐条地商议起来。经过5天时间，双方结束了第一轮会谈。

11月18日，又开始了解决实质性问题的第二轮谈判。双方依次在长桌两边坐好，担任翻译的唐工程师用流利的英语向麦休斯问道：“Are you ready?（你们准备好了吗？）”“O.K.”麦休斯答道。双方都“沙沙”地翻开文本看起来。“关于投资构成问题，”杰克首先说道，“我方要以专利、专有技术和商标等工业产权作为合资企业的投资构成。这是合乎中国的法律的。”我方主谈人、制药公司副经理孙绍武想了想，没有立即回答。如果对方以这些作为投资构成的一部分，那他们要少拿出一大笔钱，而每年还要照样分红。“我们的商标在国际上是有信誉的，”麦休斯也说道，“这有助于推销合资公司的产品。而且这个商标是在中国注册的，必须受到保护，使用必须付费。”一时间，中方代表全沉默了。如果这样，中方的损失就太大了。孙经理看了看赵光裕：“这个涉及法律的问题，是不是请赵律师直接答复？”赵光裕凝思片刻，沉着地说道：“美方商标已经在中国依法注册，当然应当受到保护，非经议妥代价，任何人无权使用。但是，”他顿了一下，看看麦休斯，“这和本合同无关。双方经理已经商定，合资企业产品的45%由美方负责出口外销，55%由中方负责内销，内销产品不用美方商标。至于外销部分用什么商标，那是美方的事，反正产品是美方负责销掉。如果美方为了自己销售方便，外销部分采用自己的商标，这怎么能要合资企业付费呢？”赵光裕扫视了一下对方人员。麦休斯端坐不动，杰克也是全无表情。他又继续说道：“关于专利问题，你们的大部分专利都已经过期了；至于专有技术的补偿，我们可以在技术合作合同中进行研究。”麦休斯仔细地看着赵光裕，仿佛在研究他是怎样一个人。最后，他点了点头，勉

强露出了一丝微笑，再没说什么。“还有一个问题，”杰克说，“合同要求美方保证合资企业技术的先进性，这个美方无法保证。因为使企业达到国际标准的因素是多方面的，美方无法单方面控制。这个条款是不是可以订为：美方努力确保技术的先进性和达到国际标准。”那么，赵光裕想，这就成了不可靠的弹性条款了——如果对方不提供先进技术，企业达不到标准，他们还会说责任在中方，是中方没建设好。“杰克先生的意见很有启发性，”赵光裕说，“但技术的先进性还是要确保的。是不是可以分成两个问题：第一，美方应保证所提供的设计和技术的先进性。根据《中华人民共和国中外合资经营企业法》，这是合作的前提。第二，对方尽最大努力来保证企业最后达到国际标准？”杰克迟疑了一下：“可以的。”“我还有一个问题，”赵光裕说，“关于仲裁问题，我们原订的是斯德哥尔摩商会，为什么改成了国际商会？请杰克先生解释。”“国际商会是世界上很著名的仲裁机构，”杰克侃侃而谈，“在德国，在法国，在很多地方都设有分支机构。我们选择它来仲裁是合适的。”国际商会确实是世界上著名的仲裁机构，但我们与它还未建立关系，由它仲裁对中方是很不合适的。“杰克先生，我们原已认定在斯德哥尔摩商会仲裁。”“据我所知，斯德哥尔摩商会只仲裁其国内经济纠纷。”“不对吧？”赵光裕胸有成竹地说。“请你看看这个。”赵光裕的助手、律师俞云鹤拿出一本英文版的《瑞典的仲裁》递过去。“这是斯德哥尔摩商会编的。他们也仲裁国际商业、经济企业的经济纠纷。”杰克接过书去，草草看了看，点了点头，一本正经地说道：“对不起，我没有国际仲裁的经验，只在美国国内处理过一起资产的仲裁。”停了停，他又说道：“那么，可以接受你方所提的仲裁机构。不过回国还要确认一下。”“我欣赏您的认真态度。”赵光裕微微一笑，又一个回合结束了。不过他知道，这一切还只是初步交锋。这次谈判将会是漫长而艰苦的。

商业谈判从来不会一帆风顺。1983年3月，杰克一个人来津，在谈判桌上，他突然在一系列重大问题上推翻已达成的协议，并提出了新的要求。谈判面临危机。但是，赵光裕对此已有准备。他事先已请助手吕常胜与制药公司联系，根据推算，美方已经可以在合资企业中取得合理的利润。据此他断定，只要我方能坚守住原有协议，美方就会自动退回。因此，在此后数日的谈判中，他与对手逐条、逐句、逐字地辩论，争论非常激烈。好像守卫防线，这里退回来，那里突过去；好像黄河筑堤，水高一尺堤高一丈；好像防守城池，兵来将挡，水来土掩；一时黑云压城城欲摧，一时又不可越雷池一步。经过持久的苦战，终于使协议基本保持了原状。而这时，赵光裕却又从容说道：“关于销售净额一条应补充几个字。销售净额指的是扣除税款后的数额。”杰克一听就叫起来：“为什么要扣除税款？为什么你不早提出来？这样我们专有技术的提成要少很多。”对于“销售净额”的定义问题，赵光裕事先特别请教了有关专家谭勉励，因此他胸有成竹地说道：“销售净额的定义，在贵国就是如此，我只是使它更为明确罢了。而且这一条款是你们草拟的，我一直在等你们自己去纠正这一疏漏，所以拖到现在才提出来。”“这个，我回去要确认一下。”杰克狠狠地皱了皱眉头。仅此一项，赵光裕就使制药公司在合同期间能够避免30多万元的不合理负担。1984年2月27日，双方经过旷日持久的协商、较量和激烈的讨价还价，最后互相让步，达成了协议：先合资建立一个500万美元的制药公司，再尽快合资续建一个原料工厂。双方合作

到21世纪。

1984年4月7日，双方终于走完了漫长的艰难的谈判路程，在天津举行了隆重的签字仪式。

思考：

1.结合案情，谈谈你对国际商务谈判复杂性的认识。

2.你认为此案中作为国际商务谈判人员重要的专业素养体现在哪些方面？

项目九

商务谈判礼仪

项目概述

由于受地域、语言、思维逻辑、组织、经济等因素的影响，世界各国之间，甚至同一个国家不同地区之间存在着巨大的文化差异。因此，不同文化的接触必然存在着文化的相互适应性问题。商务谈判是人际交往的特殊形式，其必然涉及差异文化的接触，进而产生文化的相互适应性问题。商务谈判礼仪就是在长期的商务谈判过程中，满足、迎合文化的适应性而形成的行为或活动规范。商务谈判礼仪主要包括商务谈判礼仪准备、商务谈判礼仪实施等。

项目结构

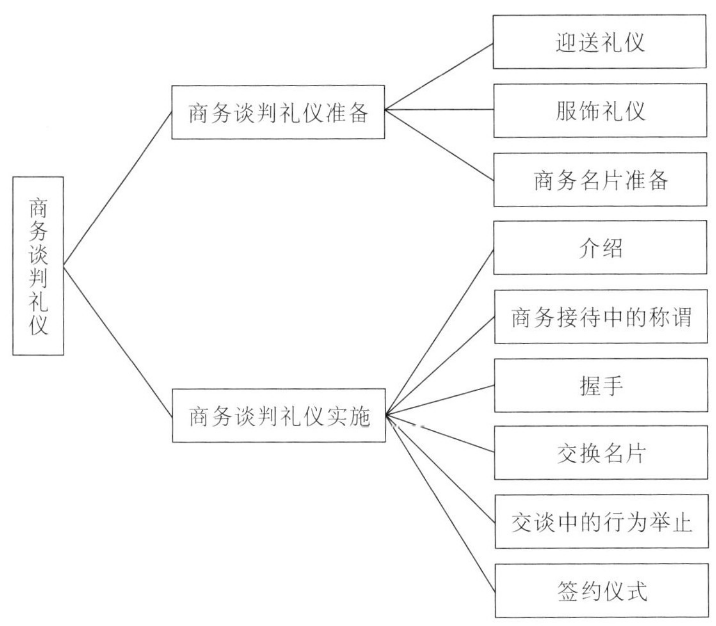

任务一　商务谈判礼仪准备

【任务目标】

● 知识目标：明确在商务活动中的迎送礼仪、服饰礼仪等。

● 能力目标：通过学习训练，能够在商务活动中根据实际情况合理着装、恰当运用名片以及迎送客人。

【任务导入】

不合时宜的“行头”

背景与情境：

郑伟是一家大型国有企业的总经理。一次，他获悉一家德国著名企业的董事长正在本市进行访问，并有寻求合作伙伴的意向，于是他想尽办法，请有关部门为双方牵线搭桥。让郑伟欣喜的是，对方也有意同他的企业进行合作。双方会面的那一天，郑伟希望自己能给对方留下精明强干、时尚新潮的印象。他根据自己对时尚的理解，刻意地对自己的形象进行了修饰：上穿夹克衫，下穿牛仔裤，头戴棒球帽，脚蹬旅游鞋。然而事与愿违，郑伟这一身时髦的“行头”，却坏了他的大事。他的德国同行认为，此人着装随意，个人形象不合常规，给人的感觉是过于前卫，尚欠沉稳，与之合作之事当另行考虑。郑伟茫然了！

思考：

吸取教训的郑伟如果聘请你作为其个人形象顾问，请你为其提供建议。

学一学

一、迎送礼仪

（一）迎送规格

迎送规格应该保持身份对等，即到机场、车站或码头迎接客人的时候，接待人员的身份要与对方谈判代表的身份、职务基本相当。己方在选择迎送客人的代表时，应该充分考虑客人中主谈人的职务、年龄、威望等因素。接送人员的职务可以略高于客人，也可以略低于客人，但是不要相差过于悬殊。

（二）接待准备

1.住宿安排

主人一方应事先询问是否需要帮助来访的客人预订宾馆，应尽量了解有关来访人员的姓名、职位、性别，要求宾馆的标准等级，是否有其他的特殊要求等细节，以便能够更为细致地做好接待工作。对于国外客人，一般情况下，酒店应该按照一人一房进行预订，酒店的星级可以直接询问来访客人，也可以参照本公司标准执行，但一般不低于三

星级酒店标准。

2.事先与客户沟通行程计划

在客人来访之前，主人应了解客人此次访问的大致时间计划，如事先确定来访客人是否需要代办回程机票，具体的往返时间，除了正式的商务谈判工作之外有没有其他参观访问要求等，以便主人制定一个适合客人需要的具体的行程时间表。

（三）接送礼仪

遵守时间是商务谈判的最基本礼仪，接客人时应该多方考虑市内交通因素，要比客人早到；送客人时要比客人晚离开，即必须将客人送至送客人员无法进入的位置（如机场的安检隔离带、火车站台等），与客人道别之后方可离开。送别搭乘飞机的客人，应该主动将客人引领到具体的办理乘机手续的地点，最后送到安检入口，待办理完安检手续，目送客人进入候机区后再离开。

（四）商务乘车礼仪

1.由主人亲自驾驶的情况

双排座轿车，前排为尊，亦即应将前排座让给地位最高的客人，后排为随员乘坐；三排座轿车，一般前排为尊，中排为随员乘坐，后排为中层地位的来宾。

2.由专职司机驾驶的情况

如果由专职司机驾驶，通常后排为上，前排为下，以右为尊。也就是说，副驾驶座应由随员乘坐，后排右侧座由来宾中地位最高者乘坐，主人可以坐在左后位置。三排座轿车，一般后排为尊，中排次之，前排副驾驶座最次。

此处介绍的商务乘车礼仪与政务礼仪有所不同，按照我国的交通规则，从右侧上车能够保护乘车人的安全。如果客人不在乎礼仪规矩，而且主动随意地选择位置，作为接待人员要做到随机应变，不必强求客人必须坐在规范的位置；主随客便，毕竟让客人心情舒畅才是讲究乘车礼仪的根本目的。

3.乘车上下顺序

上下轿车的先后顺序通常为：尊长、来宾先上后下，接待人员后上先下，即上车时请尊长、来宾从右侧车门先上，接待人员再从车后绕到左侧车门上车；下车时，接待人员应先下车，并协助尊长、来宾开启车门。

（五）电梯礼仪

进入无专人服务的电梯时，接待人员应首先进入，在确认客人安全进入电梯后负责开动电梯，电梯停稳后，接待人员应该按住电梯开门按钮，请客人先出。

进入有人驾驶的电梯时，接待人员应最后入内。离开电梯时，接待人员应视自己站立的位置灵活应变。如自己位置靠里，则应请客人先下，自己最后一个离开；若是自己堵在门口，应首先出去，然后等待客人走出电梯。

（六）出入房门礼仪

在出入房门时，接待人员通常应该负责开门或关门。进入房间时，若门向外开，接待人员应首先拉开房门，然后请客人进入；若门向内开，则接待人员应首先推开房门，进入房内，然后请客人进入。离开房间时，若门向外开，接待人员要首先出门，然后请客人离开房间；若门向内开，接待人员要在房内将门拉开，然后请客人先离开房间。

二、服饰礼仪

（一）商务男士的服饰准备

1.商务男士着装的主要类型

商务男士在谈判时可以穿着的服装大体上分为两类：一类是公司制服，另一类是西装。

（1）公司制服。它是指由某一企业统一制作，并要求某一部门、某一个职级的员工统一穿着的高级制式服装。简言之，制服就是面料统一、色彩统一、款式统一、穿着统一的高级工作服装，并非生产操作环节穿着的操作服。

由于制服体现着企业的形象，反映着企业的规范化程度，每一位商务人员对此绝对不可以马虎大意。穿着制服最重要的一个禁忌，是不允许制服与便服混穿，也不允许随意搭配。从实践来看，企业大多数的制服都以西服为主，只有少数企业的制服为中式设计。

（2）西服。西服的分类方法有很多，按西服的件数来划分，可分单件西装便装（单件西服），两件套正装（上衣、裤子），三件套正装（上衣、裤子、马甲）。商界男士在正式的商务交往中所穿的西装，必须是西服套装；在参与高层次的商务活动时，以穿三件套的西服套装为佳。目前我们所说的套装，主要指在西方国家较为通行的两件套或者三件套、面料统一、色彩统一、规范化的正式场合服装。

2.商务男士着装的注意事项

（1）选择西服颜色应注意以下两点：

◎ 正式商务谈判场合应选择深色、偏冷色调的西服。正装西服应选择较为保守的色调，如深灰、深蓝、藏青、黑色等。

◎ 西服套装的上下装颜色应一致。在搭配上，西装、衬衣、领带三者应至少有两样为素色，即无花纹图案的单一色。此外，男士在正式场合穿着西服套装时，全身颜色必须限制在三种之内，否则就会显得有失庄重。

（2）穿正装西服必须穿皮鞋。在穿着西服套装的情况下，不得穿着便鞋、布鞋和旅游鞋。西服套装的皮鞋应首选黑色。此外，西服穿着还要讲究“三一”定律，即男士穿着西服套装时，其鞋子、腰带、公文包的色彩必须协调统一起来，最理想的选择是鞋子、腰带、公文包皆为黑色。色彩统一，有助于提升穿着者的品位。

（3）穿正装西服必须穿衬衣打领带。

◎ 衬衣颜色应与西服颜色协调，但不能是完全的同一色。白色衬衣配各种颜色的西服效果都不错。在正式场合，男士不宜穿色彩鲜艳的格子衬衣或花色衬衣。衬衣袖口应长出西服袖口1～2厘米。

◎ 穿正装西服在正式场合必须打领带。打领带时，衬衣领口的扣子必须系好。在其他非正式场合，可以穿着单件休闲西服，不打领带。

（4）穿正装西服时的纽扣系法。正装西服的纽扣有单排、双排之分，纽扣系法很有讲究：双排扣西装应把扣子全部扣好，除非落座时衣物明显堆积，可以临时解开最上面的纽扣。对于单排扣西装，如果是一粒扣，站立、行走时应当系上；如果是两粒扣，站

立、行走时可以只系最上面的一粒，全扣和只扣第二粒都不合规范；如果是三粒扣，系上面两粒或只系中间一粒都符合规范要求。单排纽扣西装由于在穿着时并没有全部系好纽扣的要求，所以落座时是否解开纽扣，应以衣物是否有堆积为准。

（5）西装的上衣口袋和裤子口袋里不宜放太多的东西。在严肃的商务场合，穿西装只能配衬衣、打领带。如果天气寒冷，可以穿三件套西装，即衬衣外面可以穿配套的西装背心（俗称马甲）。即使是冬季，也不要在衬衣外面套羊毛衫。从传统上来说，在衬衣外面套羊毛衫是不正规的，但是在一般的商务场合，中国人西装加羊毛衫的搭配也基本上被认可，但是注意应选择深色无图案的鸡心领羊毛衫来搭配西装。另外，不提倡在高层次的、十分重要的商务场合出现这种穿法。

⑥领带的颜色、图案应与西服相协调。系领带时，领带的长度以触及皮带扣为宜。领带质地以真丝为最佳，图案与色彩可以各取所好。但系条纹领带或格子领带的话，就不宜穿条纹西装、条纹衬衫或格子西装、格子衬衫。前一种搭配叫“斑马搭配”，后一种搭配叫“梅花鹿搭配”，均属不当。

3.男士服饰礼仪禁忌

一忌不拆西装袖口商标。很多人为了炫耀自己的名牌西服，专门保留其袖口的商标标签，这样的做法不符合西服穿着规范，在高雅场合会贻笑大方。

二忌穿着西服套装时搭配白色或尼龙袜子。因为正式的西服套装多为深色调，皮鞋也以深色为主，如果穿白色袜子会显得十分扎眼。男士如果穿着化纤质地的袜子，如尼龙丝袜显得既不庄重，又十分怪异，因为尼龙丝袜是女士穿着裙装时的专利，因此，商务男士的袜子应以单一深色调的纯棉袜为主。

三忌穿夹克、中式服装等便装时打领带。目前，国内有很多人喜欢穿夹克衫打领带，看上去不伦不类，商务场合的着装上应该尽量避免。

（二）商务女性的服饰准备

1.商务女性着装的主要类型

在正式的商务谈判场合，女性穿套裙为最佳。迄今为止，没有任何一种女装在塑造职业女性形象方面，能像套裙一样有非常强烈的正面效果。至于成套的裤装，传统的西方商人，特别是欧洲商人至今仍旧认为它不是商务女性在正规场合应该穿着的服饰。然而近年来随着一批思想更加开放的西方年轻人加入国际贸易行业，加上东西方文化在国际大循环中的进一步融合，东方的一些穿着习惯也逐渐被新派外商所接受，商务女士在谈判场合穿着西服裤装也已不是什么新鲜事。但是我们认为，商务女性在重要的外事谈判场合还是应该穿着正规的套裙为最佳，而一般的商务场合，如陪同客人旅游、观光等非正式场合则不必过于拘泥形式。

对女性经理人来说，穿好套裙，气质和风度就有了很好的保证，同时也为谈判的顺利进行赢得了更多成功的契机。商界女士所穿的套裙大体上可以分成两种基本类型：一种是由女式西装上衣同普通的一条裙子所进行的自由搭配与组合，叫作“随意型”；另外一种是女式西装上衣和与之同时成套设计制作而成的裙子的组合，可以称为“成套型”或“标准型”。严格来讲，套裙事实上指的仅仅是后一种类型，即商务女性正式场合穿着的套裙应该是“成套型”或“标准型”的，“随意型”套裙是第二选择。

2.套裙的面料选择

面料选择要注重：质地上乘、纯天然。上衣与裙子应当采用同一质地、同一色彩（上衣与裙装也可以是两种不同的颜色，但必须是统一设计和合理搭配的一套，且最多不超过两种颜色）的素色面料。素色即单纯的一个颜色，没有花纹和其他颜色掺杂。通常，应选用不起皱、不起毛、不起球的匀称、平整、柔软、丰厚、悬垂挺括、手感较好的面料。

3.套裙的色彩

套裙应当以冷色调为主，借以体现出着装者的典雅、端庄与稳重。此外，还需使之与各种“流行色”保持一定的距离，以显示自己的传统与持重。一套套裙的全部色彩最多不要超过两种，不然就会显得杂乱无章。比如，藏青、炭黑、烟灰、雪青、茶褐、土黄、深紫等稍冷一些的色调。

4.套裙的尺寸

套裙在整体造型上的变化，主要表现在长短与宽窄两个方面。商界女士的套裙要求上衣不宜过长，下裙不宜过短。通常，套裙之中的上衣最短应该达到齐腰位置，最长不应超过臀部，上衣过长会使穿着者显得邋遢、不精干，上衣过短则显得不雅。而裙子最短应在膝盖下方，最长则只能达到小腿的中部，裙子下摆恰好达到着装者小腿肚子上的最丰满处，乃是最为标准、最为理想的裙长。

就宽窄肥瘦而论，套裙之中的上衣分为紧身式与松身式两种。一般认为，紧身式上衣显得较为传统，松身式上衣则看上去更时髦一些。上衣的袖长以恰恰盖住着装者的手腕为好，上衣或裙子均不可过于肥大。

5.穿着到位

商界女士在正式场合穿套裙时，上衣的衣扣必须全部系上，不要将其部分或全部衣扣解开，更不要当着客人的面随便将上衣脱下。上衣的领子要完全翻好，衣袋的盖子要拉出来盖住衣袋。此外，不要将上衣披在身上或者搭在身上。

套裙要穿得端端正正，上下对齐，应将衬衫下摆掖入衬裙裙腰与套裙裙腰之间，切不可将其掖入衬裙裙腰之内。套裙的穿着需要考虑年龄、体型、气质、职业等特点。年纪较大或较胖的女性可穿一般款式，颜色可略深些；肤色较深的人不适宜穿蓝色、绿色或黑色套裙。

国际上通常认为袜子是内衣的一部分，因此，绝不可露出袜子上端的袜边。为避免这种尴尬，建议商务女士穿着肉色的长筒丝袜来搭配套裙。

6.衣物装饰

套裙上不宜添加过多的点缀。一般而言，以贴布、绣花、花边、金线、彩条、扣链、亮片、珍珠、皮革等加以点缀或装饰的套裙，穿在白领女士的身上都不适宜。在穿套裙时，既不可以不化妆，也不可以化浓妆，要根据个人具体情况化淡妆，“妆成若有无”，恰到好处是最高境界。

参加商务谈判的女性应该避免佩戴与个人身份不符的珠宝首饰（如过于奢华、过于卡通或者彰显个人独特信仰和特殊爱好、性格的首饰），也不应佩戴有可能过度张扬或造型夸张的耳环、手镯、脚链等首饰。身着商务套装的女士，在搭配的首饰数量上，应

以少为佳，2件正好，最多不超过3件，通常以白金、珍珠等白色调、不刺目的首饰为主。

7.西装套裙的搭配

衬衫应轻薄柔软，色彩与外套和谐。内衣的轮廓最好不要显露出来。衬裙应为白色或肉色，不宜有任何图案，裙腰不可高于套裙裙腰而暴露在外面。商界女士所穿的用以与套裙配套的鞋子，宜为皮鞋，并以棕色或黑色牛皮鞋为上品。袜子不可随意乱穿，所穿的袜子可以是尼龙丝袜或羊毛袜，千万不要将健美裤等裤装当成袜子来穿。

8.化妆

（1）面部化妆。商务女士的化妆应以淡妆为主，面部妆容切忌色彩刺目、线条夸张的造型。

（2）女士发型。商务女士的发型可不拘一格，长发、短发或者直发、卷发均可，但在造型上也应相对保守，不能过分张扬和花哨，更不能将头发染成过分鲜艳扎眼的颜色。

（3）香水的使用。在商务谈判场合，女士应注意选用气味清淡的香水，并且用量要少，以免影响周围人士。

（4）化妆、补妆禁忌。化妆应在家中或者私密场所完成，如商务谈判、商务宴请等场合需要补妆，一定要到洗手间，切忌在公共场合、众目睽睽之下化妆或补妆。

9.商务谈判场合女性穿着的四大禁忌

一忌穿着黑色皮裙，尤其是短款的黑色皮裙。在很多西方国家，只有街头女郎才如此装扮，所以在接待国外客户，或者是出访欧美国家时，绝对不可以穿着黑色皮裙。

二忌穿着套裙时裙、鞋、袜不搭配。鞋子应为高跟或半高跟皮鞋，最好是牛皮鞋，颜色以黑色等深冷色调为主，与套裙色彩一致为佳。袜子一般为尼龙丝袜或薄羊毛高筒袜或连裤袜。袜子应当完好无损，不能跳线、起球；颜色以黑色最为正统，与套裙色彩一致的亦可选择，如肉色、浅灰色、浅棕色等；袜口要没入裙内，不可暴露于外。

三忌穿着套裙时光脚。在国际交往中，如果穿着裙装尤其是穿着套裙时不穿袜子，不仅显得不够正式，往往还会被谈判对手误认为有轻浮之嫌。

四忌穿着套裙三节腿。三节腿指穿裙子的时候，穿半节袜子，袜子和裙子下端中间露一段腿肚子，结果导致裙子一节，袜子一节，腿肚子一节。这种穿法往往被视为是没有教养的表现。

三、商务名片准备

名片是商务人士的重要交际工具，承载着个人信息，担负着保持联系的重任。要使名片的作用发挥得更充分，就必须掌握相关的礼仪。准备商务名片时，要注意以下几点：

（1）不得随意涂改名片。遇到本人联系方式变更等情况时，一定要注意及时重新制作名片。随意在名片上涂改信息，将使名片接受者对名片主人甚至名片主人所在的企业产生不好的印象。

（2）商务名片不要显示不相关联的多重身份和头衔。国内很多商务人士为了引起对

方对自己的重视，往往在名片上印制过多毫不相干的头衔，如××公司董事长兼××高尔夫俱乐部高级会员，兼××大学客座教授……这类名片在商务谈判场合往往会引起对方的困惑，一方面会认为名片主人故意炫耀，另一方面也会认为名片主人不是一个专业的商务谈判人士。

(3) 商务名片在内容上除了单位信息、本人信息（姓名、行政职务或学术头衔）、企业标志（图案）、企业名称、联络方式（地址、邮政编码、办公电话）之外，如果版面允许，可以简要介绍公司业务范围、地理位置等企业信息，但是不要印格言警句、私人住宅电话等其他内容。一般来说，西方商人的名片上很少有个人手机号码，而在中国，个人手机号码不被认为是个人隐私的一部分，因此，按照本国国情，在名片上印刷个人的手机号码基本上也是可以接受的，但是国际化的大公司领导层在印名片时，可以考虑不印刷个人手机号码。在名片的材质选择上，应以质地优良、不易磨损的纸质为主，不要为标新立异而采用其他材料。在颜色的选择上，应以白色等浅色调为主，忌用大红、纯金、纯黑等过于刺激的颜色。

(4) 涉外商务人员的名片应将中英文内容分开设计，一面印刷英文，一面印刷中文，不要印在同一面上。

(5) 随身所带的名片，最好放在专用的名片包、名片夹或者公文包里，以免交换名片时手忙脚乱。

案例解析9-1

礼仪失误痛失订单

背景与情境：

某公司新建的办公大楼需要添置一系列的办公家具，价值数百万元。公司的总经理已做了决定，向A公司购买这批办公家具。这天，A公司的销售负责人打电话来，要上门拜访这位总经理。总经理打算等对方来了，就在订单上盖章，定下这笔生意。不料对方比预定的时间提前了2小时到达。原来对方听说这家公司的员工宿舍也要在近期内落成，希望员工宿舍需要的家具也能向A公司购买。为了谈这件事，销售负责人还带了一大堆的资料，摆满了台面。总经理没料到对方会提前到访，刚好手边又有事，便请秘书让对方等一会儿。这位销售员等了不到半个小时，就开始不耐烦了，一边收拾起资料一边说："我还是改天再来拜访吧。"这时，总经理发现对方在收拾资料准备离开时，将自己刚才递上的名片不小心掉在地上，对方却并没有发觉，走时还无意地从名片上踩了过去。但这个不经意的失误，却让总经理改变了初衷。A公司不仅没有机会与对方商谈员工宿舍的家具购买，连几乎到手的数百万元办公家具的生意也告吹了。

思考：

分析办公家具销售人员痛失订单的原因。

做一做

【谈判训练9-1】

中澳铁矿石谈判接待准备

一、实训目的和要求

商务谈判礼仪具有商业性、涉外性和正规性等特点。本实训的目的在于让受训者了解在商务谈判之前，作为东道主应针对谈判对象的具体情况做好一系列必要的准备工作，包括迎送接待、乘车、迎宾人员的服饰、名片准备等项工作的具体要点。

二、场景设计

中国某大型钢铁集团BG集团常年进口国外优质铁矿粉。澳大利亚FMG铁矿石集团是中国BG钢铁集团的主要供应商，双方已有多年的合作经历。近年，由于受席卷全球的金融风暴的影响，中国BG钢铁集团面临着国内需求疲软、国外原材料价格上涨的双重压力。为缓解这一压力，中国BG钢铁集团向其主要的原材料供应商澳大利亚FMG铁矿石集团提出了大幅度降低铁矿石价格的要求，双方通过电话和传真进行的先期谈判已经持续了大约一个月的时间，始终没有达成一致，中方已经开始大幅度削减采购数量。为了打破谈判僵局，澳大利亚FMG铁矿石集团专门派出以执行总裁安德鲁·福克斯为首的五人代表团访华，准备与中国BG钢铁集团进行面对面的谈判。

三、训练步骤

2014年10月15日，中国BG钢铁集团总经理接到澳大利亚FMG铁矿石集团一行五人即将于10月17日到访的通知，集团的公关部立即开始进行相关的接待和谈判准备工作。

第一步，做好接待准备。

1.通过传真、电话联系确定到访人员的人数、性别、姓名和职位。中国BG钢铁集团公关部以帮助客户代订返程机票和酒店为由，向客方索取了来宾的护照传真件，因而得到了来访者的详细个人信息。澳方来华谈判小组一行共五人：

安德鲁·福克斯先生，58岁，澳大利亚FMG铁矿石集团执行总裁，本次谈判的负责人；

马克·罗斯威尔先生，45岁，澳大利亚FMG铁矿石集团副总裁，亚太区总经理；

贝琳达女士，40岁，澳大利亚FMG铁矿石集团亚太区财务经理；

随员两名，男性，年龄为28～30岁。

2.根据澳大利亚FMG铁矿石集团谈判代表来华的具体时间、航班号和具体的到达时间，确定以下事项：

（1）迎接规格。安德鲁·福克斯先生是FMG铁矿石集团的第二号人物，在集团的职位仅次于董事长霍华德先生。根据身份对等原则，中国BG钢铁集团应由集团常务副总经理率队到机场迎接客人。

（2）接待准备。

①住宿安排。根据公关部事先与澳方的沟通，客人来访时需要帮助预订宾馆。按照

客人的要求，结合本公司的接待标准，公关部为澳方来宾在本市五星级酒店富丽华大酒店预订了五间商务客房（如国外客户无特别要求，应遵循一人一房的原则）。

②通过事先与国外客户的沟通，为客户制订了初步行程计划。本次澳方谈判小组于2014年10月17日上午抵达本市，17日下午至20日为预计谈判时间，21日为参观时间，22日安排客人返程。公关部于15日为客人预订了10月22日的回程机票5张。

③迎接客人的安排。

◎ 接机人员和车辆的安排。根据公关部门的申请和建议，BG钢铁集团派出以下成员到机场迎接客人：

杨海洲先生，55岁，BG钢铁集团常务副总经理；

史学军先生，40岁，BG钢铁集团供应部经理；

冯雪玲女士，35岁，BG钢铁集团公关部经理。

以上领导成员带领四名接待员到机场迎接客人。另外，安排四部由专职司机驾驶的商务轿车作为接机的交通工具。具体的乘车安排为：

杨海洲先生与安德鲁·福克斯先生同乘一车，配备随行翻译一名，兼接待员职责。

史学军先生与马克·罗斯威尔先生同乘一车，由于史学军先生精通英文，配备随行接待员一名。

冯雪玲女士与贝琳达女士同乘一车，由于冯雪玲女士精通英文，配备随行接待员一名。

本公司另一名接待员陪同澳方的两名随员同乘一车。

◎ 接机牌准备。考虑到本市空港出站口较多，公关部制作了四面标有醒目“FMG”公司标记和外方领导安德鲁·福克斯先生名字的接机牌，计划届时由接待人员手持接机牌在各个出口守候。接机牌的制作本着醒目、简洁的要求，印制了“AUSTRALIA FMG GROUP”和“MR.ANDREW FOX”字样。

◎ 接机时间。根据客户事先通知和对机场航班的最后查询，澳方客人乘坐的CA173次航班将于2014年10月17日上午10：00抵达本市机场。根据通往机场的道路交通状况，一般一个半小时可以抵达机场，为慎重起见，公关部决定己方的接机人员于上午8：00从公司出发。

第二步，接待人员的服装准备。

公关部要求专职司机统一穿着公司配发的中式驾驶员制服，四名接待人员穿着公司统一制作的深蓝色西式高级套装或套裙。副总经理杨海洲、供应部经理史学军、公关部冯雪玲经理的服装由个人自定。

第三步，商务名片准备。

驾驶员和专职接待人员不发名片，三位领导成员使用公司统一制作的名片。

第四步，按照预定的时间安排，到机场迎接客人。

四、效果评价

根据学生出勤、课堂讨论发言、各人阐述自己缮制的文件内容、格式等情况进行评定。小组成员共同初评出个人成绩档次（优秀、良好、中等、及格、不及格），教师和各小组长共同评出各小组成绩，在此基础上给出个人最终成绩。

个人最终成绩=20%×表9-1成绩+80%×表9-2成绩

表9-1　　**小组成员个人成绩评价表**

小组成员个人成绩 / 小组成员姓名	优秀	良好	中等	及格	不及格

注：考评满分为100分。60分以下为不及格；60～69分为及格；70～79分为中等；80～89分为良好；90分以上为优秀。

表9-2　　**商务谈判礼仪准备模拟评价表**

评价内容	分值（分）	评分（分）
1.乘车座次设计		
（1）乘车安排示意图	20	
（2）课堂发言阐述	10	
2.服饰建议		
（1）服饰建议内容	20	
（2）对建议的解释	10	
3.商务名片的设计		
（1）名片内容选择是否得当	20	
（2）名片版面安排是否合理	15	
（3）名片设计的艺术性	5	
商务谈判礼仪准备模拟总体评价	100	

注：考评满分为100分。60分以下为不及格；60～69分为及格；70～79分为中等；80～89分为良好；90分以上为优秀。

任务二　商务谈判礼仪实施

【任务目标】

● 知识目标：掌握商务谈判中有关介绍、称谓、握手、名片、举止、签约等方面的商务礼仪。

● 能力目标：通过学习训练，能够根据商务谈判的实际情况恰当进行人员介绍，规范行为举止，举行签约仪式。

【任务导入】

机场送客礼仪

背景与情境：

1957年国庆节后，周恩来总理去机场送一位外国元首离京。当那位元首的专机腾空起飞后，外国使节、武官的队列依然整齐，并对元首座机行注目礼。而我国政府的几位部长和一位军队的将军却疾步离开了队列。他们有的想往车里钻，有的想去吸烟。周总理目睹这一情况后，当即派人把他们叫回来，一起昂首向在机场上空盘旋的飞机行告别礼。待送走外国的使节和武官后，总理特地把中国的送行官员全体留下来，严肃地给大家上了一课："我们是政府的工作人员和军队的干部，我们的举动代表着人民和军队的仪表。虽然这只是几分钟的事，如果我们不加以注意，就很可能因小失大，让国家的形象受损。"

思考：

为什么总理特地把我国的送行官员留下来"上课"？

学一学

一、介绍

介绍分为自我介绍、为宾主双方充当介绍人和被第三者介绍给对方三种情况。被第三者介绍给对方是最常见的介绍方式。

（一）介绍人角色的确定

通常情况下，介绍人应该由主人一方担当。有三种人可以担当介绍人角色：

（1）公关部、办公室主管，专职接待员，秘书等。

（2）与被介绍各方都很熟悉的人。

（3）己方地位较为尊贵的领导。

（二）介绍的先后顺序

按照礼仪惯例，地位高者拥有优先知情权。在商务谈判场合，应按照尊者居后、以客为尊、主先客后的顺序，将地位较低一方介绍给地位较高一方。商务礼仪中对介绍顺序有多重划分标准，如按主客、职位、年龄、性别划分。在商务谈判场合，应将主先客后作为介绍的第一顺序原则，把职务高低作为第二顺序原则，其余原则作为参考，即先把主人一方介绍给客人，再把客人一方介绍给主人。在介绍过程中，应先介绍职务高的，后介绍职务低的。如果双方人数都很多，应从主人一方地位最高者开始，将主方人员依顺序介绍给客方。

在会晤双方人数较多、逐一介绍耗时过长的情况下，应先安排客人落座，由会议的主持人按照主先客后的原则统一介绍双方成员。一般来说，双方洽谈代表合计超过10人以上时，即可考虑会议介绍的方式。

二、商务接待中的称谓

称谓是指人们在日常交往、应酬中所采用的彼此间的称谓语。在人际交往中，选择

正确、恰当的称谓，是对他人尊重、友好的表示。称谓是沟通人际关系的信号和表情达意的手段，因此，要根据对方的身份、地位、职业、年龄、性别及其所处场合的不同而恰当选择称谓语。

（一）职务性称谓

以交往对象的职务相称，以示身份有别、敬意有加，这是一种最常用的称谓方式。以职务相称，一般有三种情况：

（1）只称职务，不提姓名，如“董事长”“经理”“主任”等。这种称谓不仅在国内适用，在与日本、韩国、德国等国家的客户进行商务谈判时也适用。

（2）姓氏+职务，如“赵经理”“孙主任”等。

（3）姓名+职务，如“赵某某部长”“孙某某主任”等，主要用于特别正式的场合。这种称谓方式不仅在国内通用，而且在大多数国际交往中也是较为通用的。

在使用职务性称谓时，对带有“总”字的头衔可用简称，如“李总”“周总”等。要特别注意的是，在特别正式、隆重的场合，不能使用简称，如大会发言、公开场合介绍来宾等，应该使用全称。

如果对方是副职，在称呼时一般可去掉“副”字，如“王副经理”可称“王经理”。但是有些情况下不能这样称呼，如来宾中有正职在场时，称呼副职来宾时一般不能去掉“副”字。

在国际交往中，大多数国家都接受“姓氏+职务”的这种称谓方式，特别是在欧洲，如在德国、英国等较为保守的国家，一般在称呼对方时应该加上他的职务头衔。值得注意的是，美国人很少用行政职务称呼别人。

（二）职称性称谓

对于有学位、技术职称的人士，可以称呼其头衔，尤其是具有高级职称者，可以称“姓氏+职称”，如“杜克博士”“冯教授”等。

（三）行业性称谓

对于从事某些特定行业的人，可以称“姓氏+职业”，如“魏老师”“齐律师”“韩会计”“李工程师”等。这种称谓方式在国内较通用，但是在称呼国外客人时，应该尽量有选择地使用这种方式，如可以称谓“库克法官”“米勒博士”，但是在商务谈判场合最好不要以“约翰逊会计”“麦克工程师”之类的称谓来称呼谈判对手。

（四）性别性称谓

根据性别的不同，还可以称呼“小姐”、“女士”或“先生”。“小姐”是称未婚女性，“女士”是对女性的一种尊称。

（1）国际交往时使用性别称呼的注意事项：

①对于国外女性宾客，不知道对方是否已婚时，可以称呼对方为女士（Lady/Ms.）。

②国外未婚女士可以称呼为小姐（Miss）。

③国外已婚女士可以称呼为夫人（Mrs.）。

④对于国外男性，一般均称呼为先生（Mr.）。

（2）国内使用性别称呼的注意事项：

①对于女性商务来宾，应一律称呼女士，或者使用职务、职称性称谓，其他称谓尽

量避免使用。

②对于男性商务来宾，可以广泛地使用“先生”这一性别称谓，但是对于一些年龄较大、德高望重的前辈，应尽量使用尊称，如“王老先生”“陈老”等，以示礼貌和敬意。

三、握手

握手是一种世界通用的人际交往礼仪。谈判双方见面和离别时一般都以握手作为友好的表示。握手的动作虽然平常简单，但这一动作却能起到增进双方亲密感的作用。

1.握手的主动与被动

一般情况下，主动和对方握手，表示友好、感激或尊重。在客人来拜访时，主人应先伸出手去握客人的手，以表示欢迎和感谢。主客双方在被别人介绍或引见时，一般是主方、身份较高或年龄较大的人先伸手，以表示对客方、身份较低或年龄较轻者的尊重。握手时身体应稍微前倾、面带笑容或双手握住对方的手，以表示对对方的敬意。在异性谈判人员之间，男性一般不宜主动向女方伸手。

2.握手时间的长短

谈判双方握手的时间，以3～5秒为宜。

3.握手的力度与握手者间的距离

握手时，应走到对方面前，不能在与他人交谈时，漫不经心地侧面与对方握手。握手者的身体不宜靠得太近，但也不宜离得太远。双手握手时用力的大小，常常表示感情深浅的程度。握手者的面部表情是配合握手行为的一种辅助动作，通常可以起到加深情感、加深印象的作用。

四、交换名片

（一）发送名片

1.名片递送的次序

商务谈判中名片的递送次序并无一定的成规，以下几种思路可供大家参考，在实际工作中名片发放者可以视情况而定，灵活采用：

①主先客后，即主人先递给客人，这是第一原则。有多人在场的情况下，发名片者应结合②③两种顺序灵活递送名片。

②地位尊卑，即地位低者应首先把名片递给地位最高的人，晚辈应先递给长辈，男士应先递给女士。

③由近及远，有多名客人在场，又无法确切知道每位客人的具体职位高低时，应采取由近及远、按顺序递送名片的方法。

2.发送名片的方法

①递名片时应起身站立，走到客人面前，用双手的食指和拇指夹住名片上端，将名片正面对着对方递送过去，也可以用右手食指和拇指夹住名片上端，左手掌心托住右手递给对方。但是切记不要用左手递名片。

②若对方是外宾，最好将名片印有英文的那一面对着对方。

③将名片递给客人时，应说一些如“很高兴认识您，这是我的名片，希望以后常联系”之类的礼貌用语。

（二）接受名片

（1）他人递名片给自己时，应起身站立，面带微笑向对方点头示意。

（2）接受名片时，以双手捧接，不要只用左手接过。

（3）接过名片后不要立即收起来，要从头至尾把名片认真默读一遍，意在表示重视对方。

（4）默读完名片后如果对方还在注视自己，应将对方的名字和称谓读出来，如“密特朗博士！认识您真是太荣幸了！我是×××，请多关照”。

（三）存放名片

接过他人的名片并且认真看过之后，应将其存放在自己的名片包、名片夹或上衣口袋内，不得长时间拿在手中揉搓，或者随意丢在桌上。

五、交谈中的行为举止

（一）交谈的姿态

1.坐姿的要求

坐姿的要求具体包括：①入座要轻、稳。落座后，立腰挺胸，上体自然挺直，上身微向前倾，重心垂直向下。同时，要面带微笑，双目平视，嘴唇微闭，下颌微收。②落座后双膝应自然并拢（男士可略分开些），双腿正放，双脚并排自然摆放。③双肩平正放松，双臂自然弯曲，男士双手可自然地放在腿面上，掌心向下，女士可将右手搭在左手上，轻放在腿面上。另外，在谈判桌前就座的男女商务人士也可将双手轻轻搭放在桌沿上，双肘自然下垂，同时要保持上身的自然挺直。④需要起身时，右脚向后收半步，而后站起，轻稳离座。如果座位距离谈判桌过近，应微微抬起身体，用手将椅子轻轻地提起并向后移动少许，然后站起来从椅子侧面退席，不可发出过大的声响。

2.不正确的坐姿

不正确的坐姿包括：①落座后将双手夹在双腿之间或放在臀下。②将双臂端在胸前或抱在脑后。③将双腿分开得过大，或将脚伸得过远，或架起二郎腿晃悠，或不停地抖动，摇晃双腿。④全身完全放松，瘫软在椅子上。⑤仰头靠在沙发或椅子后面，臀部溜到椅子边缘，双脚跷起或伸直。⑥弯腰驼背，全身挤成一团，抠鼻子、挖耳朵。⑦在落座或离座时，碰倒杯子，踢倒椅子，打翻了东西，弄出声响。⑧与人交谈或倾听别人讲话时，坐得太深，靠在椅背上。以上坐姿都是不雅的坐姿，易给人留下较懒、缺乏教养的印象。

（二）交谈行为

（1）交谈中应注意手势的运用，特别要注意不得在谈话过程中用手指或者手中的文具指点对方谈判代表。

（2）尊重对方的发言权，有一人在发言时，其他人应该认真聆听，不得在一旁窃窃私语，也不得心不在焉地做一些修剪指甲、轻叩桌面、把玩钢笔等下意识的小动作。

（3）善于聆听对方的讲话，不要随意打断对方的发言，一定要让对方把话说完；要给多数人发表意见的机会，谈判现场超过三个人时，应不时地与在场所有人交谈几句，不要只和一两个人说话，而不理会其他人；所谈话题应该是在场所有谈判人员都有权知道的，不要把一些高层的商业秘密或者私人谈话内容作为议题。

（4）目光的运用。在交谈时，目光注视的范围仅限于对方的面部，视线接触对方面部的合理时间约占全部交谈时间的30%～60%，过长会被认为对对方本人比对其谈话内容更感兴趣；过短则被认为对对方本人及其谈话内容不感兴趣。交谈的大部分时间应保持与对方的目光接触，但也不要自始至终死盯着对方的眼睛不放，可以通过侧目思考、记笔记等形式，短暂地、有间歇地转移目光。商务会谈中，痴痴凝望、上下打量或者目光游移都是不可取的。

（5）适当控制语速和音量。发言时语速不宜过快，语速过快不容易让对方听懂，应留给对方足够思考的空间。另外，发言者应根据会谈场所环境适当控制音量，音量过高，甚至震耳欲聋，会让对方误认为你修养不够或是含有敌意；音量过低则很难使对方听懂发言者的意图，甚至觉得发言者有些怯懦和缺乏信心。

六、签约仪式

谈判结束后可根据企业规模、订单金额的大小决定是否举办或如何举办签约仪式。中小企业之间的贸易往来较频繁，谈判签约的订单数量较多、金额较小，因此可以考虑不必举办专门的签约仪式。大型企业之间，特别是大型的外向型企业之间，在重要的商务谈判成功之后，应该举行专门的签约仪式。

举行签约仪式时，双方参加谈判的人员都要出席，共同进入会场，相互致意，一起入座。双方都应安排助签人员，分立在各自一方签约人的外侧，其余人排列站立在各自一方签约人的身后。

助签人员要协助签约人打开文本，用手指明签字位置。双方签约人各在己方的文本上签字，然后由助签人员互相交换，签约人再在对方文本上签字。

签字完毕后，双方应同时起立，交换文本，并相互握手，祝贺合作成功。其他随行人员则应该以热烈的掌声表示祝贺。

【教学互动9-1】

互动内容：

1.商务谈判基本礼仪模拟训练。

2.商务谈判设计签约仪式模拟训练。

互动要求：

（1）将全班分为若干个小组，以小组为单位，要求其事先寻找相关资料，独立设计情景，模拟商务会晤时的介绍、握手、递名片和交谈的姿态等四项内容。当一个小组进行任务模拟时，其余小组为其打分。

（2）以小组为单位，独立设计情景，制订出包括情景设置、签约程序、会场布置草图等在内的签约仪式方案。

案例解析9-2

于泽的失礼之处

背景与情境：

于泽是上海一家公司的部门经理，近日来，他和公司的其他同事为了取得美国一家大公司所生产的一种产品在中国的独家代理权而忙得焦头烂额。功夫不负有心人，经过多日的苦战，美国公司终于有意向与于泽所在的公司合作了。为了进一步地洽谈合作事宜，美国公司派本公司负责此事的尼奥来到上海。

于泽代表公司热烈欢迎尼奥的到来。讲求办事效率的尼奥在酒店稍事休息之后就约于泽到他所住酒店附近的一家咖啡厅见面。

于泽按时赶到咖啡厅，尼奥早已等候在那里。两人先是寒暄了一阵，继而就谈到了合作的问题。这时，侍者为两位端上了咖啡。

要说于泽也是个经常喝咖啡的人，但他有个坏毛病总是改不了，那就是习惯用咖啡匙舀起咖啡来喝。这不，侍者刚放下咖啡，于泽的老毛病就又犯了。于泽一拿起咖啡匙舀咖啡喝，尼奥立刻就感到了从四面八方投来的异样的眼光。于泽却毫不自知，还一边喝着一边口若悬河地夸夸其谈。此时的尼奥如坐针毡，他根本没有听进去任何内容，他的思维全被周围人的指指点点给充斥了！他再也不想谈关于合作的事情，只想尽快结束这次尴尬的会面。

尼奥回到美国后立即向公司递交了一份报告。报告上指出：虽然上海公司具备了代理本公司产品的实力和条件，但是他们公司的员工并不具有国际标准的举止行为和外表形象。我很难想象这样的一个公司会给本公司带来利润，我甚至很怕由于他们礼仪方面的欠缺会砸了我们公司的招牌……

这样的一份报告所带来的结果是可想而知的，而为了此次合作忙得昏天黑地的于泽万万没有想到他居然败在了一杯咖啡上！

思考：

结合本案例中于泽的失礼之处，谈谈相关的举止礼仪。

做一做

【谈判训练9-2】

中澳铁矿石谈判礼仪实施

一、实训目的和要求

商务谈判礼仪是日常社交礼仪在商业活动中的具体体现，由于商务活动本身的商业性、涉外性和正规性，对礼仪方面有着一些特殊的要求。本实训的目的在于让受训者了解商务谈判，特别是对外谈判中最基本的待人接物常识，掌握日常商务谈判礼仪的艺术

和技巧。

二、场景设计

本实训场景紧接上一实训任务，以总裁安德鲁·福克斯为首的澳大利亚FMG铁矿石集团五人谈判小组在抵达上海之后，受到了中国BG钢铁集团的热情接待。按照原定的谈判日程，谈判将于10月18日9：00开始，BG钢铁集团总经理关锋先生将参加双方的首次谈判。中方谈判组成员有集团副总经理杨海洲先生、集团供应部经理史学军先生、财务部总监肖兵先生、公关部经理冯雪玲女士。谈判场所设在BG集团办公大楼内的3号会议厅。

三、训练步骤

BG钢铁集团谈判小组一共5人，由集团总经理关锋先生带领，提前10分钟进入3号会议厅等待客人的到来，公司还为此次谈判配备了翻译、记录员、会务招待员等相关工作人员。10分钟后，在公关部接待员的引领下，澳大利亚FMG铁矿石集团的谈判代表准时到达。中方全体代表在会议室门口迎接客人。

第一步，介绍。

作为东道主的代表，公关部经理冯雪玲女士负责为双方作介绍。一般而言，客方纵队站立时，其顺序往往是地位尊者在前，地位低者在后；而在客方并排站立时，一般是尊者居中，其余人列居左右。冯雪玲观察到外方客人呈纵队站立，FMG铁矿石集团执行总裁安德鲁·福克斯先生在最前面，于是顺势首先将中方代表按照职位高低，从总经理关锋开始，逐一介绍给客方地位最高者总裁安德鲁·福克斯先生。

“您好，福克斯先生，请允许我为您介绍我方谈判人员。”冯雪玲一边向安德鲁·福克斯先生打招呼，一边五指并拢伸出手掌指向中方代表团负责人关锋先生。“这位就是中国BG钢铁集团总经理关锋先生。”接着冯雪玲又将手掌指向安德鲁·福克斯，对关锋道：“关总，这位是澳大利亚FMG铁矿石集团执行总裁安德鲁·福克斯先生。”

……

冯雪玲接着又将中方代表团顺次介绍给外方的剩余4位代表。

第二步，双方握手。

握手通常是在介绍人介绍完之后进行的，因客方纵队站立，主方总经理关锋首先和客方总裁安德鲁·福克斯握手，并简单地交谈，然后依照客人站立顺序，分别与客方副总裁马克·罗斯威尔先生、亚太区财务经理贝琳达女士等人握手。

第三步，双方就座，交换名片，寒暄。

第四步，谈判正式开始。

第五步，谈判签约。

谈判达成协议之后，由主方布置签约会场，做签约仪式的准备工作：

1.设置签字桌1张，签字席位2个，桌上摆放中国和澳大利亚两国国旗，设在会议厅主席台前排；参会席位10个，供双方谈判人员就座，设在会议厅主席台后排；主席台下设列席座位20个，供BG钢铁集团总部中层干部列席就座。

2.主方负责打印中英文合同一式两份，合同内容已经双方事先确认。

3.双方签字人员如下：

主方签字人：中国BG钢铁集团总经理关锋先生

客方签字人：澳大利亚FMG铁矿石集团执行总裁安德鲁·福克斯先生

主方助签人：1名

客方助签人：1名

4.签字程序。

（1）双方签字人员进入签字厅，坐在签字桌自己国旗的一侧。主席台上的参会人员（谈判代表团成员）按照己方签字人所坐位置，就座于其身后一侧。

（2）两个助签员分别站立在各自签字人的外侧。助签员将事先摆放好的合同文本翻开，并指明签字位置。签字人签完由己方保存的文本之后，由双方的助签员负责传递交换文本后再签字。

（3）双方签字人起立，握手，交换文本。会场全体人员起立鼓掌，签约仪式结束。

有些重要的签约仪式，在签字之后还准备香槟酒，以酒会的形式庆祝签约成功。在我国，主方通常会在签约结束之后以酒店宴请的形式庆祝双方合作成功。

注意事项：首先，商务谈判礼仪纷繁复杂，贯穿于谈判的整个过程之中。因此，试图通过个别实训项目就可以毕其功于一役是不可能的。受训者必须从点滴做起，着力于培养个人文明的言行举止。其次，商务谈判的签约仪式可繁可简，在明确双方签字代表合法授权身份的基础上，签约仪式规模的大小、程序的繁简并不影响合约签订的效果。因此，中小型的商务合约签订一般不单独举办签约仪式，而是由双方合法的授权代表在达成协议之后随即签署；大型贸易谈判可举办签约仪式，也可视合约的重要程度决定签约仪式的繁简。有时候，签约仪式是企业进行市场推广、扩大知名度的宣传方式之一。

四、效果评价

根据学生出勤、课堂模拟表现、文案的制作内容等情况进行评定。小组成员共同初评出个人成绩档次（优秀、良好、中等、及格、不及格），教师和各小组长共同评出各小组成绩，在此基础上给出个人最终成绩。

个人最终成绩=20%×表9-3成绩+80%×表9-4成绩

表9-3 **小组成员个人成绩评价表**

小组成员个人成绩 / 小组成员姓名	优秀	良好	中等	及格	不及格

注：考评满分为100分。60分以下为不及格；60～69分为及格；70～79分为中等；80～89分为良好；90分以上为优秀。

表 9-4　　商务谈判礼仪实践模拟评价表

评价内容	分值（分）	评分（分）
1.介绍与交谈		
（1）介绍顺序、称谓的正确使用	20	
（2）对模拟场景的解释和阐述	10	
2.名片的使用		
（1）名片的发送顺序和方法	20	
（2）接受名片的方法	10	
3.为模拟签约仪式设计方案		
（1）签约仪式文稿设计	30	
（2）课堂发言阐述	10	
商务谈判礼仪实践模拟总体评价	100	

注：考评满分为100分，60分以下为不及格；60～69分为及格；70～79分为中等；80～89分为良好；90分以上为优秀。

思考与练习

1.关键术语

迎送规格应该保持身份对等，即到机场、车站或码头迎接客人的时候，接待人员的身份要与对方谈判代表的身份、职务基本相当。

名片是商务人士重要的交际工具，承载着个人信息，担负着保持联系的重任，要使名片发挥的作用更充分，就必须掌握相关的礼仪。

介绍分为自我介绍，为宾、主双方充当介绍人和被第三者介绍给对方三种情况。被第三者介绍给对方是最常见的介绍方式。

称谓是指人们在日常交往、应酬中所采用的彼此间的称谓语。在人际交往中，选择正确、恰当的称谓，是对他人尊重、友好的表示。

握手是一种世界通用的人际交往礼仪。谈判双方见面和离别时一般都以握手作为友好的表示。握手的动作虽然平常简单，但却能起到增进双方亲密感的作用。

谈判结束后可根据企业规模、订单金额的大小决定是否举办或如何举办签约仪式。中小企业之间的贸易往来较频繁，谈判签约的订单数量较多、金额较小，因此可以考虑不必举办专门的签约仪式。

2.选择题

○ 单项选择题

（1）由主人亲自驾驶的情况下，双排座轿车，（　　）为尊。

A.前排　B.驾驶员正后方　C.驾驶员右后方　D.随意

(2) 由专职司机驾驶的情况下，双排座轿车，(　　) 为尊。

A.前排　B.驾驶员正后方　C.驾驶员右后方　D.随意

(3) 在正式的商务谈判场合，女性穿 (　　) 最佳。

A.女式西装上衣同普通的一条裙子所进行的自由搭配的组合

B.女式西装上衣和与之同时成套设计制作而成的裙子的组合

C.裤装

D.连衣裙

(4) (　　) 是建立在科学的计算、精确的分析基础上的。

A.还价起点　B.还价时机　C.还价技巧　D.还价策略

(5) 如果对方的报价超出双方谈判的价格临界点和争取点之间的范围时，我方必须 (　　)。

A.让对方另行报价　B.暂缓还价　C.拒绝还价　D.分别计价

○ 多项选择题

(1) 迎送规格应该是 (　　)。

A.职务对等　B.迎送人员职务略低于对方

C.迎送人员职务略高于对方　D.职务相差悬殊

(2) 正式商务谈判场合下，男士选择西服的要求 (　　)。

A.西服套装的上下装颜色应一致

B.深色、偏冷色调的西服

C.穿正装西服必须穿皮鞋

D.穿夹克、中式服装等便装打领带

(3) 商务谈判场合女性穿着禁忌有 (　　)。

A.穿着黑色皮裙，尤其是短款的黑色皮裙

B.穿着套裙时裙、鞋、袜不搭配

C.穿着套裙时光脚

D.穿着套裙三节腿

(4) 通常情况下，介绍人应该由主人一方担当，(　　) 可以担当介绍人角色。

A.公关部、办公室主管，专职接待员，秘书等

B.与被介绍各方都很熟悉的人

C.己方地位较为尊贵的领导

D.任意

(5) 谈判双方握手的时间，以 (　　) 为宜。

A.1～3秒　B.3～5秒　C.5～7秒　D.7～9秒

3.案例分析题

没有签成的合约

背景与情境：

杨易最近心情十分不错，因为他刚代表公司谈成了一笔大生意，目前万事俱备，只

差签约了。虽然双方还没有正式签约，但杨易认为已经不存在什么问题了，因为在谈判桌上对方的代表已经亲口承诺了，所以对于即将到来的签字仪式他也没有做什么准备。

到了举行签字仪式那天，对方的签字代表西装革履、精神抖擞地步入了签字厅，而杨易却随便地穿了一件休闲服，还带着因昨日整夜狂欢而留下的满脸倦容走进了签字厅。对方看到杨易的样子微微地皱了皱眉头，脸上露出一丝不满的神情，心想："他也太不尊重我们了吧！"但想归想，出于礼貌，对方并没有把此话说出口。

签字仪式马上就要开始了，杨易和助手却突然发现他们的待签文本找不到了。助手急得满头大汗，杨易却毫不在乎地说："有什么大不了的，告诉对方代表等我们找到待签文本之后再签字吧！"

对方代表听到杨易这种不负责任的话后，再也按捺不住心头的怒火，径直走到杨易面前说："我看你们也不用再找什么待签文本了，这次的签字仪式就此取消吧，我们所谈的那桩生意也就此作罢吧！"说完，对方代表就推开门走了出去，留下杨易及助手目瞪口呆地站在那里……

思考：

为什么对方代表会愤而离场？

主要参考文献

[1] 王建明. 商务谈判实战经验和技巧——对五十位商务谈判人员的深度访谈 [M]. 2版. 北京：机械工业出版社，2015.

[2] 列维奇，桑德斯，巴里. 国际商务谈判 [M]. 程德俊，译. 5版. 北京：机械工业出版社，2012.

[3] 范忠，陈爱国. 商务谈判与推销技巧 [M]. 北京：中国财政经济出版社，2010.

[4] 肖华. 商务谈判实训 [M]. 北京：中国劳动社会保障出版社，2006.

[5] 王景山，范银萍. 商务谈判 [M]. 北京：北京理工大学出版社，2007.

[6] 龚荒. 商务谈判与推销技巧 [M]. 北京：清华大学出版社，北京交通大学出版社，2005.

[7] 安贺新. 推销与谈判技巧 [M]. 北京：中国人民大学出版社，2011.

[8] 方其. 商务谈判——理论、技巧、案例 [M]. 北京：中国人民大学出版社，2004.

[9] 杨群祥. 商务谈判 [M]. 5版. 大连：东北财经大学出版社，2017.

[10] 王晓. 现代商务谈判 [M]. 北京：高等教育出版社，2007.

[11] 李力刚. 谈判路线图 [M]. 北京：中国致公出版社，2011.

[12] 刘园. 国际商务谈判 [M]. 北京：首都经济贸易大学出版社，2004.

[13] 杨晶. 商务谈判 [M]. 北京：清华大学出版社，2005.

图书在版编目（CIP）数据

商务谈判 / 王方主编. —大连：东北财经大学出版社，2017.2
（21世纪高职高专教学改革创新教材·市场营销类）
ISBN 978-7-5654-2564-6

Ⅰ. 商… Ⅱ. 王… Ⅲ. 商务谈判-高等职业教育-教材 Ⅳ. F715.4

中国版本图书馆CIP数据核字（2017）第027039号

东北财经大学出版社出版
（大连市黑石礁尖山街217号 邮政编码 116025）
网 址：http：//www.dufep.cn
读者信箱：dufep@dufe.edu.cn
大连图腾彩色印刷有限公司印刷 东北财经大学出版社发行

幅面尺寸：185mm×260mm 字数：370千字 印张：16.5 插页：1
2017年2月第1版 2017年2月第1次印刷

责任编辑：张旭凤 责任校对：齐 心
封面设计：冀贵收 版式设计：钟福建

定价：30.00元

教学支持 售后服务 联系电话：（0411）84710309

如有印装质量问题，请联系营销部：（0411）84710711

全国商业职业教育教学指导委员会组编

国家高职高专示范院校建设中央财政支持重点建设专业

21世纪高职高专教学改革创新教材 · 市场营销类

商务谈判

王方　主编

Shangwu Tanpan

东北财经大学出版社
Dongbei University of Finance & Economics Press
大连